우리들 각자의 영화관

우리들 각자의 영화관

한상철 지음

W미디어

새로운 밀레니엄을 맞아 다들 꿈과 희망에 부풀어 있던 2000년 초반, 한창 광고 일에 몰두하던 나는 오지랖이 지나쳐 대구보건대학에 개설된 교양과목 '영화 강의'를 맡아달라는 요청을 받고 별 고민없이 동의해 버렸습니다. 개강 첫날 각양각색의 학과에서 수강 신청한 호기심 가득한 100여 명의 학생들을 마주하고 보니 내가 큰일을 저질렀구나 하는 생각이 들었습니다.

한 학기를 어떻게 이어갈까 걱정이 태산이었습니다. 누군가 작명한 '영화와 영화읽기'란 주제를 빌려 강의 제목을 내걸고 영화보기와 토론 중심의 강의로 한 학기를 마칠 무렵, 한 학생에게서 편지를 받았습니다. 영화 강의를 들으며 비로소 대학에 왔음을, 대학생이 되었음을 실감했다고 적혀 있었습니다. 한편으로는 가슴 뿌듯하기도 했지만, 초보 영화 강사에겐 과찬이었습니다.

신문방송학을 전공했지만 영화 관련 실무 경험이라곤 없던 내가 대학의 교양강좌를 감당할 수 있었던 것은 어린 시절부터 극장에 살다시피 하며 헤아릴 수 없을 만큼 많이 본 영화 감상 경험과 본업이었던 TV-CF 제작 경험, 그리고 스스로 개발해 정리한 영화 보는 방법을 총동원해 함께 보고 토론했기 때문입니다.

강의 중에 학생들과 함께 보고 토론한 영화는 우디 앨런Woody Allen 감독의 〈매치 포인트〉, 미야자키 하야오宮崎駿 감독의 〈붉은 돼지〉, 권종관 감독의 〈새드 무비〉 등이었는데, 학생들은 눈높이를 맞춰 내가 전하는 영화 이야기 속으로 들어와 주었습니다. 그때 문득 깨달은 것은 나뿐만 아니라 영화를 즐기는 많은 사람들이 영화에 대해서 진지하게 얘기하고 싶어 한다는 사실이었습니다.

광고회사에서 AEaccount executive로 활동했던 나는 그 이후에 10여 년 동안 본업 외에도 겸임교수, 초빙강사를 병행하면서 광고론이나 마케팅론, PR 강의시간에 한 단락 정도 슬쩍 영화 이야기를 집어넣곤 했습니다. 초롱초롱한 눈빛으로 나를 보는 학생들에게 한 편의 영화를 만드는데 얼마나 많은 사람들의 고민과 노력이 필요한지를 공감하게 했고, 영화를 무심히 보지 말고 사전에 이리저리 자료를 찾아보자, 영화를 보고 나서는 반드시 자신의 생각을 메모로 남기자고 권유했었습니다. 조금씩 글로 표현한 여러분의 생각은 세월이 지나면 자신을 지탱해주는 소중한 기록자산이 될 거라고 권유했던 기억이 납니다.

당시 수강생들은 이제 모두 어엿한 사회인이 되어 가정을 이루고 각자의 일터에서 열심히 살고 있을 겁니다. 그 중에는 아직도 내 페이스북이나 인스타그램에 슬며시 인사말을 남기는 사람도 있으니, 10여 년 전 영화 강의가 아직도 그들과의 연결고리를 만들어주고 있는 것 같아 고맙습니다.

영화 강의를 계속할 때마다 내 마음속에 남아 있던 생각은 영화를 사랑하지만 영화를 어떻게 봐야 할지, 실생활에서는 어떻게 활용해야 할지, 영화 자체를 진정으로 즐기는 방법이 궁금한 입문자들을 위해 영화를 보고 기록하는 안내서를 만들어 보자는 것이었습니다.

남들에게 내세울 것은 영화를 유난히 좋아하는 무비 키드로서의 열정 하나밖에 없지만, 아마추어가 아마추어를 위해 생각을 나누는 장을 마련해보고 싶었습니다. 그렇게 마음을 먹었지만 실행에 옮기지 못하고 마음만 가득한 채 다시 10년이 훌쩍 지났습니다. 더 이상 미룰 수 없어 책을 펴내기로 했습니다.

이 책의 내용은 개인적 체험과 판단, 문헌연구, 강의 및 직업 경험에 의한 것임을 밝히며 영화를 사랑하는 분들의 많은 지도와 편달을 부탁드립니다.

저자

우리들 각자의 영화관

우리는 왜 영화를 볼까요? 이 책에서도 소개하는 십인십색十人十色 영화 〈그들 각자의 영화관〉처럼 각자 영화 보는 이유가 있겠지요. 영화세상은 현실을 반영하거나 과거를 기억해내는 촉매제, 혹은 원하는 세상을 상상해내는 자극으로, 팍팍한 인생길을 풍요롭게 해주며 현실 세상과 함께 돌아가니까요.

그런 의미에서 이 책 〈우리들 각자의 영화관〉은 각자의 취향과 욕망으로 떠나는 영화 항해길의 친구가 돼줄 것입니다. 저자인 한상철 선생님은 광고일을 하면서 17년에 걸쳐 8백여 편에 가까운 영화를 보며 쌓아온 사유, 발견, 느낌… 그 모든 것을 허심탄회하게 나누는 소통의 장을 이 책에서 제안합니다.

특히 영화를 본 후 이 책에서 권하는 '리뷰 쓰기'는 영화를 통해 내 안의 나와 친구가 되는 소중한 경험의 장으로 인도해줄 것입니다. 저 역시 그렇게 하며 영화공부 인생길에 들어서기도 했으니까요. 어떤 영화를 보고 누군가와 소통하고 싶다면, 어떤 영화를 봐야 좋을지 궁금하다면, 또 다른 저마다의 이유로 이 책은 좋은 친구가 돼줄 것입니다. 영화 항해가 현실 세상과 생생하게 공명하는 영화 소통의 장을 이 책에서 맘껏 누려보시기 바랍니다.

유지나(동국대 영화영상학과 교수)

Contents

3. 영화를 어떻게 볼까?

1

그들 각자의 영화관

여러분을 환영합니다. 영화의 바다에 풍덩 빠지기 위해 호기심으로 가득 찬 많은 분들이 모였군요. 오늘 개강으로 첫 강의가 시작됩니다. 첫 출항은 많은 위험과 두려움이 있긴 하지만 선장도, 선원도 모두 설렙니다. 모두 한 마음으로 영화의 바다로 항해를 시작합시다.

2007년, 칸 영화제 60주년을 기념해 조직위원장 질 자콥Gilles Jacob은 '영화관'이란 주제로 칸 영화제 최고상인 황금종려상을 수상한 감독 35인에게 3분짜리 영화를 의뢰했습니다.

"당신 인생에 있어서 영화란 무엇이며, 어떤 의미를 가지고 있는가?"

이것이 질 자콥이 감독들에게 던진 질문입니다. 데이빗 크로넨버그David Cronenberg, 올리비에 아사야스Olivier Assayas, 첸카이거陳凱歌를 비롯해 이름을 듣기만 해도 가슴을 두근거리게 하는 35인의 감독은 3분이라는 제한시간 내에 그들이 생각하는 영화를 만들었습니다. 그것을 모두 모은 작품이 바로 〈그들 각자의 영화관Chacun son cinéma〉입니다.

나는 '영화관'이란 주제가 모두 동일한 데도 불구하고 전혀 다르게 만들어진 그들의 작품을 보며 명장들에게조차도 그들이 느끼는 영화란 이렇게 저마다 다른 시각을 가질 수 있구나 생각했습니다. 특히 장이머우張藝謀 감독의 3분짜리 작품 '영화 보는 날看電影'은 내 어린 시절 추억과 거의 비슷해 마음에 깊이 남아 있습니다.

중국의 깊은 산촌 마을에 영화를 상영하는 사람들이 도착합니다. 동네 공터에 스크린을 설치하고 자리를 준비하느라 부산한 외지인들을 보며 소년은 영화 상영만을 기다립니다. 전기가 들어오지 않는 첩첩산골에서 마을 사람들은 날이 어두워지도록 기다리며 영화가 시작되기를 고대합니다. 해가 산 너머로 떨어지고 막상 영화가 상영되지만 하루 종일 두근두근 영화를 기다렸던 소년은 이미 의자에 앉은 채 곤하게 잠에 빠져 있습니다.

장이머우가 만든 '영화 보는 날'의 줄거리입니다. 비록 잠이 들었으나, 가슴 두근거리는 하루 종일의 기다림만으로도 소년은 두고두고 행복할 날로 기억할 것입니다.

프랑스의 지성 자크 아탈리Jacques Attali는 '21세기 사전'에서 영화를 정의하면서 "21세기에도 여전히 주요한 기술적 오락, 외출과 여행, 공상, 모험과 아름다움, 전복顚覆을 간접 경험할 수 있는 최고의 도구로서 새로운 형태의 가상 유목과 경쟁하게 될 영화는 점점 더 엄청난 규모의 볼거리를 통해 역사를 이야기하고, 유목 도구를 이용하여 유목 모험을 체험하는 유목민 영웅의 감정과 느낌을 이야기할 것이다"라고 말했습니다.

그렇습니다. 1894년 프랑스의 뤼미에르 형제가 영화를 처음 만든 이후, 세월이 흘러 디지털 시대의 도래와 함께 다양한 뉴미디어가 발달해도 영화는 꿋꿋하게 우리에게 각자 서로 다른 모습으로 마음속에 남아 삶에 영향을 주게 될 것입니다.

자크 아탈리의 예견처럼 21세기에도 영화는 우리와 함께할 것이라는 믿음 아래 영화를 도대체 어떻게 고르고, 어떻게 보며, 어떻게 즐겨야 할까 하나하나 공부해보기로 하겠습니다.

추천 영화 리뷰 01

그들 각자의 영화관 Chacun son cinéma
– 거장들의 숨결 속으로

역대 칸 영화제 황금종려상 수상 감독 35명이 '영화관'이라는 자유 제작 방식을 통해 3분짜리 옴니버스 영화 33편을 만들었습니다. 제목하여 〈그들 각자의 영화관〉입니다. 칸을 넘어 영화를 통해 전 세계 관객들에게 특별한 사랑을 받아온 이들은 다른 감독들이 어떤 형태로 옴니버스 영화를 만드는지를 전혀 모르는 상태에서 각자의 취향에 맞춰 영화를 만들었습니다.

여러분들에게 영화관은 어떤 느낌의 공간입니까? 소중한 어린 시절의 추억이 담긴 곳, 가슴 두근거리며 19금 성인 멜로 영화를 보던 비밀의 장소, 첫사랑과의 잊지 못할 데이트 장소, 이별에 몸 서리치며 혼자 속을 달래던 곳…

〈그들 각자의 영화관〉에서 놀라운 것은 35명의 감독이 동일한 주제로 영화를 만들었다는 점 외에도, 영화관을 바라보는 거장들의 시각이 일반 관객들과 그리 다르지 않다는 점입니다. 지금은 거장으로 추앙받지만 그들도 어린 시절을 거쳤고, 누군가의 소개로 그리고 누군가의 초대로 본 영화를 잊지 못하고 있습니다.

어린 시절에 아버지의 손을 잡고 영화관을 찾았던 기억이나 첫사랑에 가슴 저리던 기억, '로미오와 줄리엣'에 눈물 흘리던 기억 등 거장이 되기 이전에 한 명의 관객으로서 그들의 마음을 사로잡았던 영화관을 그들은 3분짜리 옴니버스에 담아 추억하고 있습니다.

그 중 몇 편은 이해하기 쉽지 않은 작품들이 있지만, 대부분의 영화는 두근거림, 설렘, 추억, 꿈 등 영화가 오랜 시절 관객들에게 사랑받아온 이유로 가득합니다.

상업용 극장 개봉판에서는 코언 형제Ethan Coen/ Joel Coen의 '월드 시네마'와 마이클 치미노Michael Cimino 감독의 '통역할 필요 없음'이 본인들의 뜻에 따라 제외돼 총 31편의 작품이 공개되었습니다. 〈그들 각자의 영화관〉에서 본인의 추억과 가장 잘 어울리는 영화를 찾

아보는 것도 아주 재미날 듯합니다. 개인적으론 장이머우 감독의
작품 '영화 보는 날'이 저의 영화관과 가장 일치한다고 생각합니다.
31명의 서로 다른 숨결이 느껴지는 그들 각자의 작품 속으로 풍덩
빠져보기 바랍니다. (2008. 5. 29)

2

영화 감상 _ 왜 좋은가?

사람들이 영화를 즐겨 보는 이유는 무엇일까요? 여러 가지 의견
이 분분하겠지만 아마도 TV 프로그램으로는 쉽게 표현할 수도, 제
작할 수도 없는 영상을 대형 스크린을 통해 볼 수 있기 때문이 아닐
까요?

　2013년작 알폰소 쿠아론Alfonso Cuaron 감독의 작품 〈그래비티
Gravity〉를 3D 아이맥스로 보신 분들 있죠? 〈그래비티〉는 단순히 보
는 영화에서 관객이 우주를 유영하게 하는, 중력을 체험하는 영화
였습니다. 칠흑과 같은 우주 공간을 떠도는 우주인 스톤 박사(산드
라 블록)를 보며 우리는 절박감, 공포, 인간의 숭고한 의지를 공감할
수 있습니다.

　그럼, 영화 감상이 좋은 이유를 몇 가지로 정리해보겠습니다.

　첫째, 영화는 시각 소재의 풍부한 집합체입니다. 영화 속에는 흘
러간 과거의 풍경과 그림, 사진, 인물, 의상 등이 전문적인 고증을
통해 재현되는가 하면, 한 번도 우리가 경험하거나 가보지 못한 미
지의 장소를 작가적 상상력으로 만들어 마치 눈앞의 현실처럼 그

모습을 보여줍니다.

에이브럼스 J.J. Abrams 감독의 〈스타 트렉: 더 비기닝 Star Trek: The Future begins〉(2009)에 나오는 우주 신, 비행선, 전투 신 등은 보는 것만으로도 우리의 오감과 상상력을 자극합니다.

1962년 코믹 북에 등장한 이래 수없이 많은 버전을 만들고 할리우드 영화로 4편까지 나온 〈스파이더맨〉 시리즈는 다들 잘 알고 있죠? 키덜트의 영원한 우상 중에 하나인 스파이더맨은 그 날렵한 모습과 복장으로 뉴욕의 고층 빌딩 숲을 마음껏 날아다니죠. 어린 시절 누구나 한 번쯤 꿈꾸어 왔을 하늘을 날고 싶은 욕망을 감독은 스크린 속에 재현하고 있는 것입니다.

〈터미네이터〉 시리즈에 등장하는 수많은 사이보그는 또 어떤가요? 현란한 컴퓨터 그래픽 기술 덕분에 지금까지 우리가 생각하고 봐온 사이보그와는 많이 다른 모습과 캐릭터에서 우리는 충격과 함께 시각적 쾌감을 느낍니다.

둘째, 영화는 우리에게 다양한 아이디어의 소스를 제공해줍니다. 내 첫 번째 직업이기도 했던 광고인들은 늘 새로운 아이디어를 찾아 노심초사하고 정신적으로 압박 받습니다.

미국 뉴욕의 매디슨 애비뉴는 광고회사들이 밀집해 광고인의 거리로 유명했는데, 과거에는 '위장병 골목'이라고 불린다는 속설이 있었죠. 그만큼 광고인들의 아이디어 스트레스가 격심하다는 사실을 반증하는 것입니다. 오늘은 또 어떤 광고 콘셉트로, 어떤 비주

얼로 시장을 선점할 광고를 만들어야 할까? 한없이 높아진 클라이언트의 냉정한 요구 수준에 도달할까?

광고기획을 하는 AE_{account executive}든 카피라이터든 시간에 쫓기고, 새로운 아이디어에 쫓기게 되면 고민으로 밤을 지새워도 보지만 별 뾰족한 방법이 없는 것이 현실입니다. 본 것이나 경험한 것이 적으면 아이디어도 결국 나올 게 없고요. 아이디어를 소진하기만 하면 결국 한계에 부딪치게 됩니다.

광고장이들은 예전에는 아이디어를 구하기 위해 다양한 디자인 북, 해외 CF, 아카이브, 잡지, 만화 등 닥치는 대로 봐왔지만, 여전히 풍부한 아이디어의 공급처로 영화만한 게 없습니다. 영화 속 대사를 패러디한 광고를 몇 개쯤은 여러분들도 기억할 것입니다. 무명의 배우가 영화 한 편으로 갑자기 CF 벼락 스타가 되는 것도 영화에서 아이디어 소스를 찾아 헤맨 광고인들의 고심이 낳은 결과 중에 하나입니다.

무슨 영화를 예로 들까요? 007 시리즈를 예로 들어보겠습니다.

1965년 8월 20일, 007 시리즈 첫 편인 테렌스 영_{Terence Young} 감독의 〈007 살인번호〉로 시작한 이 영화는 〈노타임투다이〉에 이르기까지 50여 년 동안 시리즈가 이어져 오고 있습니다. 아마 앞으로도 007 시리즈는 계속될 것입니다.

과거부터 지금까지 조금 편차가 있긴 하지만 영화 속에서 007이 사용한 신무기로 등장했던 것들은 세월의 차이가 있을 뿐 현실 속에서 대부분 이뤄져 왔습니다. 영화 속에 등장했던 미니 카메라, 휴대용 비밀 녹음기, 수륙양용차 등이 그 사례입니다. 과학이 먼저인가 상상이 먼저인가를 말하기 어렵지만 영화감독이 상상으로 구현한 영화 속 현실은 시간의 차이가 있지만 대부분 현실화되고 있다는 것만 봐도 영화가 아이디어의 소스로 얼마나 중요한지 잘 알 수 있습니다.

이러한 아이디어의 소스를 영화 속에서 찾아내 잘 활용하면 새로이 개발하게 될 제품의 소재는 물론 드라마, 광고, 개그의 소재로도 얼마든지 이용할 수 있습니다. 물론 지적재산권을 침해하는 무단차용은 절대 해서는 안 됩니다. 여기까지 들어보면 여러분들이 이제 영화를 볼 때 팝콘과 콜라에만 집중할 것이 아니라 영화 속 아이디어 소스들을 꼼꼼히 유심히 봐둬야 한다는 사실을 알게 됐을 것입니다.

2007년 마이클 베이Michael Bay 감독에 의해 시작된 영화 〈트랜스포머〉 시리즈가 우리에게 가져다 준 아이디어 소스는 도대체 얼마인지 생각해볼까요? 영화평론가들도 인정하듯이 〈트랜스포머〉 시리즈 이전과 이후로 나뉠 만큼 로봇 영화는 획기적인 제작과 표현 기법의 변화가 왔으며, 〈트랜스포머〉 속의 변신 로봇은 다양한 CF에 패러디되어 시각적 즐거움을 시청자들에게 선사했습니다. 나는 지금도 이 영화가 케이블 TV에 방영될 때마다 여전히 신나하며 반복해 봅니다.

우리가 신과 같은 전지적 통찰 능력을 가지고 있다면 업무에 그 능력을 쓰면 되겠지만, 그렇지 않다면 영화를 열심히 꼼꼼히 보는 것만으로도 매우 저렴하게(영화는 여전히 가장 싸게 종합예술을 접할 수 있는 방법입니다) 신인감독부터 거장에 이르기까지 수개월 혹은 수년간 고심해 만들어낸 놀랄 만한 아이디어의 바다로 풍덩 빠져들 수 있습니다.

셋째, 대리만족과 공감을 할 수 있다는 것입니다. 앞에서도 말했듯이 영화는 우리가 전혀 가보지 않았던 미답지에 대한 이해를 돕고 카타르시스를 가져다줍니다. 슬플 때나 우울할 때, 세상살이가 막막할 때, 실연당했을 때, 사랑을 고백하지 못해 안타까울 때 어두운 객석에서 혼자 공감해본 경험이 있는 관객이 주위에 적지 않을 것입니다

봉준호 감독의 영화 〈마더〉(2009)에서 아들과 단둘이 사는 엄마 역을 맡은 김혜자의 연기를 보며 우리는 어떤 생각을 하게 될까요? 자식을 위한 모정? 섬뜩한 살인범? 어느 쪽이라도 우리는 그 사람의 마음으로 이입되어 그의 고통과 생각을 공감하게 됩니다.

허진호 감독의 영화 〈행복〉(2009)에서 은희를 뿌리치고 떠났던 주인공 영수가 낙향하는 마지막 장면을 기억하는 사람은 영수와 은희의 비극적인 사랑에 대해서 함께 안타까워하거나 눈물지었을 것입니다.

봉준호 감독의 〈괴물〉(2006)에 출연했던 변희봉의 한강 둔치 연

기 신을 기억해봅시다. 괴물에게 잡혀간 손녀를 찾기 위해 나선 한 강에서 마지막 총알이 없음을 안 후 괴물의 습격 전에 처연하게 손 짓하던 그 모습을 말입니다. 아버지로서의 부정과 삶에 대한 체념 이 모두 담긴 원로 연기자의 내면 연기에서 우리는 액션, 스릴러 장 르의 영화임에도 불구하고 그 뜨거운 사랑에 감동하게 됩니다.

이해준 감독의 〈김씨 표류기〉(2009) 속의 주인공 김씨는 또 어떤 가요? 삶에 쪼들려, 죽는 것도 쉽지 않아 고통스러워하며 스스로 도시에서 표류해 버린 김씨의 삶은 알고 보면 샐러리맨들의 자화상 이 아닐까요?

넷째, 영화를 통해 우리는 휴식과 정서적 이완을 체험할 수 있습 니다. 영화를 보는 사람들은 대부분 그렇지만 영화관에 들어가 있는 두 시간 동안 스크린 속으로 빠져들어서 공부, 시험, 복잡한 업무, 각종 스트레스로부터의 해방감을 느껴본 경험이 있을 것입니다.

아마도 이것은 영화가 많은 관객을 대상으로 상영하기도 하지만 자세히 들여다보면 관객 한 사람 한 사람을 상대로 일대일 리프레 시 미디어로서의 기능을 해서 가능한 것이 아닌가 합니다. 함께 보 는 관객이 존재하긴 하지만 영화는 늘 관객과 일대일로 마주합니 다. 영화를 보면서 동일한 장면이라도 서로 다른 방향에서 즐거움, 슬픔, 쾌락, 만족감 등을 느끼며 우리는 휴식과 안정을 되찾고, 가 족과 연인, 친구들과 함께 대화할 거리를 만들고 정서적 공감을 나 누게 되는 것입니다.

이충렬 감독의 영화 〈워낭소리〉(2009)를 떠올려봅시다. 몸이 불편한 최노인의 40년지기 늙은 소가 해질녘 최노인을 싣고 집으로 돌아오는 장면에서 우리는 인간과 동물의 아름다운 교감을 느끼며, 그 속에서 편안한 마음의 안식을 찾을 수 있습니다.

다섯째, 영화는 문화의 도입과 수용을 용이하게 해준다는 점입니다. 영화를 본다는 것은 당대의 가장 대표적인 문화를 접하는 것입니다. 지금은 매우 촌스러워 보이지만 과거 아버지, 할아버지 시절에 제작된 영화를 보면 그 당시의 영화 속 배경, 풍경, 관습, 어법 등을 알 수 있습니다.

반면, 최근의 영화를 보면 당대의 사람들이 진정으로 원하는 것, 혹은 앞으로 닥쳐올 미래사회의 가치관, 문화, 장비, 색상, 패션 등을 통해서 우리는 간접적으로 가상 현실, 미래를 체험하게 되는 것입니다.

이렇게 영화를 통해서 새로운 가치관과 유행, 미래사회에 대해 이해하고 적극적으로 수용하게 된다면 영화 한 편이 우리를 얼리어답터가 되는 지름길로 인도해줍니다. 디지털 시대에 모든 정보가 평등한 것 같지만 받아들이기에 따라 매우 차이가 있습니다. 매일 쏟아지는 디지털 정보는 감당하기 힘들 정도로 우리는 정보의 홍수 속에 살고 있습니다. 물론 중요한 것은 그 정보에 매몰되지 말고 적극적으로 선택하고 활용하는 것이겠지요.

지금은 좀 시들해졌지만 한때 국내 남성 관객의 인기를 한 몸에 받았던 영화배우 제시카 알바의 패션, 토니 스콧Tony Scott 감독의 〈탑 건〉(1986)에서 톰 크루즈가 착용했던 선글라스, 스티븐 소더버그Steven Soderbergh 감독의 〈오션스 13〉(2007)에서 세련된 도둑 러스티 라이언 역의 브래드 피트의 정장은 영화 개봉과 함께 당시 일반인들에게 한 번쯤 도전해볼 만한 패션 아이템으로 자리 잡을 만큼 인기가 있었습니다.

이런 현상은 과거에는 유명인사로부터 시작해 일반인에 이르기까지 일정한 시간차를 거친 후 하나의 문화 코드로 형성됐지만, 요즘은 상영 이후 영화의 인기몰이와 동시에 일반인들이 바로 실시간으로 유행을 따르고 재창조하는 흐름으로 바뀐 지 오래입니다.

여섯째, 영화의 사회통합적 기능입니다. 사회통합적 기능이란 영화로 인해 사회의 공동 가치나 여론이 유지되거나 때로는 급격하게 변화하는데 일조한다는 것입니다. 영화 속 주제나 스토리들이 도덕의 전파나 사회 결속(미풍양속, 가치관, 애국심) 등에 핵심적인 영향을 미칩니다.

조 라이트Joe Wright 감독의 〈오만과 편견〉(2005)에서 주인공 엘리자베스와 다아시의 심리적 이해관계의 충돌은 근대 영국 남녀 간의 결혼관에 대한 사회적, 성별 격차와 충돌을 보여주는 것입니다. 오우삼吳宇森 감독의 〈적벽대전 2〉(2009), 김지훈 감독의 〈화려한 휴가〉(2007)의 경우 당시의 시대적, 역사적 배경과 역사 속 현실의 벽을 확연히 알 수 있어 우리가 경험하지 못했던 과거 속 사회에 대한 이해를 한층 높일 수 있습니다. 실화를 바탕으로 만들어져 새롭게 대중의 관심을 유도한 홍기선 감독의 영화 〈이태원 살인사건〉(2009)도 마찬가지 경우라 하겠습니다. 억울하게 사망한 피해자의 스토리가 여론의 변화를 가져왔고, 결국 미국으로 도피했던 범인의 처벌을 이끌어낸 사례를 우리는 목격했습니다.

오늘 강의는 여기까지 하겠습니다. 어떤가요? 영화 한 편을 본다는 것이 얼마나 많은 의미와 장점을 가지고 있는지를 알겠죠. 좋은 영화 한 편은 씨앗과 같습니다. 잘 자라면 아름다운 꽃이 되기도 하고, 맛난 열매를 우리에게 가져다줄 수도 있습니다.

추천 영화 리뷰 02

그래비티 Gravity

– 관객이 체험하는 사이언스 픽션

알폰소 쿠아론 Alfonso Cuaron 감독의 전작을 보지 못했습니다. 멕시코 출신이군요. 미국이나 유럽의 감독과 달리 멕시코 감독의 감성은 왠지 아시아의 감독들과 맞닿아 있는 듯합니다. 아름답고, 슬프고, 삶의 의미를 다시 한 번 더 느끼게 해주는 영화가 〈그래비티〉입니다.

3D의 진보로 하드웨어가 갖추어진 아이맥스 영화관에서 봐야 한다는 단점이 있지만 시간과 공간에 대해 조금만 무리한다면 〈그

래비티〉를 온전히 즐길 수 있습니다.

평화로워 보이는 지구와 우주 공간은 충돌과 동료들의 사망으로 아름다움과 비탄이 뒤섞입니다. 주인공 라이언은 삶의 의미로 보면 이미 기운이 다한 사람입니다. 하지만 필사의 노력이 아니면 살아남을 수 없는 적막한 우주 공간에서 그녀는 놓았던 삶에 대한 의지와 희망을 다시 한 번 다잡습니다.

아름다운 지구, 오로라, 유성의 흐름은 폐 인공위성의 산산조각난 파편들이 엄습하며 순식간에 사라지고, 동료들은 하나둘씩 목숨을 잃습니다. 중, 후반부로 지나가면서부터는 슬픔을 느낄 겨를도 없이 닥쳐오는 수많은 위기로 라이언은 그야말로 정신 똑바로 차릴 수밖에 없습니다.

물론 〈그래비티〉는 작가주의적인 작품은 아닙니다. 스토리도 단순하며, 혹평하는 분들의 평가처럼 어둡고 시각적 소재 위주의 영화입니다. 하지만 이 영화는 재미있고 색다릅니다. 감독의 거대한 도전이기도 하며, 영화의 시각적 충격 측면에서도 큰 발전입니다.

이 영화는 단순히 보는 영화가 아니고, 체험하는 영화입니다. 관객 한 명 한 명이 우주 유영을 나서서 지구를 지켜보듯, 그리고 관객석이 마치 조정석이 된 듯 정신없이 날아오는 파편을 맞이하게 됩니다.

영화는 또 이렇게 〈그래비티〉 이전과 이후로 나뉘는 계기를 맞이하고 있습니다. (2013. 10. 30)

스타 트렉: 더 비기닝 Star Trek: The Future begins
— 매혹적인 시퀀스

에이브럼스J.J. Abrams 감독의 영화 〈스타 트렉: 더 비기닝〉은 〈스타 트렉〉 시리즈의 프리퀄prequel(오리지널 영화에 선행하는 사건을 담은 속편)입니다.

23세기를 배경으로 미지의 별들과 생명체를 찾아가는 우주함선 엔터프라이즈호와 승무원들의 이야기를 그린 〈스타 트렉〉의 원조는 사실 영화가 아니고 TV 시리즈였습니다. NBC-TV를 통해 1964년 첫 선을 보인 〈스타 트렉〉은 1966년부터 3년간 총 78편이 방송됐고, 극장판은 1979년부터 2002년까지 총 10편이 제작 상영됐습니다. 극장판이 만들어진 1979년부터 6편이 제작된 1991년까지는 원출연진들이 출연했고, 그 이후 작품은 배우들이 대부분 교체됐는데, 2002년의 10편이 생각보다 저조한 흥행을 거두자 시리즈로서 생명이 다한 것처럼 여겨졌습니다. 하지만 〈미션 임파서블 3〉로 유명세를 한껏 탄 에이브럼스 감독을 만나 시리즈의 생명을 이어가게 됩니다.

2009년은 가히 프리퀄 전성시대라 할 만큼 프리퀄 영화가 범람했지만 〈스타 트렉: 더 비기닝〉은 프리퀄로서뿐만 아니라 시리즈를 전혀 이해하지 못하는 관객도 별 무리 없이 관람이 가능한 영화입니다.

이야기는 USS 캘빈호의 선장이었던 커크의 사후 아들로 태어난 제임스 커크(크리스 파인)가 벌칸족 출신 동료 스팍(재커리 퀸토)과 함께 보이지 않는 적에 맞서는 내용입니다. 빛의 속도로 공간 이동하는 워프 기술이나 시속 800km로 하강하는 스페이스 점프가 대단하다고 제작사 측은 홍보하고 있지만, 사실 이 영화는 시작부터 끝까지 시각적 충격이 가시지 않는 볼거리 만점의 영화입니다.

마치 관객이 광대한 우주로 빨려 들어가는 듯한 화면 전개와 속도감 있는 스토리, 1억3천만 달러라는 시리즈 최고의 제작비가 말해주듯 화려한 컴퓨터 그래픽은 영화를 영화관에서 봐야 하는 이유를 잘 말해줍니다. 영화를 놓친 팬들이라면 DVD로라도 화려한 그들의 우주전쟁을 꼭 지켜볼 필요가 있습니다. (2009. 6. 18)

추천 영화 리뷰 04 터미네이터: 미래 전쟁의 시작 Terminator Salvation
- 고뇌하는 영웅상

〈터미네이터〉의 오리지널 사운드 트랙을 기억하는 팬들이라면 영화가 시작되며 들려오는 음악에 전율합니다. 사람에 따라 조금씩 차이가 있겠지만, 그 소리가 마치 터미네이터가 저 멀리서 금속성 소리를 내며 내게로 달려오는 듯 들리기 때문입니다. 영화의 인트로 부분은 이번에도 매우 인상적이며 강렬합니다. 타이틀조차도 콘셉트에 맞춰 섬세하게 작품처럼 만들어낸 감독과 편집 팀의 노력에 상업성을 넘어 칭찬해주고 싶은 마음입니다.

전형적인 할리우드 블록버스터 〈터미네이터: 미래 전쟁의 시작〉은 알려진 대로 〈터미네이터〉 시리즈의 프리퀄입니다. 프리퀄이란 개봉 시점으로 봐선 속편이지만 전편보다 앞선 이야기를 다룬 영화를 말합니다. 〈터미네이터〉 시리즈는 1편이 1984년, 2편이 1991년, 3편이 2003년 개봉됐습니다. 배우 아놀드 슈왈제네거와 제임스 카메론James Cameron 감독을 전 세계적인 유명 인물로 만들었던 1편의 영화 속 시점이 2029년이었는데, 4편은 2018년이니 1편보다 10년 정도 시간이 앞서 있습니다.

21세기 초, 군사 방위 프로그램으로 개발된 '스카이넷'은 어느 순간 자기 방어력을 갖추고 인간을 공격하는 무시무시한 적으로 변신합니다. 스카이넷의 핵 공격으로 인류가 멸망 위기에 처한 '심판의 날' 이후 스카이넷을 없애기 위해 분투하는 존 코너(크리스찬 베일)와 마커스 라이트(샘 워싱턴), 카일 리스(안톤 옐친)의 이야기가 이번 편의 주된 내용입니다.

영화는 시점상 1편보다 이전인 관계로 시리즈가 지나갈수록 진화하던 터미네이터의 업그레이드된 모습은 없습니다. 오히려 원형에 가까운 터미네이터가 다시 인류를 공격하지만 감독은 시각적 공포감을 위해 하이드 로봇, 모터 터미네이터, 헌터 킬러, 하베스터와 같은 다양한 변종 터미네이터를 선보입니다.

2편에서 몰핑 기법을 통해 보여진 날렵하고 불사조와 같은 모습의 터미네이터도 볼 만했지만, 원초적 형태의 터미네이터는 오히려 관객의 두려움을 자아내기에 충분합니다. 가공할 물량의 컴퓨터 그래픽으로 다시 돌아온 영화는 이른바 '심판의 날' 이후 펼쳐진 디스토피아와 저항군의 분투기도 볼 만하지만, 개인적으로는 존 코너 역의 크리스찬 베일의 연기에 점수를 더 주고 싶습니다.

〈배트맨 비긴즈〉(2006)에서 크리스찬 베일이 보여준 고뇌하는 영웅상은 수명이 다한 듯 했던 〈터미네이터〉 시리즈를 다시 살려놓는 데 큰 기여를 했습니다. 제임스 카메론James Cameron 감독이 빠진 3편 이후의 〈터미네이터〉가 영화적 생명을 계속 이어온 것은 아마도 크리스찬 베일의 내면 연기가 한몫했음이 분명합니다.

존 코너는 매우 복합적인 캐릭터입니다. 저항군의 존경받는 리더이지만 불완전하고 늘 생명의 위협을 받는 그는 이전 슈퍼 히어로 영화의 영웅들이 겪고 있던 고뇌와 슬픔을 모두 안고 있는 배역입니다. 크리스찬 베일은 존 코너의 이중적인 캐릭터에 자신만의 방식으로 힘을 불어 넣어 죽음의 공포로 불안감에 떠는 모습과 인류 구원의 과업을 지키려는 결단력 있는 지휘자로서의 두 가지 모습을 모두 투영해내고 있습니다.

크리스찬 베일의 연기에 가려져 있지만 인간과 터미네이터 사이라는 혼란스러운 캐릭터를 연기해낸 마커스 라이트 역의 샘 워싱턴 역시 이번 편이 단순히 터미네이터들의 화려한 움직임에만 의존하지 않는 영화를 만드는데 크게 기여하고 있습니다.

쿠궁쿠궁쿠궁… 영화는 끝났지만 여전히 귓가에 영화의 섬뜩한 오리지널 사운드 트랙이 들려오는 듯합니다. (2009. 5. 24)

007 카지노 로얄 Casino Royale
— 신화의 부활

첫 번째 007 영화는 1965년 8월 〈007 살인번호〉란 제목으로 국내에 개봉되었습니다. 외화라면 서부극이나 멜로물이 대부분이던 당시 국내 영화계에서 영국 첩보기관 MI6 소속 007의 출현은 아버지 세대에게 아주 매력적인 소재였을 겁니다. 살인면허를 가진 첩보원과 그를 도와주는 본드걸, 그리고 새로운 무기를 끊임없이 공급하는 닥터 Q, 냉전시대의 산물인 적국 소련, 첨단과학무기와 액션의 요소를 골고루 갖춘 007은 지금까지도 올드팬에서부터 젊은 관객들에 이르기까지 폭넓은 사랑을 받고 있습니다.

하지만 40년이 넘게 시리즈가 진행되다 보니 007 시리즈도 위기는 있었습니다. 소련의 붕괴, 〈미션 임파서블〉 류의 첨단 스파이 영화의 출현 등으로 007만의 매력적인 신무기도 빛이 바랬고, 소재의 한계까지 겹쳐 007 시리즈의 존립까지 위협하기에 이르렀습니다.

21탄 〈카지노 로얄〉은 고심하던 제작진이 다시 초심으로 돌아가 1953년 원작 소설가인 이언 플레밍Ian Fleming이 쓴 첫 작품을 영화화한 것입니다. 제임스 본드가 살인면허를 부여받은 초기 상황을 중심으로 해서 007의 탄생 배경과, 그가 이후 시리즈에서 진실한 사랑에 마음을 열지 못하는 이유에 대해서도 상세하게 표현하고 있습니다.

〈카지노 로얄〉에서 여섯 번째 007 역할을 맡은 배우는 숀 코네리나 로저 무어, 피어스 브로스넌과는 조금 느낌이 다른 영국 배우 다니엘 크레이그입니다. 기존의 007 시리즈에서 봐왔던 능글능글하지만 전지전능에 가까웠던 모습에 비하면 다니엘 크레이그는 마초에 가까우며 실제 첩보원의 모습에 근접해 있습니다.

너무나 인간적인 007은 신무기 하나 없이 고난이도의 야마카시 yamakasi(맨손으로 건물이나 담장을 오르거나 뛰어넘는 새로운 엑스게임의 하나)를 불사하며, 적을 추격하고, 피를 흘리며, 심지어 연인으로 인해 고통스러워합니다. 관람을 마친 일부 관객들은 007의 모습이 전과 다르다고 폄하하는 경우도 많지만, 이 작품이 구성상 007의 초기 모습을 다루고 있다는 점을 감안한다면 오히려 인간적이며 격정적인 007의 모습은 식상해진 시리즈에 새로운 활력을 불어넣을 듯합니다.

초반의 야마카시 추격 신을 비롯해 유럽 여러 국가를 올로케이션 하는 스타일도 여전히 흥미롭고, 사랑과 배신에 고뇌하는 새로운 본드걸 에바 그린은 전작의 어떤 본드걸보다도 매력적입니다.

첫 작품 이후 수많은 시리즈로 명성을 쌓았지만 세월의 흐름 속에 갈수록 탄력을 잃어 가던 007 시리즈는 초심으로 돌아간 제작자들의 노력에 힘입어 다시 22번째 작품을 준비할 수 있을 듯합니다. (2006. 12. 27)

트랜스포머Transformer
– 디스토피아적 악몽

영화계에 입문하기 이전에 뮤직 비디오계와 광고계를 두루 거친 마이클 베이Michael Bay 감독은 〈더 록〉(1996), 〈진주만〉(2001), 〈아일랜드〉(2005) 등 국내 개봉된 이전 영화에서 특유의 연출력을 발휘해 흥행감독으로 잘 알려져 있습니다.

〈트랜스포머〉는 세계 최고 수준의 컴퓨터 그래픽 효과를 바탕으로 할리우드가 창조해낸 오락영화입니다. 관객들이 작가주의 영화를 기대하지 않는다면 적어도 2시간이 넘는 상영시간 동안 3D 게임을 즐기듯 생생한 로봇들의 결투를 즐길 수 있습니다.

영화 속에서 트랜스포머는 인간보다 높은 지능과 방어공격 능력을 갖춘 사이버트론 행성 출신 외계 생명체를 이르는 말입니다.

영화 〈트랜스포머〉는 평단을 비롯해 관객들 간에도 찬반양론이 벌어졌는데, 거의 완벽에 가까운 컴퓨터 그래픽을 바탕으로 한 현

우리들 각자의 영화관

란한 로봇의 변신 과정이며 눈을 뗄 수 없는 대결 장면을 들어 칭찬 일색인 마니아 팬이 있는가 하면, 로봇 군단에 주연 자리를 내주다 시피한 배우들의 연기력 부족과 전형적인 영웅주의 스토리 라인을 비난하는 목소리도 높았습니다.

양쪽의 의견 모두 일면 타당성이 있지만 제작자 스티븐 스필버 그와 마이클 베이가 의도적으로 로봇 군단에 초점을 맞춰 만든 할 리우드식 슈퍼 히어로 영화란 점을 감안한다면 블록버스터 영화 중 에서도 〈트랜스포머〉의 뛰어난 오락적 완성도는 인정하지 않을 수 없습니다.

영화 속 트랜스포머는 선악의 대결 구도로 나눠져 있습니다. 인 간을 도와 평화를 지키려는 로봇 군단 오토봇의 리더는 옵티머스 프라임입니다. 영화 속에서 트레일러로 변신한 가장 큰 로봇입니 다. 재즈는 옵티머스 프라임의 오른팔, 범블비는 주인공 샘(샤이아 라보트)을 보호하는 가디언, 아이언 하이드는 모든 무기를 총괄하는 무기 로봇이며, 라쳇은 오토봇 군단의 의료를 담당하는 트랜스포머 입니다.

반면에 궁극의 에너지원인 큐브를 되찾아 인류를 파괴하려는 파 괴 군단 디셉티콘의 리더는 메가트론입니다. 영화 마지막에 제어장 치가 풀리면서 등장해 옵티머스 프라임과 결투를 벌입니다.

선과 악을 대변하는 오토봇과 디셉티콘의 대결은 이 영화의 처 음이자 마지막이라고 할 만큼 영화 전체 내용의 대부분을 차지합니다. 자동차에서 거대 로봇으로 변신하는 과정이 수초 내에 이뤄져 눈이 얼얼할 정도로 현란한 변신 과정과 금속성 소음이 영화 보는 내내 가득합니다.

〈마징가 Z〉, 〈태권브이〉를 비롯해 어린 시절부터 로봇에 대한 애착이 높은 키덜트 팬이라면 애니메이션보다 높은 수준의 컴퓨터 그래픽으로 무장한 트랜스포머들의 대결을 지켜보는 것만으로도 큰 즐거움이 될 듯합니다.

트랜스포머는 외계의 고등 생명체입니다. 인간의 의지와 상관없이 양자 간의 대결 과정에서 이들은 최후의 결전장으로 지구를 선택합니다. 은하계 내에선 생명체가 존재하지 않는 것으로 알려져 있지만 트랜스포머와 같은 생명체들이 존재한다면 인간에겐 아마도 그 자체가 통제 불능의 디스토피아가 될 듯합니다.

마이클 베이는 〈트랜스포머〉를 통해서 소영웅의 탄생을 즐기던 할리우드 공식과 달리, 인간의 위대함을 표현하기보다는 로봇 군단에 생의 끈을 의존해야 하는 인간의 나약함을 표현하고 있습니다.

로봇 군단의 호위 속에 데이트를 즐기는 엔딩 신에서 샘과 여자친구 미카엘라(메간 폭스)는 행복해 보이지만 디스토피아가 보여주는 최악의 상황 속이란 사실을 부인할 수 없습니다. 화려한 로봇의 향연 속에 준비 없이 다가올 디스토피아에 대한 악몽이 함께하는 영화입니다. (2007. 7. 6)

마더 Mother

− 모정과 광기

봉준호 감독의 〈마더〉는 전작 〈살인의 추억〉이나 〈괴물〉에서 이룩한 성과들이 많이 반영되어 만들어진 작품이란 생각이 듭니다. 개성적인 캐릭터를 등장시켜 갈등과 긴장을 빚어내고, 극적인 반전을 통해 관객의 마음속으로 메시지를 전하는 그의 연출력은 〈마더〉에서 전작보다 진일보한 느낌입니다.

특히 영화의 전체 흐름을 끌고 간 배우 김혜자의 존재로 인해 봉준호 감독의 연출력이 더욱 돋보이게 된 것도 분명해 보입니다. 특정 공간을 차용해 '어둠의 미궁'을 만들고 이를 기반으로 스토리 자체의 신비함과 괴이함을 자아내는 기법 역시 〈마더〉에서도 효과적으로 사용되고 있습니다.

〈살인의 추억〉에서 범인이 사라지던 검은 굴이나 〈괴물〉에서 괴물이 살고 있는 한강 다리 밑 어둠 속이 〈마더〉에서는 어두운 골목길 안쪽에 묘사되어 있습니다. 검은 미궁의 실체를 보여주지 않으면서 주제와 결부시키는 그의 능력은 천부적입니다. 〈마더〉에서의 어두운 골목 안길은 사건의 핵심 열쇠이지만 관객은 영화가 끝날 무렵까지 골목길의 진실을 알 수 없습니다.

〈마더〉를 보면 영화비평을 공부하지 않은 관객이라도 당연히 몇 가지 의문에 빠집니다. 영화가 시작되면서, 그리고 끝나면서 넓은

풀숲이나 버스 안에서 펼쳐지는 엄마의 춤의 의미는 무엇일까? 그 날 밤 마을에서 벌어진 사건의 진위는 무엇일까? 엄마를 돕기도 하고 괴롭히기도 한 진태(진구)와 형사 제문(윤제문)의 속내는 과연 무엇일까? 그리고 결론적으로 영화 속 엄마를 어떻게 봐야 할까?

영화 속 인물들은 모두 중의적인 캐릭터입니다. 외아들이지만 제 앞가림조차 못하는 아들 도준에게 모든 걸 걸고 있는 엄마는 아들 앞에선 한없이 약하지만 아들의 범죄를 주장하는 세상을 향해선 한없이 표독스럽습니다.

바보처럼 보이는 아들 역시 가끔 엄마를 깜짝 놀라게 할 만큼 현실적인 대사를 던져 그녀를 자지러지게 만듭니다. 도준의 유일한 친구인 진태 역시 이중적인 캐릭터입니다. 친구를 이용해 개인적인 이익을 취하기도 하지만, 사건조사에 협조하는 진태의 모습을 보면 관객들은 그의 의도가 헷갈리기만 합니다. 도준을 살인범으로 단정 지은 제문 역시 그 속을 알 수 없습니다.

이러한 관객의 의문에 대한 실마리는 봉준호 감독의 말에서 찾을 수 있습니다. "인물을 극한 상황에 몰아넣음으로써 캐릭터나 인간들을 더 확연하게 표출시키는 것을 좋아한다"고 밝힌 적이 있기 때문입니다.

영화 속 캐릭터들은 엄마를 꼭짓점으로 서로 연결되어 있습니다. 극한으로 빠져드는 엄마의 캐릭터에 비해 단선적이고 평면적으로 보입니다만 그들은 배역 속에서 또 다른 자신의 캐릭터를 만들어 현실 속 사람들처럼 동일 사건, 동일 현상에 대해 전후가 일치하지 않는 행동을 하게 되는 것입니다.

전후가 엇갈리는 이들의 행동은 통상적으로 매우 역설적이지만, 그런 역설적인 흐름이 영화 속 사건 전개에 생동감과 관객의 집중력을 높이는 효과를 가져 옵니다.

〈마더〉에서 가장 중요한 것은 과연 아정(문희라)을 죽인 살인범이 누구인가가 아닙니다. 물론 공개된 바처럼 여러 가지 곡절과 반전 끝에 범인이 가려지지만 범인 여부는 〈마더〉의 흐름을 유도하기 위한 장치일 뿐입니다. 감독의 의도는 결국 상식적으로 알고 있는 단어 '엄마'가 영화적 현실 속에서 사건과 충돌할 때 어떤 모습으로 표출되고, 어떤 의미로 받아들여질까 하는 것입니다. 아마 그런 이유로 영화 제목을 '엄마'로 하지 않고 이국적인 느낌의 '마더'로 한 게 아닌가 생각합니다. 엄마와 살인사건이라는 전혀 어울리지 않는 소재가 영화 속에서 충돌하면서 벌어지는 기이한 조화와 반전을 그린 영화입니다. (2009. 5. 30)

추천 영화 리뷰 08

괴물 The Host
– 지독한 가족 이야기

한국 영화에서 만나기 쉽지 않은 소재를 차용한 탓에 관람을 마친 평론가들이며 관객들에게 엇갈린 평가를 받았습니다. 대부분의 논란은 〈괴물〉 캐릭터의 CG 그 자체와 우스꽝스러운 공권력의 실체, 그리고 미국의 배후에 관한 논란인 듯합니다만 이 영화를 가족애에 관한 영화로 본다면 이런 논란은 잠시 미뤄두어도 될 듯합니다.

영화의 관람 포인트는 여러 가지가 있겠지만 개인적으로는 영화의 주축을 이루는 주인공들의 연기, 특히 그 중에서도 중견배우 변희봉에게 초점을 두고 싶습니다. 성우를 거쳐 방송 드라마에서 일가를 이룬 그가 영화계에서 비교적 주목을 받은 것은 최근입니다. 고향집의 묵은 된장처럼 은은하고 깊은 그의 연기는 이번 영화에서도 손녀를 잃어버린 할아버지의 마음을 저리도록 잘 보여줍니다. 특히 낡은 소총 하나로 괴물과 사투를 벌이던 그가 애타게 찾던 손녀를 구하지도 못한 채 삶을 마감하는 10여 초 동안의 슬픈 표정 연기는 오래 기억될 명장면입니다.

사랑하는 딸 현서를 괴물에게 빼앗긴 아빠 강두(송강호)의 변모하는 캐릭터 역시 점층적인 연기의 묘미를 보여줍니다. 어리숙하고 바보 같기만 한 한강변 매점 점원 강두가 괴물과 사투를 벌이며 갈수록 강해지는 모습에서 이 시대 한국 아버지들의 고뇌와 강한 부정父情을 느껴봅니다. 〈복수는 나의 것〉, 〈반칙왕〉, 〈살인의 추억〉을 거치며 송강호는 한 필름에서 수없이 변화하는 캐릭터를 소화하는 든든한 중견배우가 되었습니다.

변희봉과 송강호가 장년과 노년의 묵은 연기를 보여주었다면, 괴물과의 사투의 시발이 된 어린 딸 역할을 맡은 고아성의 발견은 새로운 즐거움입니다. 촬영 당시에는 눈앞에 있지도 않았을 괴물의 위치와 방향을 감안해 고아성이 보여준 소름과 긴장의 연기는 괴물의 CG가 〈쥬라기 공원〉의 공룡보다 못하다는 일부 관객의 불평에도 불구하고 더한 공포를 자아내는데 부족함이 없습니다.

아참, 2000년 7월 미군의 한강 독극물 무단 방류사건인 '맥팔랜드 사건'에서 착안된 이 영화의 핵심 주인공인 '괴물'이 빠졌군요. 한강에 살면서 식인을 일삼는 돌연변이 괴물은 긴 혀와 꼬리, 그리고 파충류와 같은 원통형의 몸매를 갖추고 물속과 땅을 사납게 뛰어다닙니다. 영화가 더 공포스럽고 흥미진진했다면 그것은 봉준호표 '한국형 괴물'의 존재가 큰 몫을 했기 때문입니다. 앞으로도 할리우드 영화가 〈괴물〉보다 더 크고 우람한 특수효과로 괴물을 재창조할 수는 있겠지만 영화 속 곳곳에 배어 있는 봉준호표 위트와 풍자, 중견배우들이 만들어낸 진솔한 연기는 거대자본만으로는 쉽게 흉내 낼 수 없을 것입니다.

영화 속 옥에 티 찾기나 제작비 논쟁, 미군 철수 논란보다는 괴물조차 극복해 버리는 대한민국 어느 서민 가족의 가족 이야기로 이 영화가 오래 기억되기를 바랄 뿐입니다. (2006. 8. 3)

행복 Happiness

— 잔인한 이별

누구는 신파조라서 촌스럽다고 하고, 누구는 허진호 감독의 전작을 넘어서는 가슴 먹먹한 영화라고 합니다. 신파조라고 평하는 이들은 〈행복〉이 사랑이란 주제로 일관해온 허진호식 영화의 하나일 뿐 이젠 그런 스타일이 진부하다고 하고, 감동적이라고 하는 이들은 영수(황정민)와의 이별에 힘겨워 하는 은희(임수정)의 연기에 가슴이 시릴 지경이라고 합니다. 관점에 따라 영화를 보는 개인차가 많을 수밖에 없겠지만 확실한 건 울림이 있는 사랑 이야기라면 신파든 아니든 표현 방식은 아무런 문제가 되지 않습니다.

매미가 한창 울어대는 여름, 세상의 끝자락에 서 있던 남녀가 우연한 곳에서 운명적으로 만납니다. 사회의 찌든 삶을 떠난 영수에게 요양원은 도피처이지만, 그 날 영수를 만난 은희에게는 가냘픈 생명을 지켜줄 유일한 성과 같은 곳입니다. 풀벌레소리 요란한 그곳에서 두 사람은 충동적으로 사랑에 빠지고, 낙엽이 떨어질 때쯤 희망요양원을 함께 빠져 나옵니다.

무지개처럼 보이던 두 사람만의 아름다운 사랑을 영원히 이어가기 위해서 작은집을 구하고 농사를 지으며 은희는 새로운 보금자리가 그녀의 생명을 지켜줄 든든한 성이라고 생각하지만, 영수에게는 언젠가 떠나야 할 철새 둥지에 불과합니다. 다시 봄이 오고, 여름이 오고, 행복에 겨운 은희와 사랑이 지겨운 영수에겐 조금씩 균열의 조짐이 보입니다. 여름의 뜨거운 햇살이 계절의 한기에 뚱해질 무렵, 건강을 회복한 영수는 희망요양원에 들어왔던 그 모습 그대로 은희 곁을 떠납니다.

허진호 감독의 첫 작품 〈8월의 크리스마스〉(1997)의 정원과 다림, 〈봄날은 간다〉(2001)의 상우와 은수 커플이 보여줬던 사랑의 방식이 뜨뜻미지근했다면 〈행복〉에서 은희가 보여준 사랑은 강렬하고 적극적입니다.

계절의 변화를 사랑과 흔하게 빗대는 허진호 감독의 스타일대로 이번 영화도 계절의 변화와 함께 사랑의 변화도 찾아옵니다. 두 사람이 처음 만났던 여름은 강렬하지만, 헤어짐이 찾아온 겨울에 은희의 이별은 슬프고 아립니다.

〈행복〉의 가장 큰 장점은 '은희'에게 있습니다. 영화 속 은희의 모습은 두 사람의 사랑이 시작되던 산 속 여름햇살처럼 사랑스럽고 처연합니다. 막 시작되는 사랑의 설렘, 투병 와중에 보여주는 사랑하는 이에 대한 헌신, 그리고 갑작스러운 이별에 혼란스러워 하는 그녀의 모습은 어쩌면 반짝이는 보석을 보는 느낌 그 이상의 숨 막히는 긴장감을 줍니다.

이 세상에 남녀가 존재한다면 사랑도 영원하겠지만 그만큼 이별도 어쩔 수 없이 영원히 따라 다닐 듯합니다. 다가온 사랑에 과감했던 그녀가 떠나가는 사랑을 놓치지 않기 위해 애쓰는 장면들이 슬프고 또 안타깝습니다. 죽을 때 서로 곁에서 지켜주겠다던 은희와 영수의 약속이 흰 눈발 속에 점점이 떨어집니다.

임수정의 연기력이 〈각설탕〉(2006), 〈싸이보그지만 괜찮아〉(2006)의 부침을 거쳐 〈행복〉에서 완벽하게 만발했음을 확연히 느낄 수 있습니다. (2007. 10. 14)

추천 영화 리뷰 10

김씨 표류기 Castaway on the Moon
- 밤섬에서 짜장면

한 사람은 사채 때문에, 또 한 사람은 왕따 때문에 그들만의 세계에 표류하면서 영화는 시작됩니다. 남자 김씨(정재영)는 빚 독촉을 견디지 못하고 한강에 투신했지만 여의치 않아 밤섬에 고립됐고, 여자 김씨(정려원)는 친구들의 괴롭힘을 견디지 못하고 자신의 방에 틀어박혔습니다.

남자 김씨가 표류한 밤섬, 여자 김씨가 도피한 그녀의 방은 두 사람에겐 스스로 만든 감옥과 같습니다. 결국은 벗어나야 할 공간이지만 남자 김씨는 웬일인지 그곳이 싫지 않습니다. 사채업자의 협박도, 헤어진 여친의 무시도 없는 곳에서 그는 정을 붙이고 살기로 작정합니다. 휴대폰이 안 터져도 그만이고, 오리 배에서 잠을 자도 충분하지만 문제라면 그토록 좋아하는 짜장면을 마음껏 먹을 수 없다는 정도입니다. 하지만 그마저도 김씨는 농사짓기라는 회심의 수단을 통해 해결해보려 합니다.

또 다른 도피처에 갇힌 여자 김씨는 스스로 자신의 방을 벗어날 용기를 내지 못합니다. 다만 망원렌즈 저편 밤섬에서 포착된 남자 김씨의 야생 생활을 통해 즐거움을 찾고 안타까워할 뿐입니다.

〈천하장사 마돈나〉(2006)로 잘 알려진 이해준 감독의 기발한 상상을 바탕으로 한 〈김씨 표류기〉는 오랜만에 만나는 제대로 된 코미디 영화입니다. 등장인물이라곤 주연배우 두 사람이 거의 다라고 할 수 있지만 깜짝 등장하는 조연들의 존재감이 약하지 않고, 밤섬에 적응해 가는 남자 김씨의 무모한 도전 하나하나가 폭소를 자아냅니다.

이해준 감독은 이 영화에 대해서 소통에 관한 이야기가 아니고 소통하고 싶어 하는 사람들의 이야기라고 정의합니다. 소통하고 싶어 하는 사람들? 하고 싶은 말은 많지만 사회가 받아주지 않고, 어려움에 처했지만 누구에게도 도움 받지 못하는 사람들이란 표현이 아닐까요? 이들은 스스로의 공간에 갇히기 이전에 소리치고 호소하며 사회의 도움을 요청했지만 번번이 편견과 무시에 할 말을 잃었던 사람들입니다. 영화가 전개되면서 한강을 사이에 두고 짧은 영문으로 서로의 안부를 주고받던 두 김씨는 비슷한 처지를 직감하고 서로를 궁금해 합니다. 비로소 두 사람의 소통이 시작된 것입니다.

이 영화의 가장 큰 특징은 조명으로 묘사된 여자 주인공의 심리

변화입니다. 어두움이 가득하던 여자 김씨의 공간은 남자 김씨에 대한 관심이 높아지면서 점차 밝은 빛이 스며들고, 그녀의 얼굴엔 미소가 피어납니다. 조명감독이 여자 김씨를 지독하게 편애했던 게 아닌가 하는 생각이 들 정도로 상황별로 변화하는 조명의 변화는 주제와의 부합 여부를 떠나 아름답고 포근합니다. 체중 감량까지 마다치 않으며 배역에 애쓴 정려원에게는 이만한 선물도 없을 듯합니다.

소통은 양쪽의 의사가 서로 통함을 의미합니다. 남자 김씨와 여자 김씨는 아주 오랜만에 자신의 생각이 물 흐르듯 상대방에게로 흘러감을 경험합니다. 해프닝과 해프닝, 이해와 오해의 연속을 넘어 그들은 과연 어떤 소통의 결말을 맺게 될까요? 따사로운 봄 햇살처럼 포근한 조명의 변화 속에 소통에 이르는 과정이 아름다운 이 영화는 여러 가지 복잡한 일들로 울적한 이들에게 좋은 청량제입니다. (2009. 5. 18)

워낭소리 Old Partner
– 세상사 공존의 이유

경북 봉화의 팔순 촌로와 마흔 살이 된 늙은 소의 이야기를 다룬 이 영화는 영화평론가 정한석의 지적처럼 페이크 다큐멘터리에 가깝습니다. 다큐멘터리이긴 하지만 의도적으로 특정 사실 부문을 중심으로 영상과 스토리 자체를 편집한 영화란 뜻입니다.

'인간극장' 류의 프로그램이 출연자들의 삶의 연속선상에서 다양한 생활의 순간을 기록한 것이라면 〈워낭소리〉는 농부 최노인과 그의 아내, 마흔 살 먹은 늙은 소라는 삼자를 등장시켜 이야기를 끌어가고 있습니다.

'홍보도 전략이다'의 저자 장순욱에 따르면 PR 기법 중에 가장 효율적인 방법이 지그재그식 PR입니다. 신문에 다뤄진 내용이 이슈가 되면서 온라인이나 방송을 타고, 다시 케이블에서 매거진으로 옮겨져 순식간에 이슈화되는 방법을 말하는데 〈워낭소리〉는 1억원 남짓의 저예산 독립영화에 불과하지만 '불통의 시대'란 시대적 기류를 타고 제작자들은 전혀 의도하지 않았겠지만 지그재그 PR에 성공한 운 좋은 영화이기도 합니다.

워낭은 소의 목에 달린 방울을 말합니다. 워낭은 귀가 어두운 촌로와 늙은 소를 연결하는 매개체입니다. 소를 팔아 버리자는 아내의 잔소리는 최노인의 귀에 들리지 않지만 워낭을 통해 늙은 소가 전하는 신심을 최노인은 정확하게 알아듣고 있습니다. 40년 세월을 주인과 함께 한 늙은 소는 노동력을 상실한 상태이지만 자신을 믿어주는 주인을 위해 오늘도 논으로, 밭으로 굼뜬 발걸음을 옮깁니다. 서로의 앙상한 몸이 힘겹지만 최노인에게도, 늙은 소에게도 함께하는 노동은 그들 삶의 이유입니다.

최노인이 장터에서 술에 취해 잠들면 수레에 실은 채 집으로 찾아오고, 주인은 소를 위해 논이며 밭에 농약을 치지 않습니다. 늙은 몸을 이끌고 소꼴을 베지만 남들처럼 편하자고 사료로 소를 키우지 않습니다. 늙은 소를 대체하기 위해 새로 들여온 젊은 소가 늙은 소에게 행패를 부리면 기다란 막대기로 혼내며 애타하는 촌로의 사랑에 마음이 아립니다.

소의 평균 수명은 길어야 15년을 넘기기 어렵고, 육우로 사용되는 소는 30개월 이내에 도축된다는 사실을 감안한다면 늙은 소는 기대수명을 넘겨 장수한 셈입니다. 여러 가지 요인이 있겠지만 주인의 속 깊은 사랑과 보살핌이 주효했을 거란 생각입니다.

영화는 담담합니다. 필름으로 촬영하지 않은 화면은 거칠고, 영화 속 촌로와 촌부의 삶은 투박하다 못해 안타깝기까지 합니다. 하지만 거친 화면, 연출되지 않은 모습 그대로이면서도 영화는 충분히 감동적이고 울림이 있습니다. 왜냐하면 〈워낭소리〉 속에는 최노인의 진심이 담겨 있기 때문입니다.

어릴 때 심하게 앓은 탓에 앙상한 다리는 마흔 살이 된 소처럼 제대로 걷기도 힘들지만 최노인은 소를 의지 삼아 정성껏 농사를 짓습니다. 힘들게 농사짓는 주인 곁에서 눈을 껌뻑이며 주인을 지키는 소에게서 오랜 친구의 모습을 발견합니다. 아내와 9남매의 성화에다 건강이 악화되어 더 이상 늙은 소를 감당할 수 없어 맘에 없던 장터에 나간 날, 60만원에 사겠다거나 거저 줘도 안사겠다는 홍정꾼들에게 500만원은 줘야 팔겠다고 큰소리를 치는 주인의 마음에 영화의 주제가 담겨 있습니다.

장터 술자리에서 한 잔 술을 앞에 두고 늙은 소와의 추억을 말하는 최노인의 얼굴엔 아이처럼 행복한 미소가 가득합니다. 최노인은 늙은 소의 마지막을 함께하고 싶었던 게 분명합니다.

최노인은 농사를 위해서, 불편한 다리를 대신해 이동을 위해서, 그리고 재산 증식을 위해서 '소'가 필요했습니다. 그의 목적은 이 땅의 다른 농부들과 별반 다를 바 없었지만 그의 마음가짐은 달랐습니다. 영화의 영어 제목이 'Old Partner'란 사실에서 알 수 있듯이 오랜 세월 함께 공존할 친구로 본 것입니다. 바쁜 농사일 틈새로 새참을 먹는 시간에 자신이 먹는 밥, 한 사발의 막걸리는 늙은 소도 함께 먹습니다. 부족하지 않게 먹이를 주지만 너무 과하게 먹어 탈이 나지 않도록 세심하게 배려하는 최노인에게 늙은 소는 기쁨과 슬픔을 함께하는 동반자입니다.

시끌벅적한 세상사에 촌로가 몸으로 설파한 공존의 이유가 이 시대 많은 사람들의 마음을 울립니다. 다른 사람보다 좀 더 가지고, 좀 더 앞서기 위해 비난하고 계략을 일삼는 세상의 모든 이들에게 공존의 의미를 일깨워주는 〈워낭소리〉는 청량한 산사의 풍경소리와 같습니다. (2009. 2. 11)

오션스 13 Ocean's Thirteen
– 장난기 가득한 거대 사기극

〈섹스, 거짓말 그리고 비디오테이프〉(1989)로 시작해, 〈트래픽〉(2000)으로 아카데미 감독상을 거머쥐며 기대주로 떠올랐던 스티븐 소더버그Steven Soderbergh 감독의 연작 시리즈 중 세 번째 편인 〈오션스 13〉은 〈오션스 11〉(2001), 〈오션스 12〉(2004)에 이어, 여전히 장난기 가득한 악동들의 한 판 사기극이자 절도극 그대로입니다.

대니 오션(조지 클루니)이 이끄는 악동들이 이번에 미끼로 삼은 재물은 라스베이거스의 카지노 대부 윌리 뱅크(알 파치노)입니다. 오션스의 원로 루벤(엘리어트 굴드)에게 심한 정신적 충격과 배신의 아픔을 안겨준 윌리 뱅크는 카지노의 제왕이자 호텔 업계에선 따라올 사람이 없는 거부이기도 합니다.

빈틈없는 경보망과 완벽한 중앙 컴퓨터 시스템을 갖춘 윌리 뱅크의 호텔 카지노를 마비시킨 후 루벤의 복수를 꾀하는 오션스 일당에게 고난은 많지만 여전히 불가능은 없습니다.

오션스 시리즈에 익숙하지 않은 팬들이라면 문법처럼 진행되는 이들의 무용담과 두뇌 유희가 좀 어색할 수도 있지만, 오션스의 마니아들이라면 이들이 이전 편에서 벌여온 기상천외한 '도둑질' 탓에 이번 편에 거는 기대는 유난히 컸습니다. 전편만한 후속편이 없다는 말이 영화계의 정설이지만 스티븐 소더버그는 할리우드의 평단조차 전편을 능가한다는 평가를 할 만큼 더 치밀하고 신나는 이들의 멋진 사기 놀음판을 영화 속에 만들어 냈습니다.

오션스 시리즈는 이들의 과감한 행각을 뒷받침하는 맥가이버 수준의 치밀한 두뇌 유희도 볼 만하지만, 오션스 일당(특히 조지 클루니와 브래드 피트)의 의상이며 패션 감각을 지켜보는 것도 아이디어 채집에 도움이 됩니다. 장난기 가득하고 대담한 이들의 큰 판 도둑질이 밉지 않은 이유는 아마도 영화 구석구석에서 보이는 오션스 일당의 인간적인 매력 탓이 아닐까 생각해봅니다. 〈오션스 13〉에서도 그들이 발휘하는 인간적인 매력이 곳곳에 잘 표현되어 있습니다. 오랜만에 팬들에게 모습을 보여준 알 파치노의 코믹한 연기 역시 그의 거친 매력과 함께 멋진 볼거리입니다. (2007. 6. 26)

추천 영화 리뷰 13

적벽대전: 거대한 전쟁의 시작 Red Cliff: Part 1
– 영웅의 재림

할리우드로 떠났던 존 우(오우삼) 감독의 본토 귀환이 옳을까요? 고대 중국 영웅들의 귀환이란 표현이 적합할까요? 서기 208년 중국을 좌지우지했던 위魏, 촉蜀, 오吳 삼국 영웅들의 쟁패기를 다룬 영화 〈적벽대전: 거대한 전쟁의 시작〉은 알려진 바대로 나관중의 '삼국지'가 원작입니다.

유비, 관우, 장비의 도원결의를 시작으로 거대한 영웅들의 운명과 쇄락을 다뤘던 삼국지는 수많은 인물들의 영웅담과 함께 탁월한 지략과 술수가 난무해 오랜 세월 독자들에게 사랑받아온 중국의 고전입니다. 영화는 삼국지에 등장하는 수많은 전투 중 가장 대규모로 치열했고 드라마틱했던 '적벽대전'을 영화의 메인 소재로 삼고 있습니다.

위나라를 장악한 승상 조조의 100만 대군, 후퇴를 거듭하여 궁시에 몰린 유비의 촉나라와 동맹국인 손권의 오나라가 연대한 10만 군사가 맞붙었던 적벽대전은 영화 제작 당시부터 큰 관심거리였습니다. 소설로만 읽던 적벽대전의 거대한 전투신을 영화로 본다는 두근거림은 삼국지의 독자라면 누구나 마찬가지일 듯합니다. 글로만 이해하던 유비, 장비, 관우, 조자룡, 제갈량, 손권, 주유, 조조를 오우삼의 영화 속에서 만난다는 점 역시 반가울 수밖에 없습니다.

당초 영화는 3시간 단편으로 제작될 예정이었으나 여러 가지 사정상 2편으로 분리돼 제작된 관계로 적벽대전의 본격적인 전투는 2편으로 미뤄야겠지만, 거대한 역사의 소용돌이 속에서 용기와 지략을 다투던 영웅들의 전장 속으로 빨려들어가는 듯한 즐거움은 이 영화가 주는 최고의 설렘입니다.

오우삼이 재해석해 창조한 적벽대전의 스펙터클한 영상에 대한 기대와 함께 본질적으로 조조가 황제와 조정의 반대에도 불구하고 일으킨 촉나라 정벌전쟁은 과연 어떤 의미일까요? 조조가 연모해 마지않던 주유의 아내이자 절세미인 소교(린즈링)를 차지하기 위한 개인적인 야욕일까요? 전투에 있어 절대 속내를 드러내지 않았다는 조조의 판단과 속셈이 궁금해지는 대목입니다.

일시적인 동맹 관계를 맺은 손권과 유비, 그리고 주유와 제갈량의 인연은 과연 언제까지 이어질까요? 역사 속 영웅전을 지켜보며 궁금증은 끝이 없습니다. 특히 방통의 지략에 의한 조조 수군의 연환계連環計, 제갈량과 주유가 100만 대군을 섬멸하기 위해 생각해낸 화공계火攻計가 영화 속에 어떻게 표현될지 진짜 궁금합니다.

〈적벽대전: 거대한 전쟁의 시작〉은 오우삼 감독이 트레이드마크처럼 영화 속에서 사용해오던 비둘기가 등장합니다. 적벽대전의 개막을 알리는 역할이기도 하지만, 제갈량의 주요한 정보원인 흰비둘기의 비상을 끝으로 1편은 막을 내리지만, 촉과 오의 건너편에 진을 친 위나라의 수군을 향해 힘차게 날아가는 제갈량의 비둘기를 보며 고대사 속에 한 발자국 깊숙이 빠져드는 흥분을 느껴봅니다.

2편의 본격적인 전투에 돌입하기 전 1편에선 유명한 장판교 전투, 위나라의 기병과 보병에 맞서 대승을 거뒀던 전투 속 팔괘진 등이 적벽대전을 보지 못해 아쉬운 관객들을 달래줍니다. 영웅들의 전투를 둘러싼 엑스트라 병사들의 움직임이 좀 부자유스러운 점, 호쾌한 칼싸움보다는 좀 둔해 보이는 신들이 많은 점이 단점이라면 단점입니다. 유비의 낮은 캐릭터 비중도 유비를 아끼는 관객들에겐 불만일 수 있습니다. (2008. 8. 8)

적벽대전 2: 최후의 결전 Red Cliff: Part 2
– 가슴 뛰는 감동

군사 요충지인 적벽을 사이에 둔 채 조조의 100만 대군과 손권의 군사를 중심으로 한 동맹군이 치렀던 1800년 전의 역사적인 전투는 역사 속에, 그리고 삼국지 속에 상세하게 기술되어 있지만 그 방대함과 기록적인 전과로 인해 어느 누구도 영상으로 선뜻 옮기지 못한 게 사실입니다. 18년에 걸친 준비와 제작기간을 거친 〈적벽대전 2: 최후의 결전〉은 바로 그 전인미답의 길을 걸은 영화로 평가받을 만합니다.

오우삼吳宇森 감독 특유의 거친 화면 전개와 인물에 대한 과도한 클로즈업, 남성우월주의적인 시각이 아쉽지만, 고대 영웅들의 우정과 지략이 다채롭게 그려진 데다 1시간 가까이 진행되는 후반부의 적벽대전 전투 신은 과거 개봉된 어떤 할리우드 블록버스터 전쟁신과 비교해도 전혀 손색이 없습니다. 특히 제갈량의 지략으로 허수아비와 안개를 이용해 조조의 수군으로부터 10만 개의 화살을 모으는 장면, 자신들에게 유리한 동남풍이 불기를 기다려 조조의 적진으로 돌진하는 동오군의 화공계火攻計는 삼국지 독자들의 오랜 바람을 원 없이 실현해주고 있습니다.

피비린내 나는 접전과 접전 끝에 모든 전투가 끝날 무렵 승자는 없다는 주유의 독백처럼 적벽대전은 겉으론 조조군의 대패로 끝났지만 그 과정에서 양측이 입은 손해는 실로 어마어마합니다. 그토록 고향으로 돌아가고 싶어 하던 수만 명의 병사들은 강과 산하에 스러졌고, 패전의 분루를 삼키던 조조도, 승자의 즐거움을 만끽했던 주유도, 그의 아내 소교도, 제갈량도 역사 속으로 모두 사라졌습니다.

하지만 지략과 자존심, 그리고 군사들의 심리를 이용해 세상을 제패하기를 원했던 영웅들의 부활을 보며 삼국지 마니아로서 두근거림을 부인할 수 없습니다. 전쟁 영화 캐릭터들이 이토록 하나하나 살아 움직인 예가 있을까 한참이나 생각해봅니다. 손권, 주유, 조조, 소교, 제갈량 모든 캐릭터들은 있어야 할 자리에 있으며, 자신의 배역을 잘 소화하고 있습니다.

적벽을 사이에 둔 기나긴 대치 끝에 드디어 북이 울리고 오우삼 표 비둘기가 날아오릅니다. 수십만 병사들의 함성과 함께 지략과 지략의 충돌, 그리고 스크린이 타오를 만큼 열띤 두 나라의 적벽대전을 보며 손바닥이 어느새 흥건해짐을 느낍니다.

영웅은 가고, 역사는 흘렀지만 천하를 호령하던 그들을 현세에 부활시킨 오우삼의 뚝심과 끈기, 그리고 헌신을 마다하지 않은 모든 스태프와 배우들의 투혼에 한 표를 던집니다. 〈적벽대전 2: 최후의 결전〉에서는 무엇을 상상하든 그 이상의 영상과 만날 수 있습니다. (2009. 1. 25)

이태원 살인사건 Where the Truth Lies

– 불편한 현실

한국 사회에 존재하는 불편한 현실을 다룬 영화입니다. 1980년
대 영화운동의 맹장으로 평가받는 홍기선 감독은 장산곶매가 광주
항쟁을 소재로 만든 영화 〈오! 꿈의 나라〉(1989)의 각본을 맡기도 했
습니다. 서슬 퍼런 1980년대에 영화란 매체를 통해서 사회의 불평
등과 소외된 사람들에 대한 이야기를 다룬 그의 작품세계를 감안한
다면 〈이태원 살인사건〉의 전개방식은 십분 이해할 수 있습니다.

〈이태원 살인사건〉은 1997년 발생한 실제 살인사건을 다룬 이야
기입니다. 피해자 가족의 동의를 거쳐 실명으로 피해자가 공개된
이 영화는 대학 휴학생으로 가해자에게 아무런 원한 관계를 갖지
않았던 조중필이란 학생이 햄버거 가게에서 무참하게 살해된 사건
을 영화화한 것입니다.

사건 직후 미군 수사대에 의해 범인의 신병과 진술을 넘겨받아
사건의 범인 처벌은 쉽게 이뤄지는 듯했지만, 결정적인 증거를 확
보하지 못해 이듬해 대법원을 거쳐 종결된 사건입니다. 가해자인
두 사람 피어슨과 알렉스는 미국으로 출국한 이후 어떠한 처벌도
받지 않았습니다.

홍기선 감독은 〈이태원 살인사건〉을 통해 실제 사건이 가진 미
스터리를 현실적으로 드러내고 싶었다고 주장합니다. 이미 결론이

나 있는 사건, 범인이 드러난 사건이지만 결국 처벌에 이르지 못한 사회의 구조적 모순과 상처받은 사람들을 묘사하겠다는 것이 감독의 의도였습니다.

결론이 이미 나 있는데다가 범인을 처벌할 수 없는 영화는 사실 관객에게 카타르시스를 안겨줄 통쾌한 한 방이 없습니다. 이러한 상업영화가 얼마나 위험한 선택인지는 아마도 제작자들이 더 잘 알 것입니다.

하지만 감독과 제작사의 지향점이 상업적인 흥행보다는 사회적 불평등과 상처받은 사람들을 절절하게 묘사하는데 있다면 이 영화는 매우 성공적입니다.

관객들은 두 사람이 무죄면 도대체 내 아들은 누가 죽였느냐고 울부짖는 유가족의 모습에서 안타까움을 넘어 분노를 느끼지만, 황당한 판결의 배후에 가로놓인 사법 체계의 모순과 한미 관계의 현실에는 말문을 잃습니다. 터져 나오는 분노는 없지만 가슴 속에서 끓어오르는 억울함과 무기력함이 후반부로 갈수록 스멀스멀 관객들을 찾아옵니다.

4년간에 걸친 고증, 40명의 인터뷰와 법적 분쟁에 대비한 치밀한 준비 작업으로 영화는 감독이 의도한 곳으로 도달합니다. 그 도착점이 아마도 상업적 성공과는 다른 방향임에 분명하지만 말입니다.

감독의 의도를 십분 감안한다 하더라도 캐스팅에 대한 아쉬움은 한 번쯤 지적하지 않을 수 없습니다. 감독이 이 영화에 대해 가지고 있던 주제 의식을 가장 돋보이게 하기 위해서는 박 검사(정진영)의 캐릭터 몰입도 중요했겠지만, 알렉스(신승환)의 변호사였던 김 변호사(오광록)의 캐릭터가 매우 중요했습니다. 살인사건의 진실과 상관없이 의뢰인을 보호하지만 법조인으로서 고뇌를 보여주기에 오광록의 캐스팅은 그가 가지고 있는 기존의 이미지로 인해 아쉽게도 뚜렷한 한계를 노출했습니다.

피해자가 있지만 가해자가 처벌받지 않은 이 사건이 법적으로는 종결됐지만 이 영화가 물꼬가 되어 감춰진 사건의 진실과 가해자가 뚜렷하게 드러나는 계기가 되길 진심으로 빌어봅니다. (2009. 9. 14)

3

영화를 어떻게 볼까?

이제 영화를 보는 눈이 조금씩 생기나요? 지금부터는 영화를 어떻게 볼 것인가를 생각해 봅시다. 가장 먼저 할 일은 역시 볼 가치가 있는 영화를 선정하는 것입니다. 영화는 평균 2시간 정도의 상영시간이 대부분입니다. 2시간이면 서울역에서 동대구역까지 KTX가 도착하고도 남는 시간입니다. 예매를 하고, 극장으로 이동해 2시간을 소비하는 것이라면 그만큼 가치가 있는 영화를 선택하는 것은 필수라고 하겠죠.

　여러분은 보고 싶은 영화를 어떻게 결정하는지요? 아마 친구나 가족과 같은 주위 사람들의 의견이 핵심 결정 요인이 아닐까 생각합니다. 매사에 개인의 판단과 취향이 매우 다르듯이 영화 역시 개인의 성향, 연령, 성격, 취미 등에 따라서 선호하는 장르가 달라야 하는 게 정상입니다.

　음식이나 음반, 도서 등은 대부분의 사람들이 자신의 결정에 따르면서, 이상하게도 영화는 여러 사람이 추천하는 작품을 무심코 선정하는 경우가 많습니다. 그리고 혼자 영화를 보는 것을 부끄러

워하거나 외롭다고 생각하는 경우가 많습니다만, 개인적으로는 그
것은 옳지 않다고 생각합니다. 영화는 개인 미디어라고 앞에서 말
씀드린 바 있지요? 보고 싶은 영화를 개인이 보고 싶은 시간에 맘
편히 혼자 보는 것은 하등의 고민거리도, 어색한 일도 아닙니다.
여러분은 꼭 이 선입견을 바꿔주기 바랍니다.

학생의 입장이라면 귀중한 용돈이 지출되는 문화 관람임에도 불
구하고, 대부분 관람영화 선택에 있어서 매우 단조롭고 무의미하게
결정하는 경우가 있다는 것을 여러분도 동의할 겁니다. 다른 사람
의 의견에 따라서 맹목적으로 영화를 선택할 경우, 물론 감화를 받
아 뜻밖의 만족감을 얻는 경우도 있지만, 영화를 보지 않은 것보다
오히려 안 좋은 선입견이 생길 수 있고, 특정 영화나 감독에 대한
혐오감을 키울 수 있으니 주의해야 하겠습니다.

예를 들면, 데이빗 크로넨버그David Cronenberg 감독이나 김기덕 감
독의 영화는 관객은 물론 평단에서조차 평가가 심하게 엇갈립니다.
관객에 따라 좀 차이가 있지만 두 감독의 영화를 처음 보는 사람이
라면 2시간을 지켜보기에 여러 가지 이유로 이해하기가 난해하거
나 불편한 작품이 많습니다.

왜냐하면 데이빗 크로넨버그의 〈이스턴 프라미스〉(2007), 〈폭력
의 역사〉(2005)와 같은 작품에는 지나치게 잔혹한 장면이 많은가 하
면, 철학적인 대사들이 등장해 처음엔 단순 스릴러나 액션 영화로
알고 선택했다가 그야말로 식겁한 적이 있거든요.

김기덕 감독의 작품은 또 어떤가요? 그의 전작 〈섬〉(1999), 〈해안선〉(2002)은 저 또한 사전정보가 없는 상태에서 무심코 관람했다가 깜짝 놀란 경험이 있습니다. 2012년 작 〈피에타〉는 그 해 베니스 영화제 황금사자상을 거머쥐었지만 관객의 평가는 극과 극을 달렸습니다.

인도의 나이트 샤말란M. Night Shyamalan 감독의 작품 역시 마찬가지입니다. 그의 작품인 스릴러 〈빌리지〉(2004)를 주위 친구들과 함께 보고, 그 의견을 토론해보길 권합니다. 준비 없이 맞이한 공포가 피를 튀기는 하드고어 공포영화보다 더 무섭다는 것을 잘 알게 해주는 영화 중의 하나입니다.

자, 이제 영화를 어떻게 볼 것인가를 순서대로 설명해보겠습니다.

1) 영화의 선정

영화를 선정하는 내 방식을 소개해볼까요? 나 역시 여전히 무비키덜트이지만 영화를 보는 횟수와 시간이 길어지면서 요즘은 오랫동안 눈여겨봐온 감독을 위주로 선택합니다.

예를 들면 국내 감독 중에서 허진호 감독의 작품을 나는 매우 좋아합니다. 〈8월의 크리스마스〉(2005)를 시작으로 〈외출〉(2007), 〈행복〉(2007), 〈호우시절〉(2009) 등 그의 감각적인 로맨스 영화는 개봉 소식만으로도 항상 나를 설레게 합니다. 중국 두보서당에서 조우하는 동하와 메이의 사랑 이야기를 다룬 〈호우시절〉은 허진호 감독이 만들어낸 로맨스 중 가장 편하고 아름답습니다.

하지만 처음 영화를 감상하기 시작하는 학생들이라면 타인의 의견, 특히 전문가의 객관적이고 상세한 추천 평이 들어 있는 영화를 보는 것이 좋습니다.

요즘 우리 주위에는 영화에 대한 정보를 상세하게 알려 줄 많은 매체들이 있습니다. 인터넷이든 일간지든 방송이든 관객들이 보면 좋을 추천작들이 올라옵니다. 그 방면은 아마 저보다 여러분들이 더 잘 알고 있을 겁니다.

일간지 영화 기자들은 매체의 특성상 기술적 영화비평을 쓰기보다 독자의 입장에서 볼 만한 재미가 있는 영화를 감상비평 선에서 자상하게 소개해줍니다.

전문 평을 읽어볼 여유나 형편이 안 돼 단순히 개봉작, 추천작 정보만을 구한다면 '네이버'와 같은 포털 사이트의 영화 서비스, 복합상영관 CGV나 롯데 시네마 등의 홈페이지에도 인기 순위나 간단한 줄거리, 기사 등이 지속적으로 올려져 있어 정보를 구하는 데 무리가 없습니다.

'씨네 21'과 같은 영화 전문잡지의 추천 순서, 별점, 평점 등을 눈여겨보는 것도 좋은 방법입니다. 영화 기자 출신 이동진의 네이버 블로그 '언제나 영화처럼'의 열렬 회원이 되는 것도 좋은 영화를 고르는 방법이 됩니다. 영화를 사랑하는 사람들이 적은 좋은 평을 읽고, 직접 영화를 보고 비교해보는 것만큼 좋은 영화 공부는 없습니다.

2) 오피니언 리더의 선택

오피니언 리더들의 선택을 따라가는 것도 방법입니다. 오피니언 리더란 어떤 집단 내에서 행동이나 결정에 큰 영향을 미치는 사람을 일컫는 말입니다. 주위 혹은 사회에서 여론을 주도하는 사람을 말하는 것이죠. 물론 이 강의를 듣는 여러분들이 장차 영화계의 오피니언 리더가 될 수도 있습니다. 한 가정 내에서 다른 가족보다 영화를 많이 보고 가족들에게 영화를 추천할 수 있다면 가족에게는 여러분이 바로 오피니언 리더인 셈이죠.

재학중인 학교의 교수님, 선생님, 예술가, 과학자 등 전문적인 일을 하는 사람들이 그들만의 관점에서 추천하는 영화를 지켜보는 것도 시도해볼 만한 영화 선택법입니다.

경찰 내 특수감시 조직을 다룬 조의석, 김병서 감독의 영화 〈감시자들〉(2013)이 흥행몰이에 나서자 유관 종사자들의 단체 관람이 꽤나 많았었다고 합니다. 경찰의 희생과 봉사를 다룬 영화이다 보니 경찰 내부의 오피니언 리더들이 적극적으로 권하지 않았나 생각됩니다.

하지만 흥행몰이를 위해 영화사나 마케팅 대행사 등에서 인위적으로 오피니언 리더들을 적극 활용해 홍보성 추천을 유도하는 경우도 많으니 구분하는 선택도 필요합니다.

3) 주관적 선택

본인의 주관적인 선택도 한 방법입니다. 장르별, 취향별, 선호하는 감독, 선호하는 배우가 있다면 이를 기준으로 영화를 선정하는 것입니다. 아니면 자신만이 정한 다른 기준으로 영화를 봐도 무방하겠습니다.

본인만의 영화관映畵觀이 완전히 만들어지기 전에 주관적인 선택이 때로는 실망으로 이어질 수도 있겠지만, 뭐 어떻습니까? 실패하면서 영화관이 제대로 잡혀가는 것이니까요. 내 경험에 비춰 봐도 그러면서 좋은 영화를 고르고 선택하는 능력이 개발되어지는 것이니 다른 사람의 판단에 의존하지 말고 시작부터 과감히 혼자 결정해보는 것도 나쁘지 않습니다.

예를 들면, 〈이스턴 프라미스〉류의 스릴러 영화를 좋아하는 관객이라면 데이빗 크로넨버그David Cronenberg 감독의 작품들을 필모그래피를 따라 관람하고, 차후에도 그가 감독한 영화를 눈여겨보는 겁니다.

명배우 출신들이 감독한 영화를 검색해보고 감상작을 찾아내는 것도 한 방법이 될 겁니다. 우디 앨런Woody Allen, 클린트 이스트우드

Clint Eastwood, 일본의 기타노 다케시北野武는 세계 유수 영화제에서 호평을 받으며 이미 자기만의 영화 문법으로 명감독의 반열에 오른 사람들입니다. 우디 앨런의 작품 중에서는 〈매치 포인트〉(2005), 클린트 이스트우드의 〈그랜 토리노〉(2008), 〈아버지의 깃발〉(2006), 기타노 다케시의 작품도 국내에 거의 개봉되었습니다만 그 중 〈자토이치〉(2003)를 적극 추천합니다.

특정 감독의 영화를 집중적으로 보다 보면 그 감독의 취향과 연출 기법, 미장센 등을 알 수 있고, 이런 훈련을 자주 쌓아 가면 전체적으로 영화를 보는 눈이 훨씬 깊고 넓어짐을 스스로 알 수 있습니다.

가깝고도 먼 나라 일본에 관심이 있습니까? 일본 영화는 구로자와 아키라黒澤明, 오즈 야스지로小津安二郎, 나루세 미키오成瀬巳喜男 등 영화사적으로 중요한 감독의 뒤를 이어 이른바 아트계 영화 감독들의 활약이 눈부시고, 국내 개봉 일본 영화는 대부분 이들의 작품이 주류를 이루고 있습니다. 국내에도 팬이 많은 고레에다 히로카즈是枝裕和 감독 작품 중에 추천할 작품으로는 〈아무도 모른다〉(2004), 〈걸어도 걸어도〉(2008), 〈해변 다이어리〉(2015) 등이 있고, 오기가미 나오코荻上直子 감독은 〈요시노 이발관〉(2004), 〈카모메 식당〉(2006) 등으로 마니아층이 형성되어 있습니다. 〈너를 보내는 숲〉(2007), 〈소년 소녀 그리고 바다〉(2014), 〈앙: 단팥 인생 이야기〉(2015) 등의 가와세 나오미河瀨直美 감독도 국내 팬층이 두텁습니다.

그 외 다큐멘터리 영화를 좋아한다면 우리나라 곳곳에서 열리는 특색 있는 영화제들 가운데 비교적 짜임새가 좋은 여성 영화제, DMZ 영화제, 인권 영화제, 환경 영화제, 산악 영화제 등의 상영작 동향을 체크해 찾아보면 영화 선택의 폭이 훨씬 넓어질 것입니다.

추천 영화 리뷰 16 폭력의 역사 A History of Violence
– 몸속에 숨어 있는 방아쇠

미국의 평화로운 시골 마을에 평범한 가장이 살고 있었습니다. 아들과 딸, 그리고 사랑하는 아내와 단출한 음식점을 운영하는 그에겐 더 이상 부족함이 없어 보입니다. 하지만 이토록 평범한 모습의 가장에게 마피아가 찾아와 행패를 부립니다.

절대 절명의 위기, 톰 스톨(비고 모텐슨)이 마피아를 제압하면서 마을의 유명인사가 됩니다. 아내 에디 스톨(마리아 벨로)은 남편이 자랑스럽지만, 그건 남편에게 잠재되어 있던 폭력으로의 회귀의 시작이었습니다. 필라델피아의 유명한 폭력 조직의 일원이었던 톰은 과거를 숨기고 평범한 일상으로의 탈출을 원했습니다. 그러나 몸속에 숨어 있던 폭력의 방아쇠가 다시 당겨지면서 톰은 과거의 조이로 되돌아가 버렸습니다.

마피아의 압박은 더욱더 강해지고, 톰은 이제 다시 과거의 조이로 돌아가야 할지 톰으로 살아야 할지를 결정해야 합니다. 스릴러의 거장 데이빗 크로넨버그David Cronenberg 감독의 〈폭력의 역사〉는 수술대의 메스처럼 날카롭습니다. 인간 본성에 내재한 폭력이 휴지기를 가질 수는 있지만, 어떤 이유로 분출되면 걷잡을 수 없는 악순환의 고리를 이어간다는 사실을 사실적으로 그려내고 있습니다.

톰의 첫 번째 마피아 살해, 그리고 이어진 폭력 사건들. 메스가 그어진 피부 조직처럼 화면엔 피가 가득하고, 평범한 일상에서 튕겨져 나온 에디와 아이들은 어쩔 줄을 모릅니다. 폭력의 악순환과 더불어 데이빗 크로넨버그가 영화 속에서 표현하려는 또 하나의 메시지는 폭력의 주체에 관한 것입니다.

톰이 가게에 침입한 마피아를 살해한 폭력은 소시민의 자기 방어이자 영웅적인 행위로 언론에까지 실리게 됩니다. 폭력과 살인이 정당화되는 순간입니다. 하지만 톰이 조이라는 사실이 밝혀지면서 그가 벌인 살인과 아내와 아이에 대한 행위는 용서할 수 없는 폭력으로 그려집니다. 폭력의 주체에 따른 상반된 평가는 영화처럼 우리 일상생활 속에서도 수없이 발견할 수 있습니다. 이 영화는 인간의 내재된 폭력 심리를 고찰한 임상보고서라 해도 과언이 아닙니다. (2007. 9. 5)

이스턴 프라미스 Eastern Promises
– 폭력은 사라졌나?

데이빗 크로넨버그David Cronenberg 감독의 폭력에 관한 또 다른 영화입니다. 전작 〈폭력의 역사〉(2007)에서 미국의 시골 마을에서 난무하던 폭력은 무대를 런던으로 바꿨을 뿐 이번 영화에서도 여전합니다. 영화 시작과 함께 벌어지는 이발관 살인사건을 비롯해 알몸으로 적과 대적하는 니콜라이(비고 모텐슨)의 목욕탕 대결 신 역시 데이빗 크로넨버그가 만들어낸 섬뜩한 폭력의 영상미로 가득합니다.

하지만 데이빗 크로넨버그의 폭력은 단순하지 않습니다. 폭력은 단순히 폭력으로 끝나지 않고, 원인과 결과 그리고 순환의 구조를 갖추고 있습니다. 폭력, 선과 악 그리고 우리의 삶이 어지럽게 교차하는 〈이스턴 프라미스〉는 관점에 따라서 너무나 다른 해석이 가능한 심리영화이기도 합니다.

B급 호러 무비 감독 출신이던 데이빗 크로넨버그가 오늘날 전 세계 평단의 극찬을 받는 감독으로 변모하게 된 데는 여러 가지 요인이 있겠지만, 사회적 현상을 바라보는 그만의 탁월한 시각이 있었기 때문입니다. 인간 내면에 숨겨진 폭력의 본성은 겉으로 드러나지 않지만 방아쇠를 당기듯이 어느 순간 분출될 경우 걷잡을 수 없이 폭발한다는 메시지를 전했던 〈폭력의 역사〉의 톰(비고 모텐슨)과 조이를 기억하는 사람이라면 〈이스턴 프라미스〉에서 관심을 기울

여야 할 사람은 러시아 경찰정보원인 니콜라이(비고 모텐슨)입니다.

차가운 얼굴과 냉혹한 성격인 그에게서 자비를 기대하기는 어렵습니다. 하지만 조산사 안나(나오미 와츠)에게 흔들린 걸까요, 아니면 동유럽 최대 범죄조직인 보리 V. 자콘의 보스 자리가 탐났던 것일까요?

영국 런던은 러시아 마피아 보스 세미온(아민 뮬러)에겐 타락의 도시입니다. 순혈주의를 주장하는 그는 매우 단정해보이지만 트렌스 시베리아란 고급 레스토랑을 매개로 살인과 폭력을 자행하며 런던을 타락의 소굴로 만드는 장본인이기도 합니다.

반면에 영화 속 안나(나오미 와츠)는 현실 속 선의 모습입니다. 죽은 14세 소녀의 몸에서 태어난 아이를 끝까지 지키고 보호하는 그녀는 영화 속에서 악에 맞서며 중간지대에 놓인 니콜라이를 개화시킵니다. 폭력이 순환 반복되듯이 그에 맞서서 선의 끈을 놓지 않습니다. 니콜라이는 앞에서 말했듯이 중간에 위치해 있습니다. 여러 가지 목적으로 조직에 진입한 그는 안나 가족과 아기의 안전을 지켜주지만 또 다른 목표를 가지고 있습니다.

세상은 선과 악이 교차하고 늘 대결하지만 한 쪽 일방이 사라지지 않습니다. 악이 사라진 곳을 선이 대체하기도 하지만, 또 다른 악이 대체하기도 합니다. 악은 선을 이기기 위해 또 다른 폭력을 행사하고, 선은 이를 제거하기 위해 또 다른 무력을 준비합니다.

데이빗 크로넨버그 감독은 〈이스턴 프라미스〉를 통해 두 가지를 말하고 있습니다. 하나는 악은 순환된다는 것으로, 보스가 제거된 이후 또 다른 보스의 등장은 악이 순환되고 있다는 증거란 뜻입니다. 다른 하나는 어떻게 하든 인간의 삶은 달라지지 않는다는 것입니다. 삶을 위해 누군가는 폭력을 행사하고, 또 누군가는 이것을 방어합니다. 이긴 자는 또 다른 지위를 가지게 되고, 일정 순간 폭력 혹은 선이 유지되기도 하지만 결국은 삶과 폭력은 공존하며, 마찬가지로 선과 악 역시 병립할 수밖에 없다는 것입니다.

영화 〈이스턴 프라미스〉는 관점에 따라 스릴러로 즐길 수도 있고, 매우 철학적인 인간의 본질을 다룬 심리영화로 확대해 볼 수도 있습니다. 선택은 관객의 몫이 되겠지만, 데이빗 크로넨버그가 오랜 세월 화두로 잡고 있는 폭력의 순환에 대해서 곰곰이 생각해보는 것도 영화를 즐기는 좋은 방법입니다. (2009. 1. 19)

추천 영화 리뷰 18

피에타 Pieta
– 관객에게 다가서다

논란이 많은 김기덕 감독의 작품들은 힘이 듭니다. 해석이 어렵다기보다 참고 보기가 힘들다는 뜻입니다. 길지 않은 러닝 타임 동안 영화를 보려고 참고 용을 쓰다 보니 영화를 보고 나면 여운은 고사하고 맥이 빠지기도 하고, 특정 장면은 쉽게 기억에서 지워지지 않는 게 사실입니다.

전작인 〈섬〉(2000), 〈해안선〉(2002), 〈나쁜 남자〉(2002) 등 어느 한 편 맘 편히 본 기억이 내게는 없습니다. 김기덕 감독에 대한 평단의 평은 잘 알려진 대로 바닥입니다. 영화를 전공하지 않아서일 수도 있고, 평단이나 대중과 교감을 가지려 하지 않는 비타협적인(적어도 국내에서는) 그의 태도도 아마 마음에 들지 않았던 모양입니다.

김기덕 감독은 이 작품으로 2012년 베니스 영화제에서 최고작품상인 황금사자상을 수상했습니다.

수상작 〈피에타〉는 과거 그의 영화와 크게 다르지 않습니다. 다만 과거의 잔혹함이 직설적이었다면, 〈피에타〉에서는 은유적으로 바뀐 정도입니다.

자본주의가 가져온 폐해가 농축된 청계천 주위를 돌며 잔혹한 추심推尋을 일삼는 주인공 강도(이정진)와 기이한 그의 자칭 엄마를 통해서 복수극은 기묘하게 전개됩니다.

데이빗 크로넨버그 감독의 영화에서 흔히 보듯 눈으로 보는 섬 뜩함도 무섭지만 소리로 들리는 섬뜩함도 이에 못지않습니다. 냉혹한 추심에 따르는 채무자들의 처절한 육체적 고통은 소리로 관객을 괴롭히고, 고통은 복수를 동반합니다. 외톨이로 버려진 주인공 강도와 평생을 기계에 헌신했으나 남은 건 엄청난 빚과 고통뿐인 영세 자영업자들의 삶. 일하면 더 인간답게 잘 살 수 있다는 자본주의의 논리적 모순이 이들의 삶과 충돌하며 극한에 달합니다.

김기덕 감독은 본인의 직업 인생에서 실제 체험한 이 모순을 여과 없이 극단의 모습으로 우리에게 보여줍니다. 영화가 현실을 모두 담은 모습이 아니길 빌어보는 심정입니다.

김기덕 감독은 이 영화를 통해 잔혹한 삶과 용서, 그리고 구원을 말했다고 합니다만 구원은 이 영화에서 보이지 않습니다. 쳇바퀴처럼 불행이 순환하는 불우한 인간 군상들의 삶이 자본주의의 허점과 함께 투영된 것일 뿐이라는 생각입니다.

광란과 복수, 그리고 지독하게 처연한 엔딩 신은 비온 뒤 햇살처럼 생뚱맞지만 김기덕 감독의 입장에선 오히려 수위를 낮춰 내심 갈망해온 관객과의 대화 차원에서 엔딩 신을 만들었다는 점에서 이해하는 게 맞을 듯합니다. 아무튼 김기덕 감독의 영화는 새가슴으로는 여전히 보기 어렵습니다. (2012. 9. 10)

추천 영화 리뷰
19

빌리지 The Village
– 숲이 주는 공포

〈식스 센스〉로 잘 알려진 인도 출신 나이트 샤말란 M. Night Shyamalan 감독의 작품입니다. 나이트 샤말란은 가만히 보면 〈미스터 빈〉의 로완 앳킨슨을 무척이나 닮았습니다만, 그의 영화는 대부분 쉽지 않은 영화들입니다. 초자연적인 존재의 부각과 극적인 반전이 어쩌면 샤말란식 영화가 아닐까 합니다.

'반전 영화'의 신봉자 같은 나이트 샤말란은 반전反轉에 식상한 사람들의 볼멘소리에도 불구하고 이 작품에서도 그의 특기를 유감 없이 발휘합니다. 영화 〈빌리지〉를 선택한 관객은 긴장 속에 반전을 맞이할 수밖에 없고, 반전을 알고난 후에야 전체 영화의 시놉시스를 다시 한 번 복기하게 됩니다. 바둑 둔 후에 복기를 하듯이 영화 〈빌리지〉는 영화가 끝난 후 복기가 필요한 영화입니다.

이 영화의 장르가 스릴러로 알려져 있긴 하지만, 나이트 샤말란의 이 작품은 어쩌면 공포물이나 스릴러물로 보기 보단 멜로물에 가깝습니다. 예전 작품처럼 너무 괴이하고 기이할 거란 생각이 오히려 영화를 보는 재미를 덜하게 할지도 모르니까 마음 편히 봐도 될 듯합니다. 하지만 긴장을 풀지 말아야겠죠. '숲'은 유한킴벌리 광고에선 맑고 푸르게 가꿔야 할 대상이지만 〈블레어 위치〉(1999)나 〈빌리지〉에서 숲은 거대한 공포와 음모가 도사리고 있는 공간입니다. 한 방울의 피 없이도 오싹해지는 낙엽진 후의 거대한 숲 코빙턴 우즈는 영화를 끌고 가는 기본 배경입니다.

1870년대 후반, 미국 펜실베이니아 주의 외딴 촌락은 마을의 오랜 원로들이 정착해 만든 가족촌입니다. 원로들은 모든 사안을 합의하여 결정하고, 그 원칙 하에서 평화롭고 행복하게 살아갑니다. 하지만 이 마을에는 한 가지 금기가 있습니다. 마을의 어느 누구도 마을을 둘러싸고 있는 숲으로 들어갈 수 없습니다. 숲에는 무시무시한 괴물들이 살고 있고, 숲을 침범할 경우 그들은 침입자를 내버려두지 않습니다. 하지만 그들이 먼저 마을을 침범하지는 않습니다.

평화롭지만 기이한 마을! 사랑하는 연인 루시우스 헌트(호와킨 피닉스)의 상처에 바를 약을 구하기 위해 맹인처녀 아이비 워커(브라이스 댈러스 하워드)는 마을 원로인 아버지의 허락을 받아 드디어 숲 너머에 있는 다른 마을로 약을 구하기 위해 숲을 지나게 됩니다.

나이트 샤말란 감독과 여러 작품을 같이해 친구와 같은 음악감독 제임스 뉴튼 하워드가 표현하는 음악은 장중하면서도 음울한 1870년대 미국 외딴 촌락과 사람들을 잘 표현하고 있고, 〈피아니스트〉에서 불운하고 힘겨운 전쟁 속의 피아니스트 연기로 잘 알려진 아드리안 브로디, 그리고 맹인처녀 역을 완벽하게 해낸 론 하워드의 친딸 브라이스 댈러스 하워드의 연기도 돋보입니다. 처음 주연을 맡은 배우라 하기에 무색하게 브라이스 댈러스 하워드의 연기는 같은 영화 속 대단한 조연배우들의 연기를 압도할 만큼 뛰어납니다.

영화 〈빌리지〉는 쉽지 않은 내용이지만 샤말란식 영화를 좋아하는 사람이면 무난한 영화입니다. 영화 어딘가에 늘 등장하는 나이트 샤말란 감독을 찾아보는 것도 긴장을 좀 푸는데 도움이 됩니다.

(2004. 9. 29)

호우시절 A Good Rain Knows
– 때를 아는 봄비처럼

허진호 감독의 사랑에 관한 다섯 번째 영화입니다. 〈8월의 크리스마스〉(1998)를 시작으로 〈봄날은 간다〉(2001), 〈외출〉(2005), 〈행복〉(2007)에 이르기까지 사랑에 관한 감독만의 백서를 써내려가듯 허진호 감독의 사랑관을 보여주었기에 이번 작품에 대한 마니아 팬들의 기대도 높았을 터입니다.

허진호 감독 영화의 가장 큰 특징은 역시 소박함과 작은 울림입니다. 사랑이라는 이야기와 영화에 등장하는 인물들, 그리고 사건들 대부분이 우리 주변에서 흔히 볼 수 있는 이야기들이고, 흔히 볼 수 있는 사람들입니다. 흔한 인물, 흔한 사건을 소재로 하지만 영화가 끝나면 늘 작은 울림이 있어 차기작을 기다리게 됩니다. 〈8월의 크리스마스〉 속 다림(심은하)이나 〈행복〉의 영수(황정민)처럼 사랑은 소리 없이 다가왔다가 뜻하지 않게 사라지기도 하고, 사랑을 믿지 않았으나 지나고 보니 사랑이었던 적도 있죠.

〈호우시절〉도 다르지 않습니다. 미국 유학시절에 연정을 느꼈던 두 사람 동하(정우성)와 메이(고원원)는 시간이 흘러 중국 청두(成都)의 두보초당에서 재회합니다. 시인을 꿈꾸던 동하는 건설 중장비 회사의 팀장이 됐고, 연인 메이는 두보초당의 관광 가이드가 되었습니다. 다시 만날 거라고는 생각하지 못했던 두 사람의 만남은 당황과

설렘의 시작입니다.

두 사람 사이에는 행복한 기억과 짧은 이별, 그리고 시간이 흘렀습니다. 서로의 소식을 모르게 되면서 생겨났던 오해와 서운함은 두보초당에 봄비가 내리면서 사라집니다. 과거의 사랑을 기억하는 동하와 이를 부인하는 메이, 둘의 접점은 좁혀질 듯 좁혀지지 않고 짧은 긴장과 아쉬움이 교차합니다. 유학시절에 메이가 자전거를 즐겨 탔다는 동하와 그런 적이 없다는 메이, 사랑을 고백했었다는 메이와 이를 기억하지 못하는 동하, 과연 누구의 말이 옳을까요?

사랑과 이별, 그리고 깨달음 이후가 지독하게 쓸쓸했던 영화가 전작들이었다면 후속작인 〈호우시절〉은 왠지 쓸쓸하지 않습니다. 동하와 메이의 마음을 부지런히 넘나들며 그들의 고민과 갈등, 그리고 그 이후를 담는 허진호 감독은 아마도 10년에 걸친 사랑의 연작 시리즈를 만들어 오면서 나름대로 결론에 도달한 듯합니다.

지난 시간을 되돌리기에는 늦었다고 생각하면서도 다가온 사랑을 직감하는 동하와 메이, 헤쳐 나가야 할 일, 해명해야 할 일 그리고 현실의 벽들이 가로 막혀 있지만 어쩌면 허진호 감독 스타일답지 않게 이들만은 사랑을 이룰지도 모르겠습니다.

국내 관광객들을 겨냥한 듯한 아름다운 장면들과, 영어와 중국어로 이어지는 대사가 연기와 연결되지 않아 아쉬움이 있긴 하지만 허진호 감독 특유의 깔끔한 스토리 전개와 심리 묘사, 두보초당을 비롯한 아름다운 청두 곳곳의 영상들, 사랑 앞에서 갈등하고 용기를 내보는 두 사람의 연기 등으로 영화는 충분히 감상할 만합니다.
(2009. 10. 18)

추천 영화 리뷰 21

감시자들 Cold Eyes
– 시의적절한 공공

공권력을 쥔 경찰의 모습은 여러 가지입니다. 영화가 아니었다면 공개 자체만으로도 혹독한 비난에 시달렸을 경찰 내 특수조직인 감시반이(도감청이 주업이지만) 국민의 안전을 위한 조직이란 점에서 영화 속에선 감동을 일으키며 시의적절한 가산점을 받은 듯합니다.

한국인들에게 있어 경찰이 어느 때이든 크게 신뢰와 존경을 받았던 적은 많지 않습니다. 군사정권이 오랜 기간 지속되며 얻었던 부정적인 이미지, 시위진압의 이미지가 강해서일 테지만 그런 것들을 겪어보지 못한 2, 30대 젊은 관객들에게 〈감시자들〉 속의 비밀 감시조직은 매우 흥미진진할 듯합니다.

관객 500만 명을 돌파한 조의석, 김병서 감독의 〈감시자들〉의 흥행 포인트는 무엇일까요? 적절한 긴장과 스릴, 반전, 헌신하는 경찰의 또 다른 모습 등 여러 가지가 있겠지만, 이면을 들여다보면 아이돌의 티켓 파워, 삼촌 팬의 지극한 노력이 큰 부분 기여하지 않았나 생각됩니다.

다람쥐 역의 이준호는 첫 스크린 데뷔작이지만 무난한 연기를 보여줬습니다. 장난기와 능청스러운 성격, 피격 등 조연으로서의 맡은 바 몫을 잘 해냈습니다. 황반장 역의 설경구와 냉혹한 설계자 제임스 역의 정우성은 이젠 중견배우로서의 든든한 연기를 해내면서 히로인인 한효주가 전체 감정선을 충실히 이끌어낼 수 있도록 잘 배려했습니다. 한효주는 〈광해〉에 이어 좋은 배우들과 시나리오 속에서 자신의 존재감을 조금씩 잘 키워나가고 있습니다.

아이돌 팬들에겐 이제 삼촌뻘인 정우성이 스크린 속에서 나이 들어 보이는 모습은 좀 낯설긴 하지만 배우로서 자연스럽게 받아들여야 할 숙명이 아닌가 합니다. 설경구 특유의 트레이드마크 연기는 이번 영화에서도 이어집니다.

연기력이 나쁠 리도 없고, 흐름을 깨뜨리지도 않지만 설경구의 연기가 더 이상 진보하고 있지 않다는 점도 관객들은 수긍하리란 생각입니다. 시간이 가고 있습니다. 신인배우를 훨씬 지나 중견배우 그룹 군의 선두인 설경구가 〈공공의 적〉 시리즈 속의 강철중을 벗어나지 못하고 있다는 점, 이 영화만 놓고서는 잘 보이지 않지만 곰곰이 생각해봐야 할 듯합니다. 〈감시자들〉은 잘 기획되고 열심히 만들어진 공공의 영화입니다. (2013. 8. 9)

매치 포인트 Match Point

– 인생은 단 한 번의 운

"통제할 수 없는 삶처럼 두려운 것이 또 있을까? 지금 정지되어 있는 저 공이 네트를 넘어간다면 그는 게임에서 이길 것이고, 네트에 맞아 떨어진다면 그는 패배할 것이다."

매치 포인트는 테니스에서 1포인트만 더 잡으면 승리하게 되는 순간입니다. 프로테니스 계에선 우승을 눈앞에 둔 순간이기도 하지만 순간 방심하면 대역전극을 허용해 다잡은 우승을 손앞에서 놓칠 수도 있습니다.

상대방이 잡을 수 없도록 강하게 스트로크로 날린 공이 코트 중앙의 네트에 걸렸을 경우 이 공은 상대방 코트로 넘어갈 수도 있고, 튕겨져 내 코트로 넘어올 수도 있습니다. 운동에서 희비가 갈리듯 인생에서도 네트를 넘지 못한 공에 따라 인생이 바뀔 수 있음을 이 영화는 시작부터 암시하고 있습니다.

일상이 우울해 보이는 우디 앨런 Woody Allen 이 만든 영화 〈매치 포인트〉는 할리우드판 '청춘의 덫'입니다. 테니스로 인생을 활짝 펴보지 못한 주인공 크리스는 영국 상류 가문에 접근해 명문가 규수 클로이와 결혼합니다. 하지만 파티에서 우연히 알게 된 미래의 형수 로라를 보며 운명을 건 불륜을 이어갑니다.

평론가들은 이 영화가 기존의 우디 앨런식 영화와는 한참 거리가 있다는 둥 없다는 둥 말들이 많지만, 이전 작품을 한 편도 보지 않은 내게는 하층 계급 남성의 강렬한 욕망이 불러오는 파멸적 상황들이 만만찮은 수작이란 생각이 듭니다.

영화가 끝난 후 생각해보면 지독하게 비극적인 영화이지만 비극처럼 느껴지지 않는 이상한 영화입니다. 반전에 반전을 거듭하는 탁월한 극의 흐름에도 묘미가 있지만 신분 상승과 성적욕망 사이에서 갈등하는 주인공 크리스의 심리 상태를 너무나 정확하게 읽어내는 듯 극중에 삽입된 오페라 아리아는 빼놓을 수 없는 감상 포인트입니다.

엔리코 카루소가 부른 베르디의 '일 트로바트레'와 '오셀로'의 아리아, 도니제티의 '남몰래 흘리는 눈물'은 적절하게 주인공의 연기와 함께 녹아 관객이 영화 속 주인공이 된 듯 삶의 허무함과 파멸의 불안감을 극도로 예민하게 잘 표현해 줍니다. 사건과 사건 속으로 빠져드는 묘미를 제외하고서라도 영화 속 오페라 아리아를 감상하는 것으로도 흡족한 영화입니다. (2006. 4. 19)

추천 영화 리뷰 23

그랜 토리노 Gran Torino
– 노장의 참회

그랜 토리노는 1972년에 포드사가 출시한 유선형의 대형 승용

차입니다. 원로 배우 클린트 이스트우드가 배우로서 마지막 출연작이라고 선언한 작품 〈그랜 토리노〉는 물론 이 오래된 자동차에 얽힌 이야기는 아닙니다. 다만 자동차 경기 침체와 함께 이젠 지나간 미국의 신화가 되어버린 그랜 토리노는 주인공 월터(클린트 이스트우드)의 과거이자 현재의 심리 상태를 대변하는 매개체를 의미합니다.

클린트 이스트우드Clint Eastwood가 감독하고 출연한 〈그랜 토리노〉는 평생을 보수주의자로 살아온 그가 세상과의 화해를 시도하는 혹은 자신의 과거를 참회하는 영화라고도 하고, 그가 미리 쓴 유서라고도 하고, 오바마 대통령 당선 이후 미국이 유색 인종을 바라보는 시각이 변화하는 현실을 잘 보여준 영화라고도 합니다. 영화 초반부의 유색 인종을 무시하는 듯한 클린트 이스트우드의 말투와 행동이 과거의 그라면, 후반부 그의 변신은 의미 있는 변화이자 극적인 화해의 손짓입니다.

1950년 6.25 한국전쟁 참전의 상흔이 가슴 깊이 남은 원로 퇴역 군인 월터가 아내의 사망 이후 극도로 예민하고 민감해진 상황에서 영화는 시작됩니다. 이웃에 입주한 베트남계 몽족 일가는 그에겐 꽤나 성가신 존재입니다. 그가 살던 디트로이트 주택가는 경기 침체로 주민들이 하나둘씩 떠나가고, 그들이 떠나간 빈 자리에는 동남아계와 중국계 이주민들이 자리 잡기 시작합니다. 이들을 무시하고 비꼬는 듯한 월터의 거친 행동은 이주민들의 반감을 불러일으키기에 부족함이 없지만, 우연한 사건을 통해 이들과 교감하게 된 월터는 조금씩 마음의 문을 열기 시작합니다.

이웃에 사는 외톨이 타오(비 방)를 위해 거친 미국식 말투를 가르친다거나 일자리를 알선하고 그를 위해 물건을 구매해주는 월터의 모습은 초반부 거친 폴란드계 미국인의 텃세와는 많이 달라져 있습니다. 아마도 그 순간 월터는 고집불통 영감이 아니고 자상한 할아버지로 변해 있었던 게 분명합니다.

타오의 가족 친지들과 가까워지면서 젊은 시절 자신이 저질렀던 과오를 하나씩 고쳐가는 월터는 오랜만에 편안한 마음입니다. 하지만 끊임없이 타오를 괴롭히는 타오의 사촌과 일당들을 보며 월터는 모종의 결심을 합니다.

아내의 유언이라며 끊임없이 찾아와 고해성사를 요구하는 신부 자노비치(크리스토퍼 칼리)에게 그는 이렇게 말합니다. "맹세코 내가 인생을 살면서 고해성사할 일은 단 세 가지밖에 없다. 1968년 아내 몰래 다른 여성에게 키스한 것, 보트의 모터를 팔아 수익을 남겼지만 세금을 한 푼도 안 낸 것, 그리고 두 아들과 잘 보내지 못한 것뿐이다."

월터는 참전 군인입니다. 이렇게 고집불통이 되어버린 이유는 두 가지입니다. 자신이 거주하던 디트로이트가 과거의 명성을 잃어가며 퇴보한 데 대한 안타까움과, 한국전 참전 당시 사살한 민간인에 대한 죄 의식이 큰 자리를 차지합니다. 자신이 사살한 민간인에 대한 미안함이 월터의 이후 삶을 그리도 왜곡되게 만든 것입니다.

한국전 참전을 통해 민간인 희생을 경험한 그는 옆집 소녀 수(아니 허)를 둘러싼 일련의 사건들을 지켜보며 폭력은 또 다른 깊은 상처를 남김을 깨닫습니다. 복수를 요청하는 타오를 보며 생각에 잠긴 그의 모습에서 그가 진정으로 원했던 고해성사가 시작되는 순간임을 직감합니다. 〈더 레슬러〉(2009) 속 랜디의 엔딩 신과 비교되는 영화 속 장엄한 그의 모습이 오래도록 기억에 남습니다. (2009. 3. 26)

아버지의 깃발 Flags of Our Fathers
이오지마에서 온 편지 Letters from Iwo Jima
— 전쟁에 대한 상반된 시각

1945년 2월 19일 오전 9시, 미군은 일본군 2만 명이 주둔해 있던 일본령 전략 거점 이오지마에 상륙작전을 감행합니다. 압도적인 병력과 군함으로 5일 내에 함락하리라 예상했던 미군의 생각과는 달리 이오지마에서의 양국 간 전투는 한 달간 지속됐고, 2만 명 부상에 6천 명 사망이라는 처참한 기록을 남깁니다.

영화감독 클린트 이스트우드 Clint Eastwood는 '이오지마 전투'라는 역사적 사실을 두고 2편의 연작 형태 영화를 만들었습니다. 승전국인 미군의 관점에서 만든 것이 〈아버지의 깃발〉이고, 패전국인 일본의 관점에서 만든 것이 〈이오지마에서 온 편지〉입니다. 동일한 역사적 사건을 미국과 일본이라는 적대국의 관점에서 그렸다는 점에서 사상 초유의 영화입니다.

〈아버지의 깃발〉은 이오지마 점령 후 수리바치산 정상에 성조기를 게양한 3명의 미군이 국가의 의도에 따라 본국으로 송환된 후 전쟁기금 모금활동에 동원되는 과정과 그들의 쓸쓸한 퇴장에 대한 뒷이야기를 플래시백 기법으로 다루고 있습니다. 반면에 〈이오지마에서 온 편지〉는 패전한 일본군들의 시각에서 본 이오지마 사수에 관한 고뇌와 사투, 본국에 두고 온 가족에 대한 애절함이 주인공의 편지글 형태로 묘사됩니다. 두 편의 공통적인 특징은 사랑하는 조국과 가족을 위해, 혹은 어쩔 수 없는 이유로 전쟁터에 내동댕이쳐진 군인들의 참상과 최후를 통해 전쟁에 휘말린 인간들의 거대한 비극을 다루고 있다는 점입니다. 클린트 이스트우드는 이 대작을 만들면서 이전 어떤 영화보다도 스펙터클한 전투 신을 곳곳에 배치해 두었지만, 애초부터 〈라이언 일병 구하기〉류의 전개를 사양합니다. 카메라는 철저하게 고통과 번뇌하는 주인공들의 시선을 따르고 있을 뿐 클린트 이스트우드 감독에게 이오지마 전투의 승패는 전혀 중요하지 않습니다.

국가 간 전쟁에서 승전국과 패전국이 가려지지만 개인은 모든 걸 송두리째 잃을 수 있다는 감독의 메시지는 주인공들의 최후와 함께 더 쓸쓸하고 강렬하게 다가옵니다. 동일한 역사적 사건에 대한 상반된 두 시각은 일본의 침략과 만행으로 상처받은 국내 관객들에게도 전쟁을 수행한 국가와 동원된 개인을 구분해볼 수 있는 고른 시각을 가져다주는 기회입니다. 다만 피해자로서 일본군을 바라보고 있다는 시각이 다분해 논란의 여지가 있습니다. (2007. 2. 26)

추천 영화 리뷰 25

자토이치 Zatoichi
– 사무라이 고전의 리바이벌

　자토이치는 사무라이가 판치던 시대, 신기에 가까운 검술 실력을 보유한 맹인 검객입니다. 1962년에 이 영화가 처음 만들어진 이후 27번째 리메이크되었으니 일본 검술 영화의 고전이라 할 만합니다.

　〈하나비〉(1997), 〈기쿠지로의 여름〉(1999), 〈소나티네〉(1993) 등 강렬한 영상미의 작품들로 잘 알려진 기타노 다케시北野武 감독의 작품입니다. 기타노 다케시는 코미디 배우 출신이라 그런지 유독 직접 대본을 쓰고, 감독하고, 출연하길 즐깁니다. 이 영화도 예외 없이 본인이 주연을 맡았습니다. 냉혹하면서도 따스하고, 썰렁하면서도 위트가 있는 영화입니다.

　비슷한 시기에 개봉한 에드워드 즈윅Edward Zwick 감독의 〈라스트

사무라이〉(2004)가 서구의 관점에서 일본의 사무라이 시대를 맹종하듯 폼을 잡다가 결국은 일본판 〈늑대와 춤을〉 식의 신파조로 흘러 버린 반면에, 기타노 다케시는 일본인의 관점에서 사무라이들의 잔혹함과 비도덕적인 면들을 잘 표현하고 있습니다.

일본의 어느 마을을 배경으로 주조색인 무채색들이 배우들의 의상이며, 거리 풍경에서 유독 맹인 검객 자토이치는 빨간 칼과 금발로 머리를 물들인 채 건달들을 처치하고 다닙니다. 강한 대비를 통한 메시지의 표현은 기타노 다케시의 장난기이기도 하고, 그가 추구하는 작품세계이기도 합니다.

영화 〈글라디에이터〉(2000)에서 등장한 냉혹한 전투 신에서의 핏칠보다 더 섬뜩하게 살들은 베어지고 피는 사방으로 튀지만 그리 심각하지 않고 가끔은 카타르시스마저 느끼게 됩니다.

베니스 영화제 감독상을 수상할 만큼 작품성을 인정받았지만 국내 개봉 첫날 영화를 보러 들어온 관객 수를 봤을 때 10일 이상 자리보전하기 어려워보였습니다. 색다른 스타일의 영화를 원하는 관객이라면 기타노 다케시의 영화는 개봉 즉시 얼른 가야 합니다.

비운의 무사 하토리 역을 맡은 아사노 타다노부의 연기도 볼 만하고, 라스트 신에서 뜻밖의 반전에 다시 한 번 박수를 보내고 싶어집니다. 머리 금발하랴, 빨간 칼 휘두르랴, 반전 집어넣으랴, 배우들 탭댄스 교육시키랴 감독 고생이 많았겠습니다. (2004. 9. 18)

걸어도 걸어도 Still Walking

― 인생은 일엽편주

2004년작 〈아무도 모른다〉에서 주인공 아키라(야기라 유야)는 4남매의 삶을 떠맡은 소년가장이었습니다. 도쿄에서 벌어진 실화를 바탕으로 만들어진 이 슬픈 영화에서 고레에다 히로카즈枝裕和 감독은 철부지 엄마 유우의 가출 이후 잔혹한 현실 앞에 내동댕이쳐진 4남매의 비참한 삶을 담담하게 추적했지만, 그 속에서 감독은 희망을 찾고자 했습니다.

고레에다 히로카즈 감독의 2008년작 〈걸어도 걸어도〉 역시 감독 특유의 스타일로 가득합니다. 파국 이후 맞은 삶에 대한 지독한 성찰, 그리고 실낱같은 삶의 희망을 버리지 않는 영화이기 때문입니다. 고레에다 히로카즈는 영화 속에서 파국을 만들지 않습니다. 영화가 시작되기 이전에 이미 사건은 파국에 도달했고, 파국 이후에 남겨진 이들의 삶을 추적하는 것이 그의 목적입니다.

남겨진 가족들의 삶은 그리 호락호락하지 않습니다. 파국이 그들에게 남겨준 상처가 그만큼 깊었기 때문입니다. 쓰나미 이후의 황폐한 무인도처럼 파국은 사건 이후에 남겨진 자의 삶에 깊은 상흔을 드리우고 있습니다. 서둘러 그 파국을 치유하기 위해 노력하지 않는 점 역시 감독의 특징입니다. 등장인물들을 평화롭고 행복하게 묘사하다가 급격히 불안정하고 비극적인 삶의 모습으로 보여주는 고레에다 히로카즈의 특기는 이번 영화에서도 변함이 없습니다. 아마도 고레에다 히로카즈의 인식 속에서 삶이란 희극과 비극의 교차가 연속하는 것이며, 그것이 우리의 삶일 수밖에 없다는 인식을 가진 듯합니다.

〈걸어도 걸어도〉의 기본 스토리는 맏아들 준페이의 기일에 함께 모인 요코하마 가족이 보낸 짧은 이틀간을 다루고 있습니다. 준페이는 15년 전 물에 빠진 요시오란 소년을 구하기 위해 뛰어들었다가 요시오 대신 세상을 떠납니다. 15년이 지났지만 죽은 아들을 떠나보내지 못하는 엄마(키키 키린)를 중심으로 여러 모로 심기가 불편한 아버지(하라다 요시오), 실직한 둘째아들 료타(아베 히로시)와 가족, 그리고 상냥한 딸 지나미(유) 등 일견 평범하고 즐거워 보이는 가족의 모임이 진행되면서 한 꺼풀씩 가족 간의 갈등구조가 드러나기 시작합니다.

결국 가족 간의 모든 갈등은 맏아들 준페이의 사망에 있습니다. 그의 사망은 부모에게는 깊은 상처를, 남겨진 자식들에게는 표현하기 힘든 슬픔과 아버지에 대한 열등감으로 남아있습니다. 기일을 맞아 함께 모인 가족들은 신나게 음식을 준비하고, 아이들은 즐겁게 마당에서 뛰어놉니다. 시끌벅적한 가족 모임과 일본 전통음식이 만들어지는 과정은 행복해 보이지만 중간 중간 가족들이 서로에게 나직이 던지는 대사는 내재된 갈등이 어느 순간 터져버릴 듯 불안함과 숨막힘 그 자체입니다. 숨막히는 불균형이란 표현이 적합할까요? 행복함 속에 숨은 가족 간의 상처가 드러날 때마다 관객이 받는 충격은 만만치 않습니다.

파국 이후에 남겨진 이들의 치열하고 슬픈 삶을 다루기에 능한 고레에다 히로카즈 감독이지만 상실감으로 대변되어지는 가족의 아픔 이후에는 삶에 대한 잔잔한 성찰을, 잔잔한 성찰 이후에는 가족 간의 사랑과 화해, 삶에 대한 희망의 끈을 놓지 않고 있다는 점에서 그의 영화는 아름답습니다. 가족은 그래서 만나면 할 말이 많은가 봅니다. (2009. 7. 2)

카모메 식당 Kamome Diner
– 진실은 통한다

카모메는 일본어로 갈매기란 뜻입니다. 핀란드 헬싱키의 한적한 골목 모퉁이에 생겨난 카모메 식당은 작고 아담하고 깨끗합니다. 일본식 주먹밥 오니기리를 메인 메뉴로 영업을 시작한 식당주인 사치에(고바야시 사토미)는 손님이 없어도 편안하고 여유롭습니다. 작지만 야무져 보이는 사치에는 언젠가 식당이 만원이 될 거라며 급하지 않습니다. 진정성은 언제 어디서나 통한다는 믿음을 가졌기 때문입니다.

손님이 없는 식당에 '독수리 오형제'의 가사를 알고 싶어 하는 친

일파 미소년 토미가 찾아오고, 뒤이어 우연하게 미도리(가타기리 하이리), 마사코(모타이 마사코)가 서로 다른 이유로 합류합니다.

카모메 식당에서 일하게 된 세 사람은 핀란드로 찾아들기까지 저마다 가슴에 품은 이러저러한 사연들로 심란합니다. 느리고 조용한 핀란드와 카모메 식당은 그녀들에게 조금씩 안식과 위안을 제공합니다. 그녀들의 지난 삶은 카모메 식당에서 정화됨과 동시에 식당도 활기를 되찾은 그녀들로 인해 단골이 늘어나기 시작합니다.

통통한 갈매기떼 가득한 낯선 포구, 사치에의 밝은 미소가 가득한 카모메 식당, 오븐에서 갓 구운 시나몬롤, 세상에서 가장 맛있는 주문 커피 루왁, 바삭바삭 알맞게 튀겨진 연어…

이 영화를 보는 순간순간 커피에 시나몬롤을 먹고 싶은 충동은 어쩔 수 없습니다. 소울 푸드를 조리하듯 차분하게 흐르는 오기가미 나오코荻上直子 감독의 단출한 연출이 마음을 따뜻하게 해주는 영화입니다. 작지만 긴 여운이 남습니다. 생소한 핀란드가 갑자기 궁금해집니다. (2007. 9. 3)

추천 영화 리뷰 28

너를 보내는 숲 The Mourning Forest
– 숲이 상처받은 영혼을 치유하다

영상 위주의 조용조용한 전개에다 출연자들의 대사가 많지 않은 이 영화의 또 다른 특징은 주인공이 셋이란 사실입니다. 아이를 잃은 마치코(오노 마치코), 아내를 사별한 시게키(우다 시게키), 그리고 이들의 깊은 상처를 위로해주는 '숲'이 세 번째 주인공입니다.

33년 전 사별한 후 아내와의 추억을 일기장에 고스란히 담아온 치매 환자 시게키는 숲으로 둘러싸인 요양원에서 간병인과 환자로 마치코를 만납니다. 시게키의 기이한 행동에 잦은 소동이 끊이질 않지만 가장 사랑하는 사람을 잃어버린 상실감을 공유한 두 사람은 친구처럼 가까워집니다.

하지만 마치코가 시게키를 이해하고, 시게키가 마치코를 이해하면 할수록 더 커지는 두 사람의 상실감은 시게키가 아내의 무덤을 함께 찾아가는 1박 2일의 과정에서 터질 듯이 팽창합니다.

시게키는 가끔 정신이 돌아오면 이렇게 말합니다. "사람은 흐르는 강물 같은 거야. 돌아오지 않지, 다시는!" 사별한 아내를 잊지 않기 위해 33년간 일기장을 적어온 그에게 아내가 없는 현실의 삶은 그의 독백처럼 절망적인 기다림과도 같습니다.

아이를 잃은 마치코 역시 현실도피를 위해 찾은 요양원에서의 생활은 활달한 겉모습과는 달리 치유 없는 고통의 연속일 뿐입니다. 우연히 함께 시게키의 아내 무덤을 찾아 나선 두 사람! 아무런 준비도, 대책도 없이 나선 여행이지만 두 사람의 목적은 이미 정해져 있습니다.

그들의 안타까운 비원을 알기라도 하는 듯 눈앞에 나타난 거대한 숲이 지친 그들을 기다리고 있습니다. 두 사람이 들어간 '숲'은 두 가지 역할을 하고 있습니다. 첫 번째는 두 사람의 앞길을 가로막는 현실적인 장애물로서의 역할입니다. 이들에게 숲은 때로는 큰 비로, 때로는 어두움과 추위로 길을 가로막습니다. 두 사람의 비원을 무시하기라도 하는 듯 쌀쌀맞은 숲의 존재는 이들의 곪은 상처를 완전히 터뜨리는 역할을 합니다.

숲의 두 번째 역할은 두 사람이 가지고 있는 내면의 깊은 상처를 고백하고, 떠나간 가족을 놓아주는 촉매제입니다. 서로를 의지하며 무덤을 찾아 나선 이들은 시게키 아내의 무덤 앞에서 자신의 지난 과거를 돌아보며 마음속에 묶어 두었던 아내와 아이를 진심으로 놓아줍니다.

아내와 아이를 마음속에서 떠나보내지 못했던 두 사람이 숲 속을 헤쳐가면서 겪는 고행 속에서 상처받은 영혼을 치유하는 과정을 지켜보며 잠시나마 숲의 은은한 피톤치드가 스크린 밖까지 뿜어져 나오는 착각에 빠져 봅니다.

풀소리와 바람소리, 그리고 거대한 나뭇잎들이 부딪치는 소리가 정겨운 영화 〈너를 보내는 숲〉을 보며 현실에서 누구나 한 번쯤 느껴 봤음직한 '이별의 슬픔'을 치유해보시기 바랍니다.

영화 〈수자쿠〉로 1997년 칸 영화제 황금카메라상을 수상한 가와세 나오미河瀨直美 감독은 이 영화로 2007년 칸 영화제에서 심사위원 대상을 받았습니다. (2008. 6. 10)

추천 영화 리뷰 29

유레루 Sway
– 복잡한 형제의 심리묘사

'오다기리 죠'의 출연만으로도 여성 팬들을 설레게 했던 영화 〈유레루〉(2006)는 그의 출연 이외에도 니시카와 미와西川美和 감독의 섬세한 심리묘사와 인물 대비가 돋보이는 영화입니다.

도쿄에서 성공한 사진작가 타케루(오다기리 죠)는 어머니의 기일을 맞아 고향으로 돌아옵니다. 고향에는 착하디 착한 형 미노루(카가와 데루유키)와 고향 친구 치에코가 있는 곳입니다.

'유레루ゆれる'는 일본어로 '흔들리다'라는 뜻입니다. 어린 시절 타케루가 좋아했던 치에코와, 치에코를 좋아하는 형 미노루, 그리고 치에코가 다가오자 다시 부담을 느끼는 타케루. 이들 세 사람의 마음은 함께 놀러 간 하스미 계곡에 도착하기도 전에 이미 심하게 흔들리고 있었습니다. 하스미 계곡을 찾은 기쁨도 잠시, 계곡의 흔들다리에서 치에코가 떨어져 사망하는 사고가 일어나면서 형제 간의 심리극은 시작됩니다.

치에코의 살인범을 자처한 형 미노루, 그리고 형의 착한 심성을 믿는 타케루는 법정에서 형의 무죄를 주장합니다. 계곡의 흔들다리 사건에서 과연 마음이 흔들린 사람은 누구일까요?

영화평론가 김지미는 영화 〈유레루〉에 대해서 "인간이 신념을 통해 어떤 식으로 기억을 사후에 복원하는지를 보여주는 영화"라고 호평했습니다.

타케루에게 있어 형 미노루는 어수룩하고 착하며 희생정신이 강한 사람입니다. 치에코를 좋아하기는 했지만 질투심만으로 그녀를 다리 밑으로 떨어져 죽게 했다고는 생각하지 않습니다. 물론 미노루에 대한 타케루의 생각은 전적으로 그의 기억과 믿음에 의존한 것입니다. 법정 다툼으로 사건이 번지면서 니시카와 미와 감독은 추락 사고에 대한 '사건의 진범'이 누구인지를 밝히기보다 타케루의 '신념'과 '기억'이 사건을 전후해서 어떻게 다르게 나타날 수 있는지를 보여주는데 주력합니다.

니시카와 미와 감독이 타케루의 신념과 기억 간의 오차를 보여주기 위해 주로 사용하는 방법은 영화 속에서 과거의 해프닝들을 보여주는 플래시백과 유년 시절의 기억들이 담긴 다양한 사진을 보여주는 것입니다. 가족애에 대한 신념의 차이가 기억의 사후복원에 구체적으로 영향을 미친다는 것이 감독의 생각입니다.

영화는 법정 다툼을 지나 결론으로 내달리는 과정에서 논박과 소명이 교차, 반전되고 기억과 신념의 한계들이 속속 드러납니다. 영화 후반부 미노루와 타케루에 대한 주위 사람들의 평소 신념이 여지없이 무너지는 법정 신은 연출의 묘와 '카가와 데루유키'의 열연으로 오래 기억될 명장면입니다. 진실을 가려내야 하는 그 순간 평소의 '기억'과 그 사람에 대한 '믿음'이 '진실'을 가려내는데 어떤 작용과 부작용을 일으키게 되는가를 여실히 보여준 영화 〈유레루〉

는 제59회 칸 영화제 감독주간에 초청되어 작품성을 인정받은 영화이기도 합니다. (2007. 4. 6)

추천 영화 리뷰
30

존 레논 컨피덴셜 The U.S. Vs. John Lennon
― 용기와 신념

원제는 〈미국 Vs. 존 레논〉입니다. 영화에서 주로 다루는 내용은 비틀즈 활동 이후의 존 레논의 모습과 그에 대한 증언입니다. 1960년대를 사로잡았던 가수가 왜 이 시점에서 주목을 받아야 하는 걸까요?

데이빗 리프 David Leaf 와 존 쉐인펠드 John Scheinfeld, 두 명의 감독은 영화 제작과 관련한 인터뷰를 통해 포스트 비틀즈 시대에 반전 평화운동가로 활동한 존 레논이 닉슨 대통령 치하의 미국 정부로부터 받았던 초법적인 위협을 구체적으로 알리기 위해 영화를 만들었다고 합니다.

1960년대 후반부터 1970년대 초반까지는 닉슨 정부에 의해 주도된 베트남 전쟁과 이에 반대하는 시민운동가들의 반전 평화운동, 재연된 흑백 간 인종갈등이 격렬하게 충돌하던 시기입니다.

1969년, 아내 오노 요코와의 운명적인 만남과 함께 미국에 머물던 존 레논은 아내의 직접적인 영향으로 반전 운동의 필요성에 깊이 공감하고 다양한 활동을 통해서 힘을 보탭니다.

존 레논의 반전 평화운동은 단순히 노래에 그치지 않았습니다. 베트남 전쟁을 반대한 노래로 유명한 〈GIVE PEACE A CHANCE〉의 세계 11개 도시 앨범 발매에 맞춰 "War is over, if you want it"이라는 옥외광고를 게재해 큰 사회적 반향을 일으키기도 합니다.

끝이 없는 전쟁의 후유증, 그리고 반전 평화 시위에 시달리던 닉슨 정부는 급기야 정보기관을 동원해 존 레논과 오노 요코를 체제전복을 노리는 위협 세력으로 간주하고 국외로 추방하려고 합니다. 권력의 폭압과 황색 저널리즘의 지속적인 압박과 조롱에도 불구하고 소신과 신념을 바탕으로 법정투쟁에 나선 존 레논은 결국 1976년 미국 영주권을 발급받으며 정부와의 투쟁에서 승리합니다. 개인의 노력이 사회변화를 가져올 수 있다며 자신의 믿음을 지킨 용기있는 예술인이 바로 존 레논입니다.

1980년 4발의 총성과 함께 자신의 아파트 앞에서 피격 당한 존 레논은 세상을 떠났지만 영화 속 31명 유명인사의 역사적 증언과 그가 남긴 평화의 정신, 그리고 주옥같은 팝은 여전히 살아 있습니다. (2008. 8. 2)

4

영화 관람 전에
_ 어떻게 해야 할까?

보고 싶은 영화를 결정했으면 그 다음은 어떻게 해야 할까요?

가장 먼저 해야 할 일은 선택한 영화의 장르를 이해하는 것입니다. 대부분의 관객들은 영화를 선택할 때 제목만을 보고 고른다거나 멋진 예고편, 좋아하는 아이돌이나 주연배우가 나오는 영화만을 고집하는 경우가 많습니다.

맹목적으로 선택하다 보니 영화의 전개가 생각했던 것과 다를 경우 영화 보는 내내 불평하거나 상영 중간에 퇴장하는 경우를 종종 목격하게 됩니다. 영화를 보는 중간에 자리를 뜨면 시간 낭비이기도 하고, 함께 영화 관람을 시작한 관객들에게도 폐를 끼치니 이래저래 손해입니다.

예전이나 지금이나 보통 남성 관객들은 어드벤처 류의 영화를 선호합니다. 〈반지의 제왕〉, 〈스타워즈〉, 〈캐리비안의 해적〉, 〈인디아나 존스〉 등과 같은 시리즈물의 경우 그리 무겁지 않은 주제에다가 시각적 볼거리가 풍부한 경우가 많아서 스트레스 해소용으로도 적합하기 때문입니다. 하지만 제목을 잘못 이해해 어드벤처물인

줄 알고 들렀다가 스릴러이거나 호러인 경우를 만나 영화 상영시간 내내 된통 진땀을 흘리는 경우도 있습니다.

사실 나도 영화에 대한 정보를 구체적으로 찾지 않고 들어갔다 가끔 곤혹스러워하기도 합니다. 장준환 감독의 전작 〈지구를 지켜라〉(2003)를 보지 않은 나는 〈화이〉(2013)를 장르 검색 없이 보러 갔다가 의외로 잔혹한 장면이 많아 보는 내내 힘들었습니다.

내가 볼 영화의 장르가 멜로인지, 액션인지, 스릴러인지, 어드벤처인지, 코미디인지, 호러인지 꼼꼼히 살펴보고 장르의 특성을 이해한다면 영화를 보는 내내 흐름을 놓치지 않고 즐길 수 있습니다. 감독의 연출 기교에 따라 좀 다르긴 하지만 장르 영화인 경우 해당 장르 특유의 문법이 있기 마련입니다.

두 번째는 감독의 과거 작품을 미리 살펴보고 영화를 본다면 매우 흥미 있게 영화를 볼 수 있습니다. 개봉작이 이전작과 어떤 유사성이 있는지, 어떻게 달라졌는지, 배우는 어떻게 기용했는지, 연출 기법과 스토리 전개는 어떻게 바뀌고 있는지 등을 살펴보는 것입니다.

국내 관객에게 아마도 가장 평가가 엇갈리는 감독 중에 한 사람이 홍상수 감독이 아닌가 생각합니다. 국내에선 수백만 명의 흥행 경력이 없는 홍상수 감독이지만 2013년 로카르노 국제영화제 최우수감독상 수상 등으로 한국보다는 해외, 특히 유럽에서 매우 널리 알려져 있습니다.

홍상수 감독의 영화를 굳이 장르로 보면 대부분이 멜로, 로맨스 영화들입니다. 하지만 어느 영화도 우리가 기대하는 달콤한 사랑 이야기나 향긋한 해피엔딩이 없습니다. 사사건건 아웅다웅, 찡찡대는 남녀 간의 말의 유희와 갈등 구조가 많습니다. 〈북촌 방향〉(2011), 〈다른 나라에서〉(2011), 〈하하하〉(2009), 〈밤과 낮〉(2008), 〈해변의 여인〉(2006) 등 이전작을 보지 않은 채 단 한 편의 영화로 홍상수 감독을 이해할 방법은 아마도 초심 영화 팬들에게는 없을 것입니다.

사실 감독도 알고 보면 일반인들과 다른 세상에 있지 않습니다. 직장인들이 신입사원 시절을 거쳐 대리가 되고 부장이 되듯이, 세상의 모든 감독 역시 신인시절을 거쳐 중견감독이 되고 다시 원로 감독이 됩니다. 중요한 것은 오랜 시행착오를 거치며 작품 연출에 어떤 변화와 발전을 위한 노력이 있었는가이겠죠. 영화사에 길이 남을 유례없는 천재가 아닌 다음에야 감독에 입문한 이래 줄곧 A급 영화라든가 흥행영화를 만든 감독도 없고, 그럴 수도 없습니다.

20세기 최고의 거장으로 추앙받는 화가 파블로 피카소의 초기 그림도 처음에는 우리가 흔히 아는 스케치에다가 수채화였습니다. 피카소가 단박에 입체파의 대가가 된 것이 아니란 뜻입니다. 시간과 세월, 현장의 경험이 필모그래피에 고스란히 녹아내리면서 감독도 변화하게 되고, 영화 수준도 변하게 되는 것입니다. 이러한 관점에서 주제를 다루어 한 사람의 영화감독이 어떻게 탄생하게 되었는가를 보여주는 작품이 〈시네마 천국〉(1988)으로, 이 영화는 발표되자마자 세계적으로 호평을 받으며 영화 중의 영화로 칭송받고 있습니다.

감독의 전작들을 보는 것은 영화를 보는 기본 중의 기본이라고 생각합니다. 이름만 들어도 누구나 알 만한 영화계 명장 감독들도 과거에는 자의 반 타의 반으로 B급 영화를 찍던 힘든 시절이 있었음을 함께 기억해두길 바랍니다. 2016년 벽두부터 디카프리오 주연의 〈레버넌트〉로 국내 멀티플렉스를 화려하게 장식했던 멕시코 감독 알레한드로 곤잘레스 이냐리투Alejandro Gonzalez Inarritu의 전작 중에서는 〈21그램〉(2004)을 관람 목록으로 체크해보면 어떨까요? B급 영화라고 하면 〈펄프 픽션〉(1994)의 쿠엔틴 타란티노Quentin Tarantino 감독을 빼놓고 지나갈 수 없습니다. 그의 출세작은 〈저수지의 개들〉(1992)이지만 이 자리에서는 여러분들에게 〈데쓰 프루프〉(2007)를 권하고 싶습니다.

세 번째는 주연 및 조연의 내면과 외면 연기의 수준을 미리 그려보는 것입니다. 외면 연기란 쉽게 표현하자면 관객에게 보이는 연기 그 자체를 말합니다. 웃는 연기, 우는 연기, 찡그린 연기, 우스꽝스러운 연기 등 배우가 연기하는 대로 관객에게 그대로 보여지면 그것은 외면 연기라고 할 수 있습니다.

내면 연기는 다릅니다. 배우가 마음을 담아 복합적인 영화의 주제를 몸짓, 대사, 행위에 담아내어 관객의 마음속을 파고든다면 그것이 내면 연기라고 생각합니다. 배우가 겉으론 웃고 있어도 연기를 보며 우리 마음에 공감과 슬픔이 밀려온다면 그것이 내면 연기인 것입니다.

흔히 말하는 초보배우들의 연기는 외면 연기가 대부분입니다. 코미디와 같은 장르에서는 거의 대부분이 외면 연기이기 때문에 외면 연기를 막연히 나쁘다고 하거나 수준이 낮다고 해서는 안 됩니다. 하지만 흑백 TV의 영상 표현이 디지털 TV를 따라가지 못하듯 외면 연기만으로는 갈등 구조가 복잡 미묘한 스토리의 전개에 있어 관객들의 마음 깊은 곳을 울려 감동시킬 수도, 복합적인 영화의 주제의식을 전달할 수도 없다는 점은 분명합니다.

예를 들어볼까요? 〈오아시스〉로 2002년 베니스 영화제 감독상, 〈시〉로 2010년 칸 영화제 각본상을 수상한 이창동 감독의 작품 중에서는 〈밀양〉(2007)에서 아이를 잃은 주인공 신애 역의 전도연의 연기를 손꼽을 수 있습니다. 남편을 잃고, 피아니스트의 꿈도 버리고 정착한 밀양에서 사랑하던 아들마저 잃은 그녀가 웅크리고 앉아 절규하는 연기는 단순한 분노나 슬픔을 넘은 그 무엇입니다. 구원, 용서란 영화의 주제에 대한 깊은 의문과 회의가 절규하는 그녀의 연기에 모두 담겨 관객의 마음을 아프게 합니다.

앞에서 잠깐 예로 들었습니다만 〈괴물〉의 할아버지 변희봉을 기억한다면 우리는 내면 연기와 외면 연기의 차이를 확실하게 알 수 있습니다. 손녀딸을 괴물에게 빼앗긴 할아버지가 괴물을 추적하던 중 비가 내리는 한강 고수부지에서 괴물을 향해 사격했으나 실탄이 없음을 깨닫습니다. 괴물은 다가오고, 할아버지의 최후가 임박한 것입니다. 아들 강두(송강호)를 향해 희미하게 웃는 듯 우는 듯 손짓하는 그의 연기에서 우리는 가슴이 찡해지는 부성애를 느낄 수 있습니다. 웃고 있지만 손녀를 구하지 못하고 세상을 떠나는 할아버지의 한스러움이 그의 내면 연기에 모두 담겨 있습니다.

네 번째는 전체를 흐르는 주제가 무엇인지를 살펴보는 것도 좋은 방법입니다. 순수, 사랑, 의리, 욕망, 비애 등 영화를 만드는 감독은 제작에 앞서 영화의 주제를 결정합니다. 감독이 설정한 주제에 따라서 배역과 시대상, 인물, 공간 등이 하나하나 결정됩니다. 감독이 관객들에게 던지고자 하는 메시지가 바로 주제이며, 주제를 표현하고 풀어가는 것은 감독의 고유 역할이자 영화의 성패를 좌우하는 가장 중요한 요소입니다.

고령화 사회로 접어들면서 우리에게도 사회적 문제로 대두하고 있는 알츠하이머 병을 소재로 한 영화 중에 미국의 〈어웨이 프롬 허〉(2006), 일본의 〈내일의 기억〉(2006)이 있습니다. 동일한 소재와 주제로 부부 간의 러브 스토리를 그린 이러한 작품을 통해서 우리는 동서양의 작품이 메시지를 어떻게 표출해 관객의 감정선을 건드리는지 비교해 볼 수 있습니다. 특히 〈내일의 기억〉은 광고회사 중견간부가 주인공으로 등장하는 영화이기에 광고인들에게는 남의 일 같지 않았습니다.

다섯 번째로, 주요한 복선은 무엇인지 관심을 가지고 보면 영화를 좀 더 재미있게 볼 수 있습니다. 영화를 만드는 감독은 다양한 방법(음향, 시각적 소재, 기후 변화, 조명 등)으로 영화가 앞으로 어떻게 전개될지, 어떤 파국이 올지를 간접 혹은 직접적으로 복선에 표현해두고 있습니다.

복선이란 나중에 있을 사건을 미리 넌지시 비춰주는 것을 말합니다. 하늘거리는 촛불, 흐르는 강물 위의 나뭇잎, 어두운 그림자, 시작 부분에서 배우의 첫 대사 등은 앞으로 전개될 사건을 이해하는 단초가 됩니다. 잘 기억해보세요. 주요한 대사나 사건이 전개되기 전에 대사의 말미에 약하게 흔들리던 촛불이나 탁자 위에서 떨어지는 사물, 얼핏 조연의 얼굴에 스쳐가는 미소 등은 모두 차후에 전개될 사건의 결과를 알리는 복선의 하나입니다.

한재림 감독의 2013년작 〈관상〉에서 초반부에 주인공 내경이 아들 진형에게 과거시험을 보면 사건에 휘말릴 수 있다고 말합니다. 관상쟁이가 본 아들의 관상이 이 영화에서는 바로 복선이 되는 것입니다.

던져진 복선은 있는 듯 없는 듯 영화 전체를 지배하고, 어느 순간 살아 움직이며 화면 속에 튀어 올라 주연배우의 운명을 결정합니다. 복선은 그래서 재미있고, 관객들을 영화 속에 몰입하게 하거나 긴장하게 하는 요소가 되기도 합니다.

사실 화면과 주연배우의 대사 따라가기도 바쁜 탓에 때로는 복선인지 모르고 지나가는 것이 대부분이고, 영화가 끝난 후에 복기해봐야 알 수 있는 경우도 많지만, 영화 속에 감독이 은밀히 묻어둔 복선을 음미하고 지켜보는 것만으로도 영화를 보는 즐거움은 배가 됩니다. 경우에 따라서는 〈밀리언 달러 베이비〉(2005)처럼 영화 제목이 내용을 암시하기도 하고, 〈배트맨 비긴즈〉(2005)처럼 영화의 배경이 되는 '고담시'의 묘사가 주제를 암시하기도 합니다.

여섯 번째는 사회적인 파장과 파급 효과를 생각하며 영화를 보는 방법도 있습니다. 한국에서도 1970~80년대 시절을 거쳐 오며 민주화운동의 흐름과 함께 영화 한 편이 곧 사회 현상을 고발하고 변화를 유도하는 사례가 되는 경우가 있었습니다.

장산곶매의 〈오! 꿈의 나라〉(1989), 〈파업전야〉(1990)처럼 사회적 이슈에 대한 문제 의식을 담았던 영화는 지금과 달리 영화 상영 자체가 허용되지 않아 이곳저곳을 몰래 옮겨 다니며 상영했고, 흥행과는 상관없이 사회적 파장을 일으켰던 영화입니다.

영화가 한 편 상영되면 영화 속 내용이 끼친 사회 가치관의 변화, 문화의 전이 등은 의외로 매우 깊고 큽니다. 그런 면에서 영화는 사회의 가치관, 문화의 변화를 선도하는 역할을 합니다. 하지만 이런 기능이 지나치면 오히려 기존 제도나 문화의 급속한 붕괴, 미풍양속의 쇠락 등 역기능적인 효과를 발휘하는 경우가 있어서 주의해야 합니다.

예를 들어볼까요? 다문화가정을 다룬 이한 감독의 〈완득이〉 (2011), 미혼모를 다룬 강형철 감독의 〈과속스캔들〉(2008) 등의 영화가 바로 그런 류입니다.

사회적으로 소외된 이들이나 이슈를 영화 속에서 어떻게 다루느냐에 따라서 사회 구성원들의 인식이 크게 변화할 수 있습니다. 해당 영화가 흥행몰이를 하거나, 그렇지 않다 하더라도 언론을 비롯한 사회의 관심이 모아진다면 큰 변화의 동인으로 작용하기도 합니다.

20세기 초에는 입 밖에도 꺼낼 수 없었던 말이지만, 커밍아웃을 한 이후에도 사업이며 연예계에서 열심히 활동하는 배우가 존재한다는 것은 한국 사회가 시간이 지나며 그만큼 많이 변화했음을 증명하는 사례가 됩니다.

마지막으로는, 내 삶과 내 직업과 내 주위와 비교하여 영향을 보는 것입니다. 영화 속에 등장하는 인물, 직업, 어떤 현상, 아이디어 등을 유심히 보면 현실에 개선 반영할 것들이 너무도 많습니다. 예를 들어 최고의 안경 디자이너를 꿈꾸며 디자인을 전공하는 학생이라면 영화 속에서 비춰지는 배우들의 의상과 안경을 유심히 보고 미래의 트렌드를 미리 읽어낼 수 있습니다.

추천 영화 리뷰 · 31

스타워즈 에피소드 3: 시스의 복수 Star Wars
Episode 3: Revenge of the Sith
- 30년의 대단원

1977년 처음 제작된 '스타워즈 에피소드 4: 새로운 희망' 편 이래

30여 년의 긴 여행 끝에 '스타워즈 에피소드 3: 시스의 복수'가 탄생했습니다.

영화 오프닝에서 우주 공간으로 힘차게 날아가는 영화 스토리의 자막들, 방송 프로그램에서 많이 사용하던 귀에 익은 사운드 트랙, 그리고 은하계의 정의를 지키는 제다이 기사들의 광선검과 우주 공간 속 현란한 전투 등 〈스타워즈〉는 오랜 시리즈만큼 관련 산업이나 영화감독, 방송 제작자들에게 많은 영향을 미쳐왔음이 분명합니다.

'시스의 복수'는 제작 순서상으로는 첫 번째 편보다 먼저 있었던 일들을 그린 것이어서 영화의 스토리 전체를 꿰뚫고 있지 않은 관객이라면 2시간이 넘는 시간을 제다이와 제국군의 우주 전투나 주인공들의 현란한 광선검 결투만 보다가 일어서야 할지도 모릅니다.

그래서 한 가지는 꼭 이해한 상태에서 영화를 봐야 합니다. 이 영화는 악의 상징 다스 시디어스의 후계자로 지명된 제다이의 기사 아나킨 스카이워커가 제다이의 엄격한 계율을 버리고 어둠의 힘의 유혹에 끌려 들어가 다스 베이더로 변신하는 과정이 핵심입니다. 아나킨 스카이워크는 30년 전 〈스타워즈〉 첫 편으로 거슬러 가면 스승 요다와 오비안 캐노비의 가르침 속에 대표 제다이로 자라는 루크 스카이워크의 아버지이지만, 어둠의 황제 다크 시디어스의 계략에 빠져 결국은 악의 화신 다스 베이더로 변하는 비운의 주인공입니다.

이 작품 역시 행성 사이에서 펼쳐지는 장쾌한 우주전쟁이 영화의 많은 부분을 차지하는데 조지 루카스와 ILM 사단이 만들어낸 환상적인 3D 그래픽은 오랜 시간 〈스타워즈〉를 사랑해온 팬들의 갈증을 채워줍니다. 게다가 마지막까지 존재를 숨긴 새로운 캐릭터이자 제다이의 숙적인 그리버스 장군(반에일리언에 반사이보그 캐릭터)의 놀랄 만한 광선검 실력은 지금까지 봐온 어떤 공상과학 영화의 대결신보다 강렬한 볼거리입니다.

아나킨 스카이워커를 비롯한 제다이 기사들의 광선검 혈투도 긴장감이 넘치고, 화산 행성 '무스타파'에서 오비안 캐노비와 아나킨 스카이워크 간의 대결 역시 인상적입니다. 깡통로봇 알투디투의 똑소리나는 연기도 여전하고, 스키피오의 맹한 대사 연기도 한몫하고 있습니다.

하지만 30년간을 쉼 없이 달려온 〈스타워즈〉 시리즈는 사회주의가 해체되고 국익에 따라 적과 아군의 경계가 갈수록 모호해지는 글로벌화된 요즘 세태 탓인지 어둠의 세계로 끌려 들어가는 아나킨 스카이워커의 급변하는 심리적 갈등이 조급히 처리되어 긴장감이 떨어집니다. 다스 시디어스를 제외한 대부분의 캐릭터들의 연기선이 유약한데다가 승자와 패자가 확연한 단선적인 스토리 구성을 가지고 있어서 아쉬움이 많이 남습니다.

〈스타워즈〉는 얼핏 보면 공상과학 속 유토피아를 그린 영화처럼

우리들 각자의 영화관

보이지만 밝고 유머가 넘치는 캐릭터보다는 어둠의 힘(포스)에 대한 우려와 공포로 불안해하는 캐릭터들에 의해 영화가 이끌려가는 디스토피아를 그린 미래영화입니다. (2005. 6. 8)

화이: 괴물을 삼킨 아이 Hwayi: A Monster Boy
– 숨 막히는 속도감

장준환 감독의 전작 〈지구를 지켜라〉는 결국 보지 못하고 시간이 흘러 버렸습니다.

〈화이: 괴물을 삼킨 아이〉는 아마도 그가 오랜 기간 공력을 쌓으면서 만든 흥행 영화인 것이 분명한 데 상업적으로 큰 성공을 거두지는 못했습니다. 스릴러는 자칫 피가 난무하는 단순 하드고어로 변질될 우려가 많은 데 장준환 감독은 피칠갑 〈화이: 괴물을 삼킨 아이〉를 심리 스릴러로 잘 버무렸습니다.

적당한 텐션의 전반부, 화이의 출생과 성장의 비밀이 서서히 벗겨지는 중반부, 그리고 화이가 석태와 격돌하는 엔딩까지 후반부로 가면서 자칫 느슨해지는 스릴러의 행태를 장준환 감독은 반복하지 않았습니다. 갈수록 스피디하게 화이의 분노가 점층되는 이 영화는 종반으로 치달아도 전혀 힘이 빠지지 않습니다.

5명의 범죄자 아버지, 그리고 아들 화이…

괴물이 되어 버린 아버지들 사이에서 서서히 동화되는 불운한 화이가 영화가 끝난 후에도 섬뜩하게 마음에 남습니다.

디지털, 물질 만능, 정감이 사라져 가는 이 사회에서 우리도, 우리 아이들도 화이가 되어 가고 있지 않은지 돌아볼 시간입니다. (2013. 10. 30)

해변의 여인 Woman on the Beach
− 같은 꿈, 다른 생각

〈해변의 여인〉이 시작된 직후 30분 간격으로 관람 중이던 남녀 두 커플이 자리에서 일어섭니다. 그리고 다시 30분이 지나자 여성 관객 두 명이 동시에 자리를 뜹니다. 하지만 남은 대다수의 관객들은 김승우와 고현정의 치고받는 말싸움마다 웃음을 터트리며 즐거워하고 있었습니다.

홍상수 감독의 작품 〈해변의 여인〉은 같은 영화를 대하는 관객의 태도가 이렇게 다를 수 있음을 보여주는 영화입니다. 그나마 평론가들에게 이전작보다 훨씬 유머러스해지고 대중적이 되었다고 평가받는 〈해변의 여인〉이 그 정도이니 〈오! 수정〉(2000)이나 〈생활의 발견〉(2002), 〈극장전〉(2005)과 같은 이전작의 부진했던 흥행 성적의 이유는 불을 보듯 뻔합니다.

하지만 〈해변의 여인〉은 극적 반전이나 감동에 대한 일말의 기대감을 제쳐둔다면 관점에 따라 흥미롭게 볼 수 있는 영화 중에 하나입니다. 〈해변의 여인〉의 특징은 영화 속에서 남녀의 의식 속에 강하게 자리 잡고 있는 성적인 본능에 대해서 에둘러 피해 가거나 감추려 하지 않는 데 있습니다.

중래(김승우)나 문숙(고현정)과 같은 주연배우들의 내면 연기보다는 급격한 줌인과 줌아웃의 카메라 테크닉과 배우의 대사를 통해 던지고 싶은 거친 말들을 정제하지 않고 그대로 쏟아냅니다. 아름다운 화면과 규격화된 세트 속에 배우들을 숨기지도 않고, 촬영 테크닉도 다큐를 촬영하듯 흔들림과 거친 질감 그대로입니다. 〈해변의 여인〉의 촬영감독은 김형구입니다. 〈인터뷰〉, 〈무사〉, 〈봄날은 간다〉, 〈살인의 추억〉, 〈괴물〉 등 영상이 큰 몫을 한 대중적인 영화들을 많이 찍어온 감독입니다만 〈해변의 여인〉에선 셀프카메라를 촬영하듯 배우들의 심리변화에 따라 흔들림 강한 촬영 방법을 고수하고 있습니다.

홍상수 감독은 하룻밤을 함께 보낸 남녀 간의 다툼과 갈등을 통해서 그들의 욕망 분출과 심리 변화를 천천히 따라갑니다. 주인공들은 다툼과 갈등 과정 속에서 상대방에게 얽매이기보다는 그들만의 방법을 통해 갈등을 해결하고 다시 일상으로 돌아오려는 노력과 성숙함을 보여줍니다.

또 하나의 특징은 이전작과 달리 남자 배우들이 스토리 전개의 주체가 아니라는 사실입니다. 중래와 창욱(김태우)은 사건을 주도하나 해결자의 역할을 수행하지 않습니다. 중래를 두고 치열한 갈등관계에 빠질 수도 있었을 문숙과 선희(송선미)는 자신들이 처한 불쾌한 상황에서도 적절한 대처를 통해 갈등을 극복하고 다시 현실로 돌아옵니다.

봄기운이 가득한 서해 바다를 배경으로 감정의 고리를 풀어가는 두 여배우의 모습은 이 영화의 매우 인상적인 장면 중에 하나입니다. 하지만 영화의 스토리가 전개되기도 전에 자리를 뜨는 젊은 관객들이 여전히 존재하는 현실에서 차기 작품에서 이들마저 관객으로 수용할 수 있는 작품을 만들 것인지, 아니면 기존의 구조를 지속할 것인지에 대한 감독의 진지한 고민이 필요할 것으로 보입니다. (2006. 9. 5)

시네마 천국 Cinema Paradiso: The New Version
– 우리들은 모두 토토

〈언노운 우먼〉(2009)을 보다가 문득 주세페 토르나토레 Giuseppe Tornatore 감독의 전작 〈시네마 천국〉이 기억나 다시 영화를 찾아봤습니다. 1988년 개봉되어 전 세계 영화제에서 상을 휩쓸다시피 한 이 영화는 국내에서 1989년 개봉됐고, 그 이후 1993년에 재개봉됐습니다. 국내에 상영된 영화는 123분짜리 축소판이었는데 이번에 디렉터스컷을 보게 됐습니다.

디렉터스컷은 총 170분에 달하고, 살바토레의 평생의 연인 엘레나의 중년의 모습을 볼 수 있습니다. 인터넷 영화정보 사이트엔 〈시네마 천국〉을 두고 이런 설명이 있습니다. '유년의 찬가, 우정 그리고 영화의 끝없는 매력.' 이 짧은 한 줄의 요약문은 오랜 시간이 지났지만 수많은 마니아들이 여전히 〈시네마 천국〉을 기억하는 이유이기도 합니다.

제2차 세계대전이 한창이던 시칠리아 섬의 작은 마을을 배경으로 영화를 너무 좋아했던 어린 꼬마 토토와 그의 영원한 친구 알프레도의 우정을 그린 이 영화는 순박한 마을사람들과 인정, 그리고 영화에 대한 무한 애정을 절절하게 느낄 수 있습니다.

마을 영화관 시네마 파라디소는 마을의 노소가 모두 모이는 광장이며 집회장이고 삶의 휴식처와 같은 곳입니다. 여름밤이면 함께 영화관에 모여 떠들고 소리치며 나름 멋진 옷으로 호사를 부리지만 알고 보면 키스 신조차 없는 멜로 영화를 보며 눈물짓는 진정한 로맨티스트들입니다.

영화는 마을을 떠나 감독으로 성공한 토토가 알프레도의 부음을 듣는 그 순간부터 플래시백으로 그가 마을을 떠난 이유, 성공하게 된 이야기, 그리고 그가 자란 마을에서 벌어진 행복했던 일들과 슬펐던 일들을 모두 보여줍니다.

주세페 토르나토레의 오랜 벗이자 작업 동료인 엔니오 모리코네의 오리지널 사운드트랙이 들려오면 이미 마음은 토토의 낭만적 삶속으로 풍덩 빠져 버린 듯합니다. 성인이 된 토토의 가슴 아픈 러브 스토리와 과거에는 애잔했지만 세월이 지나 다시 본 영화 속에선 변함없이 정겨운 알프레도를 만날 수 있어서 행복한 마음입니다. 알프레도가 겪었던 개인사도 안타깝지만 토토를 떠나보내야 했던 그의 속마음이 시간이 지날수록 더 아프게 다가옵니다.

힘겨운 삶을 살아가는 우리들은 모두 토토입니다. 치기 어리고, 하고 싶은 일은 많지만 현실적인 제약도 많고, 고민도 많습니다. 누구랄 것 없이 모두에겐 알프레도가 필요한 게 아닌가 생각합니다. (2009. 7. 25)

21그램 21Grams
– 슬픈 영혼들의 방황

멕시코 감독 알레한드로 곤잘레스 이냐리투Alejandro Gonzalez Inarritu가 만든 〈21그램〉은 쉽지 않지만 오랜만에 만날 수 있는 수작입니다. 영화 〈메멘토〉가 그랬듯이 감독은 제작 의도를 극대화하기 위해 시간을 비틀어 과거와 현재를 뒤섞어 배열하고, 영혼의 안식을 갈구하는 세 사람의 주인공 폴 리버스(숀 펜), 잭 조단(베네치오 델 토로), 크리스티나 펙(나오미 와츠)의 심리묘사와 고통을 별도의 컬러로 처리해 비틀린 서사구조 속에서도 관객들이 줄거리를 놓치지 않게 해줍니다.

대부분의 장면 장면들은 핸드헬드 카메라로 촬영해 삶의 무게로 고통스러워하는 배우들의 거친 숨소리와 일그러진 얼굴을 훑고 지나가고, 타이트한 클로즈업은 나락에 떨어진 그들의 일상을 더욱 절절하게 표현합니다.

구원을 받고자 신앙의 길을 걷던 전과자 잭 조단에게 닥친 비극적 교통사고는 진정으로 구원받고자 했던 그에겐 또 다른 원죄의 무게로 내려앉습니다. 마약 중독에서 벗어나 행복한 가정을 꾸리던 크리스티나 펙에게 닥친 가족의 교통사고, 남편의 심장을 이식받은 폴 리버스의 만남과 사랑. 그리고 크리스티나 펙이 진정 바라는 바를 이뤄주고 싶던 폴 리버스의 마지막 선택은 사랑과 복수의 무게로 그들의 삶을 또다시 짓누릅니다.

사람이 죽으면 모두 동일하게 가벼워진다는 21그램의 무게는 과연 그 사람 인생의 무게일까요, 복수의 무게일까요, 원죄의 무게일까요?

대학교수 폴 리버스 역을 감당해낸 숀 펜의 허무와 슬픔 가득한 연기도 일품이지만, 죄를 벗고자 해도 벗을 수 없는 고통을 견디기 힘들어 하는 잭 조단 역의 베네치오 델 토로의 연기도 기억에 남습니다. 다시 한 번 더 볼 영화입니다.

죽음에 관한 3부작인 〈아모레스 페로스〉(2001), 〈21그램〉(2003), 〈바벨〉(2006)을 만든 알레한드로 곤잘레스 이냐투리 감독은 레오나르도 디카프리오를 〈레버넌트〉(2016)에 등장시켜 결국 오스카의 찬사를 받았습니다. (2016. 3. 1)

추천 영화 리뷰 36 | 데쓰 프루프 Death Proof
— 타란티노의 여전한 매력

축제와 같이 시작했다가 폭풍처럼 스릴이 몰려오는 영화를 보고 싶다면 쿠엔틴 타란티노 Quentin Tarantino 감독의 이 영화가 제격입니다. 전 세계적인 흥행 성적과 인지도를 가진 감독이 이렇게 작심하고 B급 영화를 만들어내는 것도 신기하지만, 세상의 모든 영화를 오마주하듯 동서양의 다양한 신들과 음악을 재배열해 새로움을 창조하는 그의 능력에 감탄하지 않을 수 없습니다.

〈데쓰 프루프〉는 분명히 여성의 통쾌한 승리를 보여주기 위한 영화입니다. 〈저수지의 개들〉(1992), 〈펄프 픽션〉(1994)을 거쳐 〈킬빌〉 시리즈에서 유난히 드러났던 그의 강한 여성에 대한 관심과 사랑은 이 영화에서 그 빛을 발합니다.

심각한 변태성욕자이기도 한 스턴트맨 마이크(커트 러셀)의 살해 대상은 늘 아름답고 매혹적인 여성들입니다. 스턴트맨 용으로 개

조된 전문 차량을 이용한 그의 살인은 여성들의 분노를 불러일으
키기에 부족함이 없지만 조이(조이 벨), 킴(트레이시 톰스), 리(엘리자
베스 윈스테드)가 포함된 대단한 여성 군단에겐 마이크도 쉽지 않습
니다.

유쾌하고 신나면서도 스릴이 넘치는 〈데쓰 프루프〉는 특히 후
반부 20분에 걸친 마이크와 조이 일행의 숨 막히는 카 체이스car
chase(자동차끼리의 추적) 신으로도 오래오래 기억에 남을 만합니다.
처음엔 거북하고 갑갑하지만 스크린 가득 넘쳐나는 감독의 장난기
와 독특한 고집은 그의 천재성을 잘 보여줍니다.

불평등한 세상 구조에서 약자로 살아가는 여성들에게 통쾌한 카
타르시스를 던져주는 B급 걸작입니다. (2007. 9. 16)

시 Poetry
– 인간이기에

이창동 감독의 영화 주제는 단순합니다. 하지만 어렵습니다. 어
렵게 만들려고 한 게 아닐 텐데 왠지 어렵습니다. 감독의 뜻과 상관
없이 관객의 시선에 따라서 해석도 많이 다릅니다.

〈초록물고기〉(1997)가 그랬고, 〈오아시스〉(2002)가 그랬는데, 〈밀
양〉(2007)에서 그의 묵직한 주제 의식이 더욱더 깊어진 듯합니다.

배우들의 내면을 거침없이 헤집어 밑바닥에 남은 찌꺼기까지 모두 끌어올리는 그의 연출력은 잘 알려진 바 있습니다.

〈시〉는 이미 칸 영화제에서 각본상을 수상했습니다. 인간의 죄에 대한 끝없는 질문과 해답의 결과를 도출해낸 주제 의식과 결말은 역시 이창동스럽다는 생각을 하게 합니다.

경기도의 어느 작은 도시, 알츠하이머 초기인 주인공 미자는 평범한 할머니입니다. 손자를 키우며 새롭게 배우게 된 시에 소녀처럼 빠져 들어 있습니다. 두근거리는 가슴을 안고 시작한 시작 수업은 미자에게는 큰 기쁨이자 새로운 삶의 활력소입니다. 거리를 오가는 중간 중간 빼놓지 않고 시심을 기록하며 언젠가는 그녀도 멋진 시 한 편 적어 보는 게 소원입니다.

평범한 일상, 평범한 삶을 살아온 그녀에게 어느 날 손자가 개입한 사건이 날벼락처럼 다가옵니다. 철없는 아이인 줄만 알았던 손자의 비행을 접하고 미자는 혼란에 빠집니다.

피해 학생의 집을 방문하고, 사태를 수습하기 위해 동분서주하는 미자에게 '시'는 이제 어떤 의미로 다가오게 될까요? 아름다운 것만을 기록해야 한다고 생각했던 미자에게 운명처럼 닥친 사건에 더해 자신이 알츠하이머 초기라는 사실을 알게 된 그녀는 깊은 회한과 고민에 빠집니다.

손자의 죄, 아름다운 시, 속죄 그리고 그녀의 운명. 영화는 시작과 끝부분에서 아무런 일도 없었다는 듯이 조용히 흐르는 강물을 연속해서 보여줍니다. 영화에서 의도적으로 사용된 물의 의미는 과연 무엇일까 한참을 생각해 봅니다. 물은 생명의 시작이자 근원이지만 영화 속 물은 그 반대이자 종착역과 같습니다. 시작이 있으면 끝이 있듯이 영화 속의 흐르는 강물은 주제의 시작이자 주제에 대한 해법이 담겨져 있습니다. 미자의 선택은 무겁고도 엄중합니다.

(2010. 5. 28)

추천 영화 리뷰 38

밀양 Secret Sunshine
– 누가 용서를 말하나?

이창동 감독은 언제부터인가 여배우 수난사를 만들어온 감독으로 기억되고 있습니다. 영화 〈오아시스〉에서 힘들디 힘든 역할을 소화한 문소리에 이어 〈밀양〉에서 전도연이 맡은 신애 역은 남편의 죽음에 이어 유일한 혈육인 아이의 죽음에 넋을 잃은 한 여인의 막막한 삶에 관한 이야기입니다. 종교에서조차 안식을 찾지 못한 한 여인의 토할 듯한 울음을 원 없이 보게 되는 이 영화는 극한의 고통을 겪게 되는 가냘픈 여인의 일상을 건조한 카메라의 움직임으로 기록하고 있습니다.

더 이상 물러설 수 없는 삶의 막다른 곳에 다다른 신애에게 누구는 종교를 권하고, 누구는 사랑을 권합니다. 고통 받는 타인의 삶이 동정이나 선교의 대상이라는 영화 속 시각은 너무나 현실에 맞닿아 있어 당혹스럽기까지 합니다. 그래서인지 영화평론가 데릭 엘리는 이 영화에 대해 영화적으로 잘 직조된 긴장감이나 드라마를 낳지 못했다고 아쉬워하고 있습니다.

〈밀양〉은 〈초록물고기〉, 〈오아시스〉, 심지어 〈박하사탕〉(2000)에서조차 삽입됐던 판타지적인 영상이 없습니다. 영화적 구원이 없는 〈밀양〉은 지독하게 무너진 한 여인의 뒷모습에 카메라를 비추고 있습니다. 작은 어깨가 들썩이고, 거리에 쓰러지고서야 다음 신으로 넘어가는 냉정함을 지켜보며 관객들은 오히려 더 현실감을 느낍니다.

이 영화는 논란이 많은 질문을 던지고 있습니다. 피해자인 신애는 사랑하는 아이를 잃었습니다. 아이의 살인자는 신애가 용서해야 하는 걸까요, 신이 용서해야 하는 걸까요? 인간은 나약하므로 종교에 의존해 구원을 희망하지만, 만약 인간이 구원의 허망함과 불공정함에 반기를 들게 된다면 어떤 일이 벌어지게 될까요? 영화는 이 물음에 대해 구체적인 해답 없이 건조했던 카메라를 거둬들이고 말지만, 이 영화가 상영되는 내내 관객들에게 질문은 비수처럼 남아 있습니다.

영화가 상영되면서 칸에서도, 국내에서도 전도연에 대한 평가는 높지만 반면에 송강호에 대한 평가는 부족한 듯합니다. 신애가 목놓아 슬피 울며 도로에서, 교회에서, 집에서 괴로워할 때 그 곁을

묵묵히 지켜준 종찬은 신애의 고통을 중화시키기도 하며 때로는 코믹함으로 그녀의 불행에 작은 위안과 여유를 줍니다. 삶이 동전의 양면처럼 행복과 불행이 함께 한다면 신애에게 있어 삶은 고통이지만 종찬이 있어 위로가 함께 있는 것과 같은 경우입니다.

치열한 사랑도, 이상적이고 행복한 판타지도 없지만 이창동 감독의 4년 만의 복귀작 〈밀양〉은 찬찬하고도 치밀하게 잘 만들어진 영화입니다. 구원? 과연 신은 누구를 구원하고, 누구를 용서할 수 있습니까? 〈밀양〉은 해답은 없지만 누구도 쉽게 던지지 못한 문제를 던지고 있습니다. (2007. 5. 27)

어웨이 프롬 허 Away From Her
– 44년 기억이 지워져 간다

44년을 하루처럼 함께한 노부부 피오나(줄리 크리스티)와 그랜트 (고든 핀센트). 앞으로 남은 생이 얼마인지는 알 수 없지만 지금 두 사람의 사랑은 젊은 시절의 열정만을 제외한다면 변함없이 아름답고 순수합니다. 다만 오누이처럼 다정하고 포근한 이들의 사랑에 드리워진 어두운 그림자는 아내 피오나가 알츠하이머를 앓게 됐다는 사실입니다.

하루가 다르게 기억이 상실되는 피오나와 이를 안타깝게 지켜보는 그랜트. 전문 요양시설의 간호가 필요하지만 그랜트는 쉽사리 결정하기 어렵습니다. 그랜트는 요양원으로 피오나를 보내는 것이 영원한 이별일 수 있다는 불안함이 있습니다.

더 이상 결정을 미룰 수 없는 순간, 결단은 피오나가 내립니다. 망설임과 고민 끝에 피오나는 그랜트를 떠나기로 결정합니다. 여전히 망설이는 그랜트. 이 노년 부부에게 어떤 일들이 닥치게 될까요?

알츠하이머를 소재로 사랑과 애환을 그린 러브 스토리는 여러 번 영화에서 시도된 바 있지만, 이 영화와 다른 점은 알츠하이머에 대한 담담한 반응과 아름다운 두 사람의 사랑이라는 스토리 라인 하에 감독이 숨겨둔 반전에 있습니다. 피오나가 요양시설에서 만나게 된 새로운 친구 오브리(마이클 머피), 그리고 그랜트가 만난 오브리의 아내 매리엔. 두 커플의 묘한 만남이 영화 후반부 잔잔한 전개에 파장을 몰고 옵니다.

알츠하이머에 대한 격렬한 저항이나 반감, 주인공의 갈등을 영화 속에서는 찾아볼 수 없습니다. 아역배우 출신으로 1979년생인 사라 폴리Sarah Polley 감독은 시간 앞에 무력한 삶을 표현하면서도 마치 그게 누구의 인생에서든 겪을 수 있는 감기와 같은 일이라는 듯 차분합니다.

주연배우 줄리 크리스티는 〈닥터 지바고〉(1965)의 라라 역으로 알려진 배우입니다. 최근작으로는 〈트로이〉(2004), 〈해리포터와 아

스카반의 죄수〉(2004) 등이 있습니다. 사랑하는 연인을 두고 치료를
위해 떠나야 하는 피오나 역의 줄리 크리스티는 삶을 관조하듯 평
온하고, 자신에게 닥친 불행에 저항하듯 의지에 차 있습니다. 주름
진 얼굴에 가득한 근심이 노년의 피오나라면, 과거의 기억을 떠올
리며 환히 웃는 그녀의 모습은 세월이 무색하리만큼 귀여운 소녀
같습니다. (2008. 3. 31)

내일의 기억 Memories of Tomorrow
– 40대 애드맨의 비애

일본 유수의 광고회사 수석부장 사에키(와타나베 켄). 매사에 완벽
주의자인 사에키의 행보는 거침없습니다. 팀원을 독려해 완벽한 준
비와 프레젠테이션, 그리고 클라이언트에 대한 지독한 로열티. 회
사에서 인정받으면 인정받을수록 워크홀릭 자체인 그에게 일은 생
명과도 같습니다.

하지만 외동딸 사에키 에리의 결혼을 앞두고 찾아온 알츠하이머
는 모든 기억에서 그를 소외시키기 시작합니다. 클라이언트와의 약
속을 기억하지 못하고, 회의의 주제를 기억하지 못합니다. 클라이
언트와의 미팅 장소로 이동 중 길을 잃어버린 사에키의 방황은 업
무 이외의 삶을 모르는 일본 샐러리맨들의 비애를 한눈에 보는 듯

합니다.

5월의 햇살처럼 포근하고 따스한 오시마 미치루의 음악에 〈세상의 중심에서 사랑을 외치다〉(2006)로 유명세를 탄 츠츠미 유키히코 堤幸彦 감독은 천천히 진행되는 알츠하이머와 고통 속에 병의 치료를 선택한 사에키 내외의 일상을 연대기를 적어나가듯 따라갑니다.

해가 지고, 달이 뜨고, 벚꽃이 새로 피지만 사에키의 증세는 갈수록 악화될 뿐입니다. 때론 격정적이고, 때론 침울하지만 사에키가 그의 병을 받아들일 수 있는 것은 사랑하는 아내 에미코(히구치 카나코)의 헌신이 큽니다.

병에 걸린 후 빈발하는 실수와 쉼 없이 반복하는 '고멘나사이 ごめんなさい(자신의 실수를 사과하는 말. 미안합니다, 죄송합니다)' 속에서도 삶에 대한 의지를 놓지 않으려 애쓰는 사에키의 몸짓이 오히려 관객의 마음을 아프게 합니다.

고통을 가족 사랑으로 승화시키는 아내 에미코의 단아함이 알츠하이머의 비애를 많이 줄여줍니다. 가족을 위해, 세상을 위해 앞만 보며 지독하게 달리기만 했던 일본 중년 샐러리맨의 슬픔이 고스란히 담긴 영화입니다. (2007. 5. 9)

밀리언 달러 베이비 Million Dollar Baby

– 헝그리 복서에게 반하다

영화 제목 밀리언 달러 베이비는 1센트짜리 물건만 판매하는 가게에서 발견된 백만 달러 가치의 물건이란 뜻입니다. 진흙 속에서 발견한 진주라고나 할까요. 〈밀리언 달러 베이비〉는 여주인공 매기(힐러리 스웽크)를 의미하기도 하고, 영화 전체의 주제를 암시하기도 합니다.

이 영화는 제리 보이드의 소설 '불타는 로프'를 각색한 헝그리 여성 복서의 이야기입니다. 실베스터 스탤론의 '록키' 시리즈처럼 거칠고 투박한 권투 영화가 아닙니다. 헝그리 복서가 등장해 권투 장면이 많은 인생 드라마가 정확할 듯합니다.

올해 나이 31세인 매기는 찢어질 듯 가난한 집안의 딸입니다. 식당 웨이트리스로 아무리 일해 봐도 형편은 나아지지 않고, 삶을 포기한 엄마에 사고뭉치 동생까지 가족은 그녀에게 도움이 되지 못합니다.

늦은 밤 손님이 먹다 남긴 스테이크를 먹으면서도 유독 매기에게 위안을 주는 건 복싱입니다. 복싱은 결과적으로 매기가 원한 대로 인기와 큰 집을 가져다주지만, 매기가 마지막까지 바랐던 것은 복싱을 통해서 가족과 함께 행복하게 사는 것이었습니다.

퇴물 매니저 프랭키(클린트 이스트우드)의 허락을 받아 훈련을 받게 된 매기는 연전연승을 거듭하며 인기를 쌓아가지만, 돈과 상관없이 자신을 믿어준 프랭키를 믿고 따릅니다. 프랭키 역시 매기의 모습에서 이 세상에서 가장 소중한 딸의 모습을 발견합니다. 친딸에게조차 외면당하던 70세가 넘은 트레이너와 31세 노처녀 복서는 전혀 다른 방향으로 살아왔으나 결국은 그들이 찾던 하나의 목표를 찾아갑니다.

헝그리 복서 매기는 어려움을 딛고 연전연승을 거듭하며 생애 최고의 순간들을 맞이합니다. 돈도 생기고, 집도 생기고, 삶은 자신감과 장밋빛으로 물듭니다. 하지만 이런 자신감으로 인해 오히려 가혹한 시련이 찾아옵니다. 매기가 선택한 복서로서의 삶은 잘 선택된 것일까요? 그리고 견디기 힘든 파란 속에서 내린 매기의 최종 선택과 프랭키의 선택은 과연 옳은 것이었을까 한참을 생각해 봅니다.

영화의 완성도가 높은 건 탁월한 배우와 제작진의 노력이 있었겠지만, 하루 2시간 30분 복싱 연습에 2시간 30분 웨이트 트레이닝을 수개월 반복하며 헝그리 복서의 모습으로 완벽히 변신한 힐러리 스웽크의 몰입과 연기력이 있었기에 가능했다는 생각입니다. 자신의 생명을 줄이지 않고서는 불가능했을 듯한 몰입으로 31세 헝그리 복서와 쓸쓸한 후반부를 연기해낸 여배우에게 경의를 표합니다.

(2005. 3. 14)

배트맨 비긴즈 Batman Begins
– 다시 만난 우상

어린 시절 동경하던 영웅을 다시 영화관에서 만나는 것만으로도 가슴 설레는 영화 중에 하나가 〈배트맨〉입니다. 팀 버튼Tim Burton 감독이 구현한 배트맨 전작 시리즈가 코믹스에서 보여준 배트맨의 이미지와 고담시의 이미지를 지나치게 과대 해석해 팬들의 신랄한 비난을 받아서인지 크리스토퍼 놀란Christopher Nolan 감독 투입이란 깜짝 캐스팅을 통해 새로운 변화를 시도했습니다.

부정과 부패로 가득 차 암울하고 어둡던 음침함의 상징 고담시는 야경의 불빛이 훨씬 포근해졌고, 배트맨은 이전에 비해서 부드러운 동작과 강한 카리스마가 돋보입니다. 전편에서 보여주지 않았던 배트맨(브루스 웨인)의 유년기와 부모의 사망, 배트맨으로 활동하면서 언뜻언뜻 보여주는 악에 대한 분노의 생성 시점, 그리고 배트카와 수많은 첨단 장비들의 제작과정이 꼼꼼히 표현되어 전체 스토리를 이해하는데 도움을 줍니다.

배트맨의 매력 중의 하나인 험비 스타일의 거친 배트카 역시 활약이 대단해 짜릿한 볼거리입니다. 게다가 톰 크루즈를 그렇게 흥분시켰다는 새 연인 케이티 홈즈가 배트맨의 연인으로 출연해 상큼함도 배가되는군요.

구태여 액션 블록버스터 〈배트맨〉을 두고 영화의 작품성을 논할 필요는 없겠지만, 100보를 양보해 배트맨이 네팔의 설산수행을 통해 무도인으로 강해지는 것은 이해한다 치더라도, 배트맨이 닌자의 후예인 듯 수행과정이 온통 일본식으로 표현되어 있어 톰 크루즈의 영화 〈라스트 사무라이〉(2004)처럼 양복에 게다를 신은 듯한 어색함이 가장 큰 단점입니다. 이런 영화의 근본 없음이 황당하긴 하지만 할리우드의 일본에 대한 동경으로 애써 참고 넘어가기로 하구요.

어린 시절 기억 속에 우상으로 배트맨을 간직해온 세대들이라면 무더운 여름 한나절 동안 스크린에서나마 배트맨을 다시 만난다는 사실만으로도 좋은 여가거리로 삼을 수 있을 듯합니다. 살다 보니 혼내주고 싶은 사람이 갈수록 많아지는 내겐 배트맨이 진짜 필요합니다. (2005. 7. 4)

추천 영화 리뷰 43

완득이 Punch
– 편견에 대한 유쾌한 시선

이한 감독의 전작 〈내 사랑〉(2007)은 분명히 본 영화인데 내용이 잘 기억나지 않습니다. 심지어 배역과 스토리를 다시 읽어봐도 기억이 가물가물합니다. 왜 그럴까 한참을 생각해보니 어쩌면 요즘 시대와는 동떨어진 작가적 순수함을 고집한 탓이 아닌가 생각됩니다. 흥행 코드를 고려하지 않은 채 시대의 상처, 개인의 상처에 공감하며 따뜻하게 보듬어 보려는 순수한 노력 탓에 스토리조차 잘 생각나지 않는 영화가 된 겁니다.

다문화가정에서 태어난 18세 완득이(유아인), 어머니는 필리핀 사람, 아버지는 몸이 불편합니다. 가정 형편도 어렵고, 공부도 잘 못하는 완득이지만 싸움 하나는 기차게 잘합니다. 완득이의 시선에서는 지독한 골통 담임선생 동주(김윤석)가 역설적으로 완득이를 세상 밖으로 인도해냅니다. 〈완득이〉는 거대한 클라이맥스나 반전이 없고, 이한 감독의 전작들처럼 결말도 쉽게 예측이 되지만 영화는 시종일관 즐겁고 경쾌합니다.

다문화가정사를 풀어가는 해법도 그렇고, 완득이의 갈등을 풀어가는 과정도 좌충우돌이지만 어렵지 않고 발랄합니다. 개그 쇼를 보듯 조연들의 감초연기도 아담하고, 결론도 정겹습니다. 하지만 이 영화는 분명히 이한 감독의 전작들처럼 시간이 갈수록 스토리가 희미해질 거라는 생각이 듭니다. 그러면 뭐 어떤가요? 멋진 배우 유아인과 김윤석의 조화에 조연들이 따발총처럼 쏴대는 말의 성찬이 푸짐한 데다 따뜻한 즐거움을 주는데. 뒤돌아보지 않고 시대의 상처들을 보듬어가는 이한 감독의 포용력에 한 표 던집니다.

(2011. 10. 26)

과속스캔들 Scandal Makers
– 흥행의 세 가지 이유

상투적인 제목, 신인감독에다가 짧은 제작기간 탓에 그렇고 그런 연말연시용 기획물일 것이란 편견을 비웃기라도 하듯 대박이 터진 영화입니다. 물론 차태현이란 주연급 배우가 있긴 하지만 티켓 파워가 그리 강하다 할 수 없고, 차태현 외에는 뚜렷한 주, 조연급 배우를 찾을 수 없으며, 강형철 감독 역시 이 작품이 데뷔작이니 배급사조차 기대감이 없었던 게 오히려 당연한 듯합니다.

〈과속스캔들〉의 가장 큰 흥행 이유는 따뜻한 가족애에 있습니다. 36세 할아버지에 22세 딸, 그리고 6세 손자라는 사연 많은 가족이지만 그들이 초반의 갈등을 넘어 각자의 자리를 찾고 서로를 가족으로 받아들이는 과정이 관객의 감정선을 자극합니다. 타이밍 면에서도 미국발 경기 불황이 이어지면서 잊고 지내던 가족의 가치를 일깨워준다는 면에서 시의적절했습니다.

주인공 남현수(차태현)가 중학교 때 연상의 여친 사이에서 낳은 딸이 황정남(박보영)이란 설정, 게다가 딸조차 고등학교 때 가진 아들이 황기동(왕석현)이란 설정이 거슬린다는 따가운 눈초리도 있지만 결국 그들이 화합하는 구조로 영화를 끌어간 감독의 끈기와 전략이 적중한 거죠.

신인배우 박보영의 연기력도 주목할 만합니다. 수수한 외모에

웃으면 눈이 거의 보이지 않는 이 순진무구해 보이는 배우가 미혼모 역을 맡아 영화 속에서 보여준 의외의 연기는 그녀의 최근 인기와 〈과속스캔들〉의 흥행이 거저 얻어진 것이 아님을 보여줍니다. 억척스럽지만 귀엽고, 사랑 앞에 우유부단하지만 아들 기동이를 위해서라면 울트라 슈퍼맘으로 강해지는 그녀의 유연한 캐릭터 전환은 이 신인배우가 당분간 충무로의 기대주가 될 수밖에 없음을 말해줍니다.

역시 〈미녀는 괴로워〉(2006)에서 검증됐듯이 스토리와 음악적 구도의 적절한 혼합 방식을 잘 구사한 데서 흥행 요소를 찾을 수 있습니다. 〈미녀는 괴로워〉에선 남녀 주인공의 관계 변화와 연인 관계로의 발전을 위해서 음악이 핵심적인 역할을 했다면 〈과속스캔들〉에선 아빠와 딸이 음악을 통해 순수한 가족애를 되찾습니다. 탁월한 가창력을 보유한 부녀가 부르는 달콤한 노래는 영화 속에 어정쩡한 부속품으로 들어 있지 않고 하나의 완성된 메시지 역할을 하며 잘 녹아 있습니다. 〈선물〉, 〈자유시대〉, 〈아마도 그건〉, 〈Because I Love You〉 등 김준석 음악감독이 선택한 달콤하고 듣기 편한 음악들은 이 영화는 '다 좋은데 제목만 잘못 지었다'는 평을 들을 만큼 깔끔합니다.

물론 이런 이유 외에도 첫 데뷔작이면서도 평단의 호평을 비롯해 관객의 공감을 끌어내고 있는 강형철 감독의 연출 능력 역시 성공의 보이지 않는 이유일 거란 생각입니다. 개봉하는 영화마다 적자에 투자자 감소, 제작비 삭감 등 충무로가 위기란 표현이 회자된 지 꽤나 됐지만 결국 관객의 가려운 곳을 긁어주면서 감정선을 건드리는 영화는 흥행가도를 달릴 수 있다는 사실을 〈과속스캔들〉을 통해 확인할 수 있습니다. (2009. 1. 12)

추천 영화 리뷰 45

악마는 프라다를 입는다 The Devil Wears Prada
― 패션 워너비의 로망

여성이라면 누구나 한 번쯤 꿈꿔 왔을 이야기가 할리우드 영화 〈악마는 프라다를 입는다〉 속에 모두 녹아 있습니다.

화려한 의상, 명품 브랜드, 이들을 좌지우지하는 세계적인 패션 잡지의 편집장, 그리고 최고가 되기 위해 꿈과 야망을 펼쳐 가는 젊은 패셔니스트들. 〈악마는 프라다를 입는다〉는 영화 곳곳에서 패션 워너비들에게 짜릿한 볼거리와 대리 만족거리를 쉴 틈 없이 선사합니다.

늘 바쁘고 세련된 패션지의 런웨이 같은 사무실, 숨이 멎을 듯 긴박한 아이템 회의, 패션쇼와 파티, 오만과 편견의 끝판왕으로 군림할 수 있는 편집장을 둘러싼 권력 암투, 그리고 너무나 세련된 모델들과 그들의 라이프 스타일, 게다가 영화의 주 무대는 뉴욕 맨해튼과 파리 샹젤리제입니다.

이런저런 주변적인 시각 요소들만 해도 눈이 휘둥그레질 법한데 여주인공 앤 해서웨이의 놀라운 변신은 〈악마는 프라다를 입는다〉가 단기간에 높은 화제를 불러일으킨 이유를 알 수 있게 해줍니다. 악마와 같은 편집장 캐릭터를 창조한 메릴 스트립만의 연기도 만족스럽습니다.

전형적인 신데렐라식 스토리에 뻔한 결말, 그다지 놀랄 만한 클라이맥스도 없지만 이상하게 이 영화는 다 보고 나면 굉장히 즐겁고 행복하게 감상한 듯한 느낌을 줍니다. 왜 그런 착각이 드는 걸까요? 명품에 귀도, 눈도 어두워져 버린 탓일까요? 패션 워너비들에게는 빼놓을 수 없는 영화입니다. (2006. 11. 7)

5

영화를 보고 난 후 _ 리뷰 기록

이번 시간에는 영화를 보고난 후에 우리가 해야 할 일에 대해서 강의하겠습니다. 이 강의의 가장 중요한 파트이니 집중해주세요. 영화 관람이 끝났으면 맛있는 것을 먹으러 가지 뭘 또 해야 하나 하겠지만, 두 시간을 투자해서 본 영화라면 영화가 끝난 후가 오히려 더 중요합니다. 왜냐하면 즐겁게 본 영화를 완전히 내 콘텐츠로 만들어야 하기 때문입니다.

　1년은 평균 53주입니다. 매주 1편씩 영화를 본다고 치면 연평균 53편을 볼 수 있고, 10년을 반복하면 530여 편의 영화를 볼 수 있다는 결론이 나옵니다.

　내 경우에는 2002년경 당시로는 획기적이던 개인 홈페이지 서비스 싸이월드가 선풍적인 인기를 끌어갈 때쯤 회원으로 가입해 소소한 일상을 기록한 글을 적다가 문득 관람한 영화 리뷰를 기록해야겠다는 생각이 들어 시작한 것이 2004년 8월부터 2021년 2월까지 17년간 800여 편의 영화를 보고 기록해뒀습니다.

　2009년 8월 광고계를 떠난 후 영화를 그 전처럼 보지 못했다는 점을 감안하더라도 연평균 50여 편의 영화를 보았고, 싸이월드에 기록하지 못한 영화를 감안하면 얼추 지금까지 1,000여 편이 넘는 영화를 본 듯합니다. 싸이월드에 기록한 짧은 영화 리뷰 중 170여 편은 내용을 보완해 인터넷 신문에 기고했고, 그 중에 90여 편을 다시 추려 강의 중간 중간에 소개하고 있습니다.

전문비평가에 의한 기술비평이 아닌 감상비평 범주에 속하지만 오랜 세월 영화를 보고 기록하다 보니 영화를 만든 이들의 노고에 대해 깊이 생각하게 되고, 그러다 보니 대단하고 뾰족한 글보다는 그들의 마음을 이해하고 장점을 찾으려는 노력이 더 많았던 것 같습니다. 2004년 8월에 기록한 리뷰 중에서는 스티븐 스필버그Steven Spielberg 감독의 영화 〈터미널〉(2004)에 관한 리뷰가 가장 기억에 남아 있습니다. 개인적으로는 참 좋아했던 감독이었지만, 이 영화를 보고나서는 실망이 컸기 때문입니다.

앞에서 말했듯이 모든 일은 시행착오를 거치며 개선되는 것입니다, 영화계의 감독들도 마찬가지라고 앞에서 말씀 드린 바 있습니다. 내 글도 마찬가지입니다. 10여 년 간의 글을 적은 시기 동안 30대 초중반을 지나 40대 중반으로 오면서 조금씩 글의 내용, 흐름, 적는 방향, 생각이 바뀌고 있음을 볼 수 있습니다. 영화에 대한 글을 적으며 국가적으로도, 개인적으로도 많은 일들을 겪었고, 여전히 미숙하지만 그 과정에서 내 개인의 사고도 조금씩 변화한 것이 아닌가 생각해봅니다.

2004년 처음 글을 적었을 때의 싸이월드에는 이렇게 기록되어 있습니다.

"영화를 좋아하며 자라온 무비 키드의 관점에서 좋은 영화 함께 보며 영화를 만든 제작자들의 고뇌와 무심함에 대해 함께 생각해보기 위해 단박에 리뷰를 적습니다. (중략) 1,000편이 모아지는 날 어린이들을 위한 친절한 무비 안내서 만들 그 날을 기다리며."

지금까지 1,000여 편의 영화를 봤지만 지금 이 순간에도 미학도, 철학도, 나만의 영화관도 뚜렷하게 형성돼 있다고 할 수 없습니다. 하지만 이 글들을 모은 책을 시작으로 나는 앞으로도 수없이 많은 영화를 보고 글을 적어둘 생각입니다. 다시 긴 시간이 흐른 후 조금 더 글이 나아져 있다면 그것만으로도 기쁠 거라는 생각입니다.

요즘은 디지털 세대들이 주류이다 보니 긴 글을 잘 적지 못하는 사람들이 많다고 합니다. 대중교통을 타면 너나없이 머리를 숙이고 스마트폰으로 음악을 듣거나 기사 검색, 이월 방송 프로그램을 보고 있습니다.

스웨덴의 화학자 알프레드 노벨은 니트로글리세린을 이용해 광산에서 안전하게 사용할 수 있는 폭약을 연구하다 다이너마이트를 만들었습니다. 하지만 그것이 전쟁에 사용되는 것을 매우 괴로워하다 자신의 모든 재산을 기부해 인류에 공헌한 사람들을 선정해 상을 주는 노벨상을 만든 것으로 알려져 있습니다.

우리들 각자의 영화관

개인 미디어로서 남에게 피해를 주지 않고 혼자만의 콘텐츠를 즐기는 것은 1980년대 후반 대학교 전공시간 '뉴미디어론'에서나 배우던 미래 미디어 세계의 유토피아적 모습입니다. 하지만 역설적으로 노벨이 만든 TNT처럼 디지털이 넘쳐나는 이 현실이 과연 우리가 바라던 진정한 유토피아인가 하는 데는 의문이 듭니다.

글을 쓰고, 말을 하고, 행동을 하는 것은 모두 연결돼 있습니다. 특히 청소년기에는 더욱더 중요합니다. 과거 까까머리 학생 시절, 직장생활 초기에는 정보가 부족해 신문을 스크랩하고 노트에 직접 옮겨 적어가며 공부했던 기억이 많습니다.

하지만 지금은 어떻습니까? 과거에는 상상할 수도 없었던 엄청난 양의 정보들이 우리 주위를 가득 채우고 있습니다. 하지만 손가락 터치만으로 수많은 콘텐츠에 쉽게 노출된 청소년들이 더 이상 보고 느낀 것을 직접 글로 쓰지 않는 현상이 가속화 된다면 그야말로 디지털 우민愚民이 양산될 거라는 불안한 생각을 해봅니다.

모든 디지털 정보가 스마트폰, 컴퓨터를 통해 쉽게 읽어볼 수 있어 읽는 눈만 발달하지 적는 머리가 발달할 겨를이 없습니다. 영화도 마찬가지입니다. 보고 듣기만 하고 기록으로 남기지 않으면 불과 며칠이 지나지 않아 머릿속에서 잊혀질 가능성이 높습니다.

자신이 직접 영화를 본 감상을 기록하고 말하고 토론하고 의견을 나누는 과정에서, 두 시간을 투자해 감상한 영화라는 콘텐츠는 진정하게 내 것이 되고 머릿속에 내재됩니다. 내재된 영화 콘텐츠는 언젠가 어느 순간 새로운 디자인, 사업 구상, 아이디어를 말하고 표현할 때 자연스럽게 우러나와 우리들의 삶을 더욱 살찌우게 할 수 있습니다.

모두 종이와 펜을 들고 실험을 하나 해봅시다. 10분을 드리겠습니다. 최근 3년 이내에 본 영화 제목을 몇 개나 기억할 수 있는지, 그리고 그 영화의 줄거리와 등장인물에 대해서 몇 개나 자신 있게 적고 말할 수 있는지 직접 시도해보시기 바랍니다.

개인마다 본 영화의 편수가 다르긴 하겠지만 영화 마니아라면 50편에서 100여 편을 보셨을 테고, 그 중에서 20여 편 이상을 바로 적을 수 있다면 매우 양호한 기억을 가지고 있다고 생각됩니다.

실제로 해보시면 아마도 순간적으로 몇 개를 말하는 데도 정신 없는 자신을 발견하게 될 것입니다. 너무 아깝지 않은가요? 영화라는 문화 콘텐츠는 예매를 하고 영화관으로 이동해 개인의 소중한 시간을 두 시간 가량 투자해서 보는 대중문화 관람이자 영상예술 체험입니다. 보는 그 순간 이후 내용과 출연배우는 고사하고 제목조차 까맣게 잊어버리기를 반복한다면 이토록 큰 낭비가 없습니다.

그럼 이 아까운 콘텐츠를 어떻게 내재화하고 완전히 내 것으로 만들 것인지 생각해보기로 합시다.

그 첫 단계는 그리 어렵지 않습니다. 제일 먼저 영화를 본 느낌을 간단한 메모로 남기는 것으로부터 시작해 봅시다. 한 번 해보면 그리 오래 걸리지도, 힘들지도 않은 방법입니다.

예를 들어, 오늘 닐 블롬캠프Neill Blomkamp 감독의 SF 액션 〈엘리시움〉(2013)이라는 영화를 봤다고 합시다. 109분의 러닝 타임 후 집으로 돌아오는 길에 지하철 안에서 영화 제목, 감독, 주연배우를 기재한 후 20자 내외, 그것도 길다면 15자 이내로 생각을 적어봅시다. 이에 앞서 준비물이 있습니다.

영화가 시작될 무렵 간단한 필기구를 들고 극장에 앉는 것입니다. 영화를 보면서 하는 간단한 메모가 영화 끝난 후의 느낌 정리에 큰 도움이 됩니다. 스마트폰이나 디지털 미디어로도 메모가 가능하지만, 영화관에서는 밝은 빛으로 인해 다른 관객에게 방해가 되겠죠. 예를 들어볼까요?

"디스토피아에 대한 감독의 작가적 예견과 충격이 컸지만 〈디스트릭트 9〉(2009)의 연장선상일 뿐 발전은 없었다." "맷 데이먼의 고독한 연기가 마음속에 남았다." 이렇게 말입니다.

물론 이동 중에도 다이어리든, 스마트폰 갤럭시 노트의 필기 기능을 이용하든 얼마든지 적을 수 있습니다. 이때 주의할 점은 영화를 본 이후 시간이 흘러가면서 처음의 감동과 생각이 지워지기 때문에 가급적 빨리 기록하는 것이 좋습니다.

기록을 하려고 보면 막상 떠오르지 않거나 궁금한 것이 생기게 마련이고, 그때는 다양한 미디어를 이용해 검색 후 보완하면 더 다양하게 기록할 수 있습니다. 그리고 기록한 내용은 반드시 홈페이지, 블로그, 페이스북, 인스타그램과 같은 SNS에 저장합시다.

노트에 직접 적어 기록을 모으는 것도 멋진 보관 방법이지만, 나중에 자신의 영화 연대기가 담긴 소박한 한 권의 책을 펴낼 꿈을 가져본다면 데이터 상태로 저장해두는 것이 가장 좋을 듯합니다. 나중에 노트에 담아둔 것을 다시 입력하는 엄청난 수고를 막아줄 것입니다.

이렇게 기재하는 방법이 익숙해지기 시작하면 조금씩 분량을 늘리거나 관심이 가는 영화 책자, 전문잡지 등을 참조하며 생각의 깊이를 더할 수 있습니다. 세월이 지나 기록한 내용을 다시 읽어보면 영화감독, 출연배우, 스토리뿐만 아니라 그 당시 자신의 마음, 상황, 생각을 알 수 있기도 해서 개인의 변화하는 삶을 기록한 자서전과 같은 기능도 할 수 있습니다.

추억이란 이름 속에 남겨진 것들은 시간이 지나서 보면 대부분 유치한 경우가 많습니다. 내 경우도 초기에 기록된 내용을 읽어보면 스스로도 얼굴이 붉어질 만큼 생각의 깊이도 얕고 주관적이며 즉흥적인 글이 많았습니다만, 그만큼 세월이 흘렀다는 것이고, 더 많은 경험과 관람을 통해서 영화를 보는 눈이 조금씩 나아졌다는 것을 의미하기도 합니다.

단문으로 짧게 영화를 기록하는 방법이 익숙해지면 다음에는 내용을 좀 더 길게 적어봅시다. 다음 강의에서 그 방법을 설명하겠지만 좀 더 길어지면 배우의 연기나 감독의 연출기법, 영상, 조명, 장식, 의상, 음악 등에 대해서 글을 적는 방법도 있고, 사회 문화의 변화, 미래의 직업과 연관 지어 직업에 반영할 수 있는지, 차용할 수 있는지를 생각해 그 방향으로 적어보는 것 등 여러 가지 방법이 있어 매우 의미 있는 일이 됩니다.

그 다음에는 공감한 느낌과 공감되지 않은 느낌에 대해 주위 친구나 연인, 가족, 동호인들과 생각을 나누는 것입니다. 영화의 주제, 주인공의 연기, 배경 등에 대해서 식사를 하거나 차를 마시며 생각을 나누다 보면 조금 전에 본 영화 속 내용들은 더욱더 뚜렷해지고 다른 사람의 생각, 관점도 알게 되어 자연스레 나의 영화관을 교정하고 형성하는데 큰 도움이 됩니다.

이런저런 영화에 대한 생각이 정리되면 SNS, 블로그나 홈페이지, 일간지나 관련 매체에 비평을 지속적으로 기고(기재)하는 것이 좋습니다.

내 경우에는 인터넷 신문에 영화 리뷰 형태로 생각을 정리해 기고(기재)하면서 전문편집자들의 의견을 받아 첨삭하게 되어 글이 좀 더 매끈해졌고, 네티즌들이 본다는 생각에 더 치밀하게 글을 적게 돼 여러 면에서 발전이 있었습니다.

특히 많지 않은 방문객이 오는 개인 홈페이지와 달리 인터넷 전문 매체는 비교할 수 없이 많은 네티즌들과 의견을 교환하고 생각을 나눌 수 있어 덤으로 영화를 객관적으로 바라보는 시각을 키우는 기회가 찾아옵니다.

내 경우 2000년 초에 인터넷 신문에 글을 올리고 얼마나 긴장했던지 그때의 생각이 새롭습니다. 처음 올린 글, 그리고 생면부지의 네티즌이 달아준 격려의 글, 반대로 말도 안 되는 영화평이라고 혹평했던 글 등을 대하고 처음에는 서운하고 혼란스러웠으나 그들의 칭찬도, 혹평도 내 스스로가 좀 더 객관적으로 영화를 보고 글을 적는 데 큰 도움이 되었습니다.

매 순간 영화를 보며 이렇게 기록하는 훈련을 하다 보면 자신도 모르게 다양한 변화가 생기기 시작합니다. 우선 영화를 보는 마음이 달라집니다. 조그마한 변화가 시작되는 것입니다. 영화 시작부의 타이틀은 어떤지, 주제음악은 어떤지, 주연과 조연배우의 연기, 조명감독의 조명, 메이크업, 소품, 복선 등을 조금씩 세심하게 들여다보면 영화를 좀 더 깊이 즐길 수 있고, 영상, 음악, 스토리 등에서 발견한 메시지와의 공감 혹은 교감, 아이디어의 내면화로 사고력이 높아지고 간접적이지만 수많은 대리경험을 하게 됩니다.

그런 과정을 오랜 시간 거치다 보면 어느 순간부터 여러분들이 디지털 무비 시대를 주도할 내공이 쌓인 오피니언 리더가 될 수 있을 것이라고 생각합니다.

단순히 보기만 하는 사람과, 보고 느끼고 생각하고 그 생각을 정리해 말하고 인용하고 삶에 활용하는 사람 간의 격차는 시간이 갈수록 확연해질 것입니다.

영화평을 기록으로 남기고 이것을 여러 사람들과 의견을 공유하

우리들 각자의 영화관

는 것만으로도 개인적인 의견과 사회적인 의견의 절충이 되며, 기록으로 남긴 글들은 개인의 기록이자 지적재산권이며 문화, 여론을 주도하는 1인 미디어의 역할을 해내게 되는 것입니다.

추천 영화 리뷰 46

터미널 The Terminal
– 아! 스필버그형 왜 이러세요

개인적으로 스티븐 스필버그Steven Spielberg 감독의 오랜 팬입니다. 작품성은 제쳐두고라도 말이죠. 그가 보여준 탁월한 영화적 감성과 상상력은 젊은 시절 이루지 못한 꿈으로 심한 좌절감을 갖던 내겐 큰 힘이 되기도 했었죠.

〈인디아나 존스〉 시리즈, 〈쉰들러 리스트〉, 〈캐치 미 이프 유캔〉, 〈라이언 일병 구하기〉, 〈A.I〉, 그리고 〈E.T〉. 모두가 스필버그의 감성과 천재적 상상력에서 나온 영화들입니다. 그런데 영화 〈터미널〉은 왜 그랬을까요?

미국 우월주의에 전도된 영화 〈터미널〉에서는 9개월 간 무국적 상태로 JFK 공항에서 로빈슨 크루소가 되는 빅터 나보스키(톰 행크스)의 고국은 가상의 동유럽 국가 '크로코지아'로 그리면서도 그토록 방문코자 하는 미국과 뉴욕의 재즈 클럽은 그대로 내버려둡니다.

영화 전편에 걸쳐 쉼 없이 펼쳐지는 유색인종에 대한 몰이해와 비하, 그리고 비영어권자에 대한 매도는 비하감을 줍니다. 모두 같이 하얀색 티를 입은 중국 관광객들이 일순간 불법 입국자가 되어 공항을 뛰어나가는 코미디 같은 장면에서는 전율하지 않을 수 없습니다.

공항 내 인도인 청소부를 비롯해 남루한 직업은 모두 제3세계 사람들의 독무대이며, 그들의 어설픈 영어 발음과 얼뜬 행동을 통해 미국은 더욱더 기회의 땅이며 삶의 파라다이스로 포장됩니다. 분실물로 포커를 치고, 자신의 직장을 지키기 위해 그들은 아웅다웅합니다. 그들에게 공항은 마치 해방구와 같습니다.

공항에 불시착한 빅터는 〈캐스트 어웨이〉(2001)에서의 톰 행크스, 그리고 〈트루먼 쇼〉(1998)에서의 짐 캐리를 떠올립니다. 무일푼이지만 유료 카트를 모아 버거를 사먹고, 잡일을 하며 무던히 살아가는 빅터의 일상생활은 공항 내 감시 카메라의 곱지 않은 감찰을 받습니다. 하지만 바보온달 같은 빅터는 심성이 곱고 착합니다. 이런 빅터에게 과분한 여자 승무원 아멜리아(캐서린 제타존스)는 평강공주와 같습니다. 그의 관심을 사기 위해 빅터는 힘들게 모은 돈으로 휴고 보스의 양복을 렌털하고, 3주일에 걸쳐 그에게 보여줄 아트월을 만듭니다.

즉흥적이며 감상적인 아멜리아는 결국 빅터와 이뤄지지 못합니다. 동유럽의 허름한 국가 출신의 사람 좋은 빅터에게 아멜리아는 결국 또 하나의 장벽이 되고 맙니다.

용기를 내서 JFK 공항을 빠져 나가려는 빅터, 그리고 그를 돕기 위해 공항의 모든 사람들이 나서는 모습에서는 30년 전쯤 본 듯한 영화 〈록키〉(1977)가 문득 떠오릅니다. 퉁퉁 부은 얼굴을 한 록키는 마지막 신에서 마이크를 잡고 그래도 조국 미국을 사랑한다고 선언합니다.

미국은 매우 규율에 엄하며 원칙을 중시하지만 빅터가 그토록 아버지의 소원을 이루고자 할 때 과분하리만큼 관대해집니다.

늘 그렇듯이 존 윌리엄스의 웅장한 오리지널 사운드트랙은 쉴 새 없이 공항과 연인들을 헤집으며 장엄하게 관객들에게 충동적인 감동을 요구하지만, 이번만은 쉽게 넘어가기가 어렵습니다. 영화의 러닝 타임이 길어지면 길어질수록 더 또렷해지는 현실감과 차분함은 스필버그가 설치해 놓은 감동의 부비트랩들이 하나도 쓸모없음을 말해줍니다.

빅터는 미국에 있어 이방인들의 자화상입니다. 사람 좋고 탁월한 능력도 있지만 결국 JFK 공항에서 빅터는 이방인입니다. 피부색이 다르고 말이 다르며 내란으로 헤매기만 하는 못사는 나라의 이방인, 양다리를 걸친 허접한 바람둥이보다 못한 이방인…

추석마다 기다려지던 성룡의 영화들이 그랬던 것처럼 스필버그도 이젠 그만 놔줘야 할지 모르겠습니다. 스필버그는 수천 평의 JFK 가상공항을 지으며 세트 디자인에만 몰두한 것이 분명합니다. 아니면 확실히 젊은 시절 우리가 가졌던 그에 대한 관심을 통째로 거절하기로 작정했거나. 아쉬운 점이 많은 영화였습니다.
(2004. 9. 7)

디스트릭트 9 Disrtrict 9
– 슬픈 클로징

닐 블롬캠프Neill Blomkamp 감독의 영화 〈디스트릭트 9〉은 슬픈 영화입니다. 그리고 새로운 영화입니다.

미래에 대한 관심이 갈수록 높아지는 요즘 닐 블롬캠프가 영화의 무대로 잡은 남아프리카공화국 요하네스버그 인근의 외계인 집단수용구역 '디스트릭트 9'은 어쩌면 가까운 시일 내에 우리에게 닥칠 암울한 디스토피아의 현장입니다.

불시착한 외계인들이 28년간 수용된 '디스트릭트 9'은 여러 가지 문제로 이전을 결정하고, 외계인관리국 MNU 소속의 주인공 비커스(샬토 코플리)는 막중한 임무수행 중에 감염되어 외계인으로 변해 갑니다. 몰아내야 할 단순한 대상, 핍박해도 될 대상으로 여겨졌던 외계인들을 처리하다 외계인으로 변해 가는 비커스는 인간의 눈으로 인간의 잔인함을 목격하는 비극적 존재입니다. 조금씩 변해 가는 자신의 모습에 절망하던 비커스는 외계인의 힘을 빌어 인간으로 돌아가고자 하고, 비커스를 외계인으로 보는 외계인관리국 요원들은 비커스를 벼랑으로 몰고 갑니다.

디스토피아적 미래를 그리지만 너무나 생생한 묘사에 관객의 마음이 조마조마해지지만, 정밀한 묘사와 불쌍한 비커스의 엔딩 신을 보며 마음이 천 리 만 리 내려앉는 경험을 하게 됩니다. 디스토피아에 대한 꼼꼼하고도 슬픈 보고서는 다시 한 번 우리 자신 속의 잔인함을 돌아보게 합니다. (2009. 11. 13)

엘리시움Elysium
– 훤한 결론

닐 블롬캠프Neill Blomkamp 감독의 〈디스트릭트 9〉 이후 〈엘리시움〉이 개봉됐습니다. 디스토피아를 그리는 데는 아마도 도사인 듯한 닐 블롬캠프의 작품이지만 전작보다는 그래도 희망을 이야기하려는 시도가 보입니다. 영화 속 희망이 결국은 백인에 의한 인류 구원의 전형적이고 상투적인 답습이지만, 시장의 규모나 가치관의 전승이라는 할리우드 논리구조라면 오히려 당연하다고 하겠습니다.

지구는 황폐화되고, 가진 자와 못 가진 자가 사는 곳, 환경이 실제로 달라지면 어떻게 될까를 예측하기에 이 영화는 그야말로 딱입니다. 엘리시움, 선택받은 1%가 완벽한 청정 의료 시스템 하에서 그들만의 영구불멸의 삶을 누리는 곳입니다. 인간은 가지지 못할 때, 도달하지 못할 때 욕망을 가지고 도전합니다.

방사능 노출로 며칠 간의 말미밖에 없는 맥스 드 코스타(맷 데이먼)가 엘리시움으로 가는 험로를 선택하는 것은 필연이지만, 그 과정에서 헐벗은 지구인 99%를 구하기 위해 목숨을 던지는 열사적 의식까지는 좀 과하지 않았나 생각해봅니다. 엘리시움의 지도자 델라코트(조디 포스터)의 똑부러지는 연기와 냉혈한 포스가 엘리시움의 신성함을 돋보이게 합니다.

과도한 블록버스터를 기대하는 분에게는 의외로 서늘하고 단조롭지만, 일찍이 다른 감독에 의해 시도되지 않았던 디스토피아와 유토피아의 직접적 대조를 체험하기에는 〈엘리시움〉이 딱입니다. (2013. 9. 10)

클린Clean
– 지친 삶을 사는 이들의 희망

1980년대 홍콩 영화의 르네상스를 주도한 성룡과 함께 '폴리스 스토리' 시리즈에서 처음 접한 배우 장만옥은 마치 만화영화 '뽀빠이' 시리즈의 올리브를 보는 듯했습니다. 철없고, 약하고, 생떼쟁이에 불과해 성룡 영화의 한 쪽을 지탱하는 꽃과 같은 존재 말입니다.

당시엔 미스 홍콩 출신이라는 화려한 이력만이 연기력이 부족한 장만옥을 지켜주는 보증수표였지요. 하지만 올리비에 아사야스 Olivier Assayas 감독과의 만남과 이혼, 그리고 다시 그와 함께한 저예산 영화 〈클린〉에서 장만옥은 20년의 세월이 그냥 흐르지 않았음을 잘 보여주고 있습니다.

불안한 눈빛과 삶에 찌든 피곤한 얼굴, 펑크 머리에 긴 다리, 쉴 새 없이 피워대는 담배, 마약 중독자이면서 사랑하는 아들 제이와 생이별한 채 프랑스 식당에서 웨이트리스로 살아가야 하는 에밀리 (장만옥)에게 더 이상 희망은 없어 보입니다. 1980년대를 풍미하던 유명한 보컬로서의 수명도 다했고, 잠시라도 마약을 하지 않으면 고통이 그녀를 견디지 못하게 합니다. 시댁의 냉대와 사랑하는 모든 이들에게 마약 중독자, 재기불능의 뮤지션인 에밀리입니다.

아들을 되찾아올 마음에 약도 끊고 눈물겨운 노력을 마다하지 않지만, 여전히 그녀에겐 세상의 편견과 오해는 견디기 힘든 아픔입니다. 게다가 사랑하는 아들 제이에게서조차 냉대 받는 그녀에게 삶은 헤어날 수 없는 악몽입니다. 마지막 재기의 끈을 놓지 않기 위해 샌프란시스코로 떠나는 에밀리는 과연 다시 일어설 수 있을까요?

화려한 은막의 배우, 1992년 〈완령옥〉으로 베를린 영화제 여우주연상을 비롯해 1990년대 들어 〈아비정전〉, 〈동사서독〉, 〈화양연화〉, 〈영웅〉 등 작품성과 대중성에서 뒤지지 않는 작품으로 그녀는 전성기를 쉼 없이 달려왔지만, 개인적으론 올리비에 아사야스와의 이혼으로 쉽지 않은 시간들을 보내야 했습니다. 그 과정에서 장만옥은 삶의 아리고 쓴 맛들을 제대로 익힌 듯합니다.

〈클린〉에서 만난 장만옥은 이젠 거친 삶의 역정을 연기해 내는데 전혀 무리가 없어 보입니다. 영화 내내 거의 똑같은 가죽점퍼에 청바지만으로 연기하는 여자 배우도 찾기 어렵겠지만 영어, 불어, 중국어를 유창하게 열연하는 배우도 드문 일입니다.

장만옥의 시아버지 역으로 조연한 닉 놀테의 엄하지만 온정 넘치는 연기가 〈클린〉을 더욱더 따뜻하게 만들어 줍니다. 장만옥을 위해 만들어진 듯 장만옥과 에밀리가 공존하는 모습이 자주 영화에 비친 걸 제외한다면 닉 놀테를 비롯해 곳곳에 등장하는 조연, 단역들의 연기가 더해져 이 영화가 좋은 평가를 받기에 부족함이 없습니다. 영화의 흐름은 완만하여 물 흐르듯 고요하지만 곳곳에 배우들의 반짝이는 개성들이 살아 있습니다. (2004. 11. 30)

추천 영화 리뷰 50

이터널 선샤인 Eternal Sunshine
– 사랑이 지워질 수만 있다면

주말 오후 늦게 찾은 멀티플렉스 영화관. 객석을 가득 메운 대부분의 커플들은 주로 20대들입니다. 이제 막 사랑을 시작하는 듯 다정하게 손잡고 영화를 보는 모습에서 풋풋한 사랑의 감정들이 퐁퐁

솟아나고 있음이 느껴집니다. 이들에게 사랑의 유효기간은 과연 얼마일까요? 어느 광고에선 1년 6개월 정도라고 진단하더군요. 눈에 콩깍지가 덮인 그 시간이 지나면 어느 순간부터 사랑스럽기만 하던 연인이, 하는 짓 하나하나가 밉고 보기 싫어지고 사소한 일로 다툼이 많아진다고 합니다. 그 경우 일반적으로 유효기간이 지나서 그렇다고 생각들 하지요. 유효기간이 지난 사랑에 지쳐 다툼과 갈등 끝에 헤어지는 사람들에게 지나간 사랑의 기억은 가끔 완전히 지워버리고 싶은 충동을 불러일으킵니다. 특히나 본인의 의사와 상관없이 이별을 당한 사람에겐 더하겠지요.

미셸 공드리Michel Gondry 감독의 〈이터널 선샤인〉은 사랑의 기억을 지워버리고픈 어느 커플의 사랑 이야기입니다. 사랑에 익숙지 못한 샐러리맨 조엘(짐 캐리)은 우연히 시골 역사에서 활발하고 자기주장이 강한 클레멘타인(케이트 윈슬렛)을 만나 사랑에 빠집니다. 평생 못해보고 죽을 것 같았던 극적인 사랑을 하며 조엘은 난생 처음 최고의 행복감에 빠져듭니다. 하지만 이것도 잠시, 자유분방한 클레멘타인과 심하게 보수적인 조엘은 성격 차로 인한 불화를 겪게 되고, 가슴 아픈 말들을 뒤로한 채 헤어집니다.

먼저 이별을 선언한 클레멘타인이 자신과의 기억을 지워버렸다는 사실을 알게 된 조엘은 기억을 지워주는 회사 라쿠나를 찾아가 클레멘타인처럼 기억을 지워달라고 요청합니다. 이제 조엘에게서도 클레멘타인과 함께한 모든 기억이 서서히 사라지기 시작합니다.

조엘이 원하던 대로 기억이 지워지면 과연 사랑의 감정도 모두 사라지게 될까요? 사랑의 기억이 선별적으로 지워진 조엘과 클레멘타인은 모르는 사람이 되어 시골 역에서 다시 만납니다. 그들은 완전히 남남입니다. 기억이 지워졌다면 사랑도 완전히 지워졌겠죠.

코믹 배우의 옷을 벗고 격정적인 사랑의 소용돌이 속으로 뛰어든 짐 캐리와 〈타이타닉〉(1997)의 히로인 케이트 윈슬렛의 사랑과 밀어가 푸른빛 가득한 영상 속에 관객들의 사랑을 돌아보게 합니다. 사랑하던 연인과 가족이 왠지 멀게만 느껴진다면 〈이터널 선샤인〉이라는 110분짜리 링거 주사가 꼭 필요할 듯합니다. 가족과 함께, 연인과 함께 챙겨보면 좋겠습니다. (2005. 11. 14)

추천 영화 리뷰 51

황후화 Curse of the Golden Flower
- 유려한 대서사시

중국 영화감독 중에서 국내 관객들에게 가장 많이 알려진 한 사람이 장이머우張藝謀입니다. 그의 데뷔작 역할을 한 1988년작 〈붉은 수수밭〉을 통해 국내에 처음 소개되었고, 중국 5세대 감독으로 불립니다. 장이머우가 5세대 감독 중에서도 유독 뚜렷한 족적을 보이는 것은 문화혁명을 겪은 세대로서의 감성과 중국의 역사 인식에 기반한 작가주의적 경향 때문이 아닌가 생각합니다.

베를린 영화제 황금곰상 수상으로 국제적인 주목을 받은 〈붉은 수수밭〉의 성공 이후 그의 작품 세계는 여러 평론가들에게 지대한 관심과 비판의 대상이 되고 있습니다. 초기 〈붉은 수수밭〉(1988), 〈국두〉(1990), 〈홍등〉(1991) 등에서 보여준 색감의 미학이나 작가주의적 성향이 〈영웅〉(2002), 〈연인〉(2004) 등에서 발견되지 않고 있다거나, 2008년 베이징 올림픽의 개막식 감독까지 맡아 지나치게 정치와 거대 자본에 결탁되어 있다거나 하는 견해들이 비판의 핵심입니다.

중국의 농촌 현실에 천착했던 그가 2000년대 들어 관심을 보이는 소재는 중국의 고대사입니다. 〈연인〉과 〈황후화〉는 당나라가 시대적 배경이고, 〈영웅〉은 춘추전국시대가 배경입니다. 고대사 속에서 그가 주로 표현하는 경향은 색감을 이용한 주제 표현과 역사의식의 표출입니다.

〈황후화〉는 여러 가지 측면에서 〈영웅〉과 〈연인〉에 이어지는 연작의 느낌이 강합니다. 영화마다 특정한 색상에 대한 강한 집착을 보여준 그가 이번 영화에서 선택한 색상은 황금색입니다. 당나라 말기, 황제(주윤발)에 반기를 든 황후(공리), 아들 원걸 왕자(주걸륜)가 음력 9월 9일 중양절에 대반란을 일으킵니다. 황제는 황후를 죽이려 하고, 황후는 황제에 반하여 반란을 도모합니다. 10만 송이 국화로 단장된 궁궐에서 10만 대군 간에 펼쳐지는 불꽃 튀는 사투는 장엄한 대서사시이자 판타지입니다.

장이머우 감독의 오랜 연인이었던 배우 공리는 몸에 맞지 않는 드레스와 같던 〈마이애미 바이스〉(2006)의 외도 이후에 모정과 애증 사이에서 반란을 지휘하는 황후의 연기로 제자리에 우뚝섰습니다. (2007. 1. 30)

추천 영화 리뷰 52 — 본 얼티메이텀 The Bourne Ultimatum
– 스타일 가득함에 스피드까지

로버트 런드럼 원작의 '제이슨 본' 시리즈는 총 3부작으로 구성되어 있습니다. 〈본 아이덴티티〉(2002)가 첫 편이었고, 〈본 슈프리머시〉(2004)가 2편이었습니다. 〈본 얼티메이텀〉은 그러니까 3편이자 마지막 편이기도 합니다. 청춘스타로 한창 주가를 올리던 맷 데이먼의 파격적인 스파이 변신과 속도감 있는 액션으로 흥행에 성공했던 '본' 시리즈는 갈수록 더 호평을 받는 이례적인 액션 스릴러입니다.

2편에서 감독을 맡았던 폴 그린그래스 Paul Greengrass 감독이 다시 메가폰을 잡았습니다. 할리우드 액션물 치고 전편만한 속편이 나오기 어렵다는 속설을 뒤엎기라도 하듯 맷 데이먼의 거친 액션과 속도감 있는 추격 신, CIA와의 사투는 전편보다 더욱더 강렬해졌습니다. 시리즈의 트레이드마크가 된 긴박한 추격 신, 고난도 스턴트에 빠지지 않고 등장하는 유럽과 미국을 넘나드는 호화로운 해외 로케이션과 격투 신은 팬들의 기다림에 부응이라도 하듯 터질 듯한 스릴을 안겨줍니다.

CIA의 비밀첩보원이었던 제이슨 본의 기억 상실, 그를 제거하려는 CIA의 음모와 추적의 그림자, 그를 돕는 여인들까지 어쩌면 '본' 시리즈는 공전의 히트를 기록한 007 시리즈를 벤치마킹한 듯 도식적입니다. 하지만 폭력적 액션과 강한 긴장감은 007 시리즈와는 확연히 차별화되는 큰 매력입니다.

〈굿 셰퍼드〉(2006)에서 비밀스럽지만 과묵한 스파이로 등장했던 맷 데이먼의 과격한 킬러 본능과 기억을 되찾기 위한 고초는 역대 스파이물의 어느 배우에게서도 느껴보지 못한 리얼리티가 가득합니다. 과도한 몸 개그나 장난기 가득한 스파이물에 지쳐 있는 관객이라면 〈본 얼티메이텀〉이 완벽한 치료제가 될 듯합니다. (2007. 9. 6)

추천 영화 리뷰 53

카핑 베토벤 Copying Beethoven
− 천재들의 영적 교감

신과 인간의 영혼을 연결할 다리로 신이 인간 세상에 내려 보낸 음악가 베토벤. 오랜 세월이 지나도 그의 명성과 작품에 대한 찬양은 끝이 없지만 사실 그의 말년은 불행의 연속이었습니다. 청력은 갈수록 약해져 청중의 웅성임은 물론이고 환호하는 박수소리조차

들을 수 없었습니다. 생의 끝이 얼마 남지 않았음을 직감이라도 한
듯 9번 교향곡 '합창'을 기어이 완성하려는 그의 의지는 강해져만
가지만, 괴팍한 기행으로 인해 그의 주위에는 사람이 없습니다.

아그네츠카 홀란드 Agnieszka Holland 감독은 생의 마지막 열정을 불
태우는 베토벤과 그의 말년을 함께하는 천재 여성 음악가로 가상의
인물 안나 홀츠를 설정해 9번 교향곡의 완성과 초연에 이르는 모든
과정을 리얼하고 환상적으로 만들어냈습니다.

영화 초반부 대푸가와 함께 안나 홀츠가 그를 찾아가는 부분에
서 느껴지는 스산함과 묘한 기대감은 중반부로 넘어가며 '합창' 교
향곡 연주 신에서 두 배우의 내면 연기와 더해져 클래식에 문외한
인 사람들에게도 흥분에 가까운 감동을 줍니다.

베토벤 역의 에드 헤리스는 〈폭력의 역사〉(2006)에서 보여준 그
섬뜩한 이미지를 〈카핑 베토벤〉에서도 여지없이 발휘합니다. 1년
이 넘게 베토벤이 되기 위한 각고의 노력이 그를 18세기 빈의 천재
음악가 베토벤으로 완전히 바꿔놓았습니다.

소리를 들을 수 없게 되면서 세상과도 담을 쌓게 된 베토벤과 영
혼의 교감을 나누는 안나 홀츠 역의 다이앤 크루거는 조금도 모자
람 없이 에드 헤리스의 대칭점에 서서 감동을 완성해 냅니다. 여성
음악가에 대한 멸시와 비하로 가득했던 18세기, 베토벤의 악보를
옮겨 적는 카피스트를 자처하며 베토벤을 완벽히 리드해 가는 그녀
의 손길은 원래 그녀의 직업이었던 발레리나의 솔로 공연을 지켜보

는 듯 부드럽고 유려합니다. 자존심과 고집, 때로는 여성적인 섬세함으로 〈카핑 베토벤〉을 완성한 다이앤 크루거의 매력은 빼놓을 수 없는 감상 포인트입니다. 할리우드에선 좀처럼 만나기 힘든 탄탄하고도 짜릿한 구성의 웰 메이드 무비입니다. (2007. 10. 8)

아르헨티나 할머니 Argentine Hag
– 비현실적인 현실

국내에서도 폭넓은 독자층을 확보하고 있는 일본의 여류작가 요시모토 바나나의 동명 원작소설을 영화화한 작품으로, 특유의 문체로 일상의 고독과 상실감을 토로하는 '요시모토 바나나식' 순수함이 가득한 영화입니다.

그녀의 실제 이름은 요시모토 마호코입니다. '바나나'라는 독특한 필명에서 알 수 있듯이 그녀는 간결하고 투명한 문장 속에서 소소한 감동을 주는데 주력하는 소설가입니다. 그녀의 소설 〈키친〉, 〈티티새〉에 이어 세 번째로 영화화된 작품이지만 국내에서는 첫 개봉작입니다.

사람들은 살다보면 뜻하지 않게 사랑하는 사람과의 이별을 맞이하게 됩니다. 현실에서의 헤어짐뿐만 아니라 연인이나 배우자, 부모의 죽음, 그리고 친구의 죽음도 견디기 힘든 상처이자 아픔입니다.

어머니를 잃은 미츠코(호리키타 마코)의 상처도 크지만, 그녀를 끔찍이도 사랑했던 아버지 사토루(야쿠쇼 코지)는 아내의 죽음을 받아들이길 거부한 채 현실도피를 선택합니다. 미츠코는 그 후 6개월의 시간이 지난 후, 어린 시절 동네아이들의 놀림과 두려움의 대상이던 마을 어귀 속칭 아르헨티나 할머니 유리(스즈키 교카)의 빌딩에서 만다라를 만들며 살고 있는 아버지를 우연히 발견합니다.

이 영화에서 가장 특이한 공간은 부녀간의 갈등이 벌어지고 화해가 이뤄지는 '아르헨티나 빌딩'입니다. 처음 미츠코가 아버지를 찾아왔을 때 이 공간은 음습하고 냄새나는 곳이었지만, 어머니를 떠나보내기 싫었던 아버지의 두려움과 외로움을 이해하게 되면서 화해의 공간으로 자리매김합니다. 탱고 음악이 펼쳐지는 가운데 아픔을 이겨낸 미츠코와 유리의 옥상 댄스는 따스한 봄햇살과 같이 싱그럽습니다.

원작소설을 읽지 않은 팬들이라면 언뜻 이해하기 어려운 마녀 스타일의 유리와, 갈등과 치유가 동시에 일어나는 그녀의 빌딩, 마태차, 탱고 댄스 등은 언뜻 보면 매우 비현실적이지만 뜻하지 않은 이별로 깊은 상처를 받은 이들에겐 오히려 현실에서 꼭 필요한 공간과 캐릭터들이 아닌가 생각됩니다. 다분히 비현실적 설정이지만 차분한 어조와 동화적 상상으로 일상의 고독과 상실감을 치유해주는 영화입니다. (2007. 12. 24)

추격자 The Chaser

― 주목받는 이유 세 가지

나홍진 감독의 데뷔작 〈추격자〉는 지나치게 여성을 비하하는 대사나 폭력, 잔혹한 살인 장면이 많고, 18세 이상 관람가라는 한계를 가지고 있지만 평단과 관객의 고른 호평을 받고 있는 점을 감안한다면 분명 주목할 이유가 있습니다.

〈추격자〉가 한국적 스릴러로서 주목받아야 할 첫 번째 이유는 두 주연배우의 강렬한 내면 연기에 있습니다. 〈타짜〉(2006)에서 악역 캐릭터로서는 더할 나위 없는 강한 인상을 보여준 김윤석은 영화 속에서 전직 형사이자 출장안마소를 운영 중인 포주 중호 역을 맡았습니다. 그가 데리고 있던 여성들이 연쇄적으로 사라지면서 망원동 일대를 헤매던 그는 연쇄살인마 영민(하정우)과 운명적으로 조우합니다. 중호와 영민의 대결에 대해 "동네에서 가장 야비한 개가 잔인한 들개와 싸우는 영화"란 김윤석 본인의 자평처럼 중호는 영민을 동물적으로 추격하고 분노하며 싸웁니다.

전직 형사이자 포주라는 직업 설정에서 드러나듯 잔인함과 집요함으로 무장한 중호에게 영민은 사회악이 아니라 자신의 사업을 방해하는 매우 귀찮은 존재일 뿐입니다. 연쇄살인범을 쫓는 전직 형사란 구도만을 두고 보면 중호는 언뜻 선과 악의 이분법적 구분에서 선의 편에 서 있는 듯하지만 그 역시 포주로서 여성들을 착취하는 또 다른 사회악에 불과합니다.

진리와 정의를 지키기 위해서가 아니라 자신의 이익만을 위해 위험한 싸움에 달려든 중호 역의 김윤석은 연기에 대한 동물적 본능을 보여주기라도 하듯 철저하고 진지하게 영화에 몰입해 있습니다. 직업여성들을 살해하는 연쇄살인마 영민을 연기한 하정우 역시 기존 스릴러에서 익히 봐온 살인자와 매우 다른 모습입니다. 까무잡잡한 얼굴에 어리숙한 표정이 대부분인 하정우는 관객의 머릿속에 쉽게 떠올릴 수 있는 악인의 모습을 찾아볼 수 없어 더욱더 섬뜩하고 공포스럽습니다. 영민은 영화 속에서 죄책감을 느끼지 않는 살인마, 이른바 사이코패스입니다.

두 번째 이유는 기존 스릴러 영화의 전형성을 탈피한 영화의 구성에 있습니다. 앞에서도 말했듯이 〈추격자〉는 선과 악의 구분이 매우 어렵습니다. 전직 형사에 포주인 중호든 살인마 영민이든 결국은 사회적 약자에 대한 직, 간접적인 가해자들입니다.

나홍진 감독은 결국 똑같은 인간들이라고 설명합니다. 어느 누구도 선한 편에 두지 않았다는 말입니다. 감독은 두 사람 모두를 사회적인 부조리 현상에 대한 가해자로 설정해 영화를 전개하고, 남겨진 평가들은 관객에게 맡긴다는 생각입니다. 이런 파격적인 구성은 중호와 영민의 현재 상황을 과거사에 의존해 풀려 하지 않는다는 점에서도 나타납니다. 통상 스릴러는 살인마의 현재 살인 행위의 원인을 가족사나 과거의 행적에서 찾으려 하지만 〈추격자〉는 두 사람의 과거에 대한 정보를 거의 주지 않습니다. 스릴러 영화에서 범행을 이해시키기 위해 관습적으로 사용돼온 과거사를 사용하지 않음으로써 오히려 영화는 클라이맥스로 치달으면서 극의 긴장감과 관객의 몰입을 배가하는 효과를 거두고 있습니다.

세 번째는 〈추격자〉가 스릴러로서 재미와 공포를 유지하면서 한국 사회의 문제점에 대해 때론 코믹하게, 때론 날카롭게 파헤치고 있다는 점입니다. 중호가 처음 조우한 영민을 격투 끝에 붙잡아 경찰에 넘겨도 수사는 지지부진하고 경찰 내부는 실적 다툼만 일삼다가 영민을 풀어줍니다. 그들에게 진정 두려운 건 연쇄살인마에 의한 시민의 피해가 아니라 오물에 피습당한 시장 사건으로 인한 상부의 문책입니다.

경찰조직 내부 뇌물고리와 업체 갈취, 전직 형사의 불법 영업이 버젓이 자행되고 있고, 피해 여성의 안타까운 구조 요청은 무관심 속에 방치되기 일쑤입니다. 영화는 사회적인 부조리를 날카롭게 지적하고 있지만 애써 해결책을 제시하기보다는 관객들 스스로가 부조리에 대한 냉정한 시선을 갖게끔 유도하고 있습니다. (2008. 2. 20)

데어 윌 비 블러드 There Will Be Blood

− 석유 잔혹사

1889년 미국 서부. 알콜 중독자 다니엘 플레인뷰(다니엘 데이 루이스)는 아들 H.W와 함께 석유를 따라 리틀 보스턴으로 흘러들어옵니다. 금광 채광업자였던 그에게 유정 발굴 사업은 새로운 부의 원천이란 확신이 있었기 때문입니다. 부의 창출을 위해 물불을 가리지 않는 다니엘 플레인뷰는 그의 앞길에 걸리적거리는 모든 것들을 제거하며 석유 재벌의 꿈을 키워갑니다.

〈매그놀리아〉(1999), 〈펀치 드렁크 러브〉(2002)로 국내에 알려진 폴 토마스 앤더슨 Paul Thomas Anderson 감독은 석유개발업자 다니엘 플레인뷰의 눈에 비친 서부개척사를 완벽한 한 편의 영화로 만들어 냈습니다. 업튼 싱클레어의 원작소설 '오일'을 각색한 이 영화는 석유업자의 탄생과 쇠락을 지켜보는 인간 드라마이자 석유자본과 종교가 첨예하게 대립한 사회성 짙은 영화이기도 합니다.

가상의 도시로 선택된 리틀 보스턴을 무대로 다니엘 플레인뷰의 야망과 제3계시교의 엘라이(폴다노) 간의 숙명적인 싸움은 미국의 개척사를 보는 듯 섬세하고 섬뜩합니다. 200년에 불과한 미국의 개척사에서 오늘의 대국을 이루기까지 수단과 방법을 가리지 않았던 자본과 종교의 분쟁과 갈등은 영화 속에서 나와 아직도 진행 중입니다.

〈데어 윌 비 블러드〉의 포인트는 역시 주인공 역을 맡은 다니엘 데이 루이스에게 있습니다. 소름끼칠 듯 오싹한 다니엘 플레인뷰의 눈매와 승부사적인 연기는 역시 그가 적역입니다. 과작으로도 잘 알려진 다니엘 데이 루이스는 영화 속 갈등의 요인인 제3계시교의 엘라이 역을 맡은 폴 다노조차 평소에 공포심을 느낄 정도의 오싹한 연기를 마다하지 않습니다.

'연기는 일종의 철학적인 게임'이라며 자신의 연기력에 대한 주관적 평가보다는 관객 개개인의 판단에 맡기는 그의 태도에서 작품에 대한 높은 집중도와 연기에 대한 자신감을 찾아볼 수 있습니다.

황금에 대한 인간의 억누를 수 없는 욕망과 충돌, 그리고 파국적인 결말은 영화 한 편이 관객에게 선사할 수 있는 모든 것이 들어있습니다. (2008. 3. 23)

버킷 리스트 The Bucket List
– 죽기 전에 꼭 하고 싶은 것들

누구나 끝을 향해 달려가는 것이 인생입니다. 평생을 후회 없이 살기도 어렵겠지만, 평생 하고 싶은 일만 하고 살 수도 없는 게 인생이기도 합니다. 하지만 죽음을 목전에 두고서, 살아생전 해보지 못한 일들이 많이 떠오른다면 너무 아쉽겠죠?

에드워드(잭 니콜슨)는 자수성가형 갑부입니다. 남은 일생을 다 쓰고도 남을 거부를 이뤘지만 자신 소유의 병원에서 진단 결과 살날이 얼마 남지 않았음을 알게 됩니다. 카트(모건 프리먼)는 자동차 정비공입니다. 에드워드처럼 거대한 부를 쌓지는 못했지만 단란한 가정의 가장이자 할아버지입니다. 상식 퀴즈 프로를 틈나는 대로 지켜보며 공부도 열심인 사람이지만 그 역시 에드워드와 한 병실에서 죽음을 기다려야 하는 처량한 신세입니다.

다혈질에다가 악착같은 에드워드와 침착하고 조용한 카트는 서로 어울려 보이지 않지만, 같은 병실에서 얼마 남지 않은 삶이란 공통점을 발견하고 급속히 가까워집니다. 카트의 주도로 작성된 버킷 리스트는 암울한 병동에서 죽을 날을 기다리기보다 죽기 전에 해보지 못했던 일들을 해보자는 두 사람의 의기투합을 이끌어냅니다.

〈해리가 샐리를 만났을 때〉(1989), 〈어 퓨 굿맨〉(1992) 등으로 잘 알려진 롭 라이너 Rob Reiner 감독은 이른바 사형선고를 받은 노년의 암 환자 2명이 로드 트립을 떠나는 과정과 그 속에서 진정한 삶의 의미를 깨닫는 과정을 그리고 있습니다. 아카데미 3회 수상의 배우 잭 니콜슨과 그에 못잖은 연기파 배우 모건 프리먼의 투입은 명감독과 함께 멋진 트리오입니다.

하지만 영화는 이 맛있는 소재와 연기력 넘치는 대배우들을 데리고 변죽을 울리는 데 그치고 맙니다. 탄자니아의 세렝게티 초원을 비롯해 세계 전역으로 전용기를 타고 다니는 과정은 드라마틱하

　　　　　우리들 각자의 영화관

지만 그들의 로드 트립 과정이 단지 80일간의 세계일주를 보듯 피상적이고 들떠 있기만 할 뿐입니다. 영화의 주제가 돼야 할 진정한 삶의 의미를 깨쳐 가는 과정은 진부하고, 결말은 약합니다. 좋은 식단, 좋은 양념을 가지고도 머슴밥을 차려낸 연출력에 아쉬움이 남습니다. (2008. 4. 11)

추천 영화 리뷰 58

강철중: 공공의 적 1-1 Public Enemy Returns
- 막싸움의 카타르시스

일주일은 갈아입지 않은 듯한 후줄근한 옷차림에 생채기 가득한 까칠한 피부, 잔혹미와 냉소가 가득 차 보이는 한국판 존 맥클레인 강력반 형사 강철중이 다시 돌아왔습니다. 가끔 먹고 살기 위해 비리를 저지르기에 자신보다 더한 비리를 저지르는 놈을 '공공의 적'이라고 생각하는 형사 강철중에게 공공의 적은 생명을 위협하는 범인이라기보다 그의 몸속에 잠재된 정의의 아드레날린을 한껏 분출시키는 매개체입니다.

강우석 감독의 대표작이기도 한 이 시리즈는 2002년에 1편, 2005년에 2편이 관객을 찾았는데, 개봉될 때마다 오락영화로서의 호평과 흥행에서도 성공해 왔습니다. 이 영화는 흐름상 시리즈의 3편에 해당합니다.

흔한 디지털 효과 하나 찾을 수 없고, 격투사로 가득 찬 콜로세움 경기장을 보듯 여배우 한 명 등장하지 않지만 강철중 시리즈가 매회 흥행 성적을 기록할 수 있었던 것은 맨몸으로 사회악과 맞서는 고집불통 형사의 투혼과 막싸움이 주는 강한 카타르시스가 있었기 때문입니다.

이번 편은 이전보다 더 잔혹하지만 그만큼 유머거리도 함께 늘어났습니다. 1편에선 부모를 죽인 패륜 펀드매니저 조규환(이성재)과 맞상대를 벌였고, 2편에선 형사를 버리고 검사가 되어 사학재단 이사장 이상우(정준호)와 맞서 싸웠다면, 이번에 맞붙을 공공의 적은 어린 중고생들을 조폭으로 양성해 개인의 사익을 취하는 거성 그룹의 회장 이원술(정재영)입니다.

15년 강력반 형사 생활, 체력이며 생활고로 지칠 대로 지친 강철중은 공공연히 사표를 입에 달고 살지만 도축장 살인사건과 고등학생 살인사건을 통해 사건의 배후를 직감합니다. 형사 생활 마지막 기념작으로 이번 사건을 해결하려는 강철중에 맞서 거성 그룹과 이원술도 거센 반격을 준비합니다.

이 영화의 흥행 요인은 여러 가지가 있겠지만, 결국 가장 큰 요인은 고집불통 형사 설경구의 탄탄한 연기력에 있습니다.

〈공공의 적〉 시리즈와 함께 배우로서의 관록을 더해온 설경구는 〈실미도〉(2003), 〈역도산〉(2004), 〈열혈남아〉(2006) 등에서도 유사한 캐릭터를 보여줬지만, 결국 강철중 캐릭터가 그에게 가장 어울리는 웃임을 영화를 통해서 보여주고 있습니다. 공공의 적을 향한 터질 듯한 분노를 감춘 그의 미소는 캐릭터의 리얼리티를 극도로 끌어내고 있습니다.

장진 감독의 재기발랄한 시나리오 전개도 흥행 요소입니다. 강우석과 장진의 만남으로 더욱 주목받은 이번 3편에서 관객과 평론가들의 관심은 결국 두 사람의 조화문제였습니다. 결론적으로 말해서 강우석 감독의 뚝심 연출과 재주 많은 장진 감독의 조화는 절반의 성공으로 보입니다. 거친 기계에 부드러운 윤활유를 바른 듯 장진 감독 특유의 위트 넘치는 대사는 전편들과 비교해볼 때 〈공공의 적〉 시리즈가 가진 거친 매력을 많이 감해 아쉬운 점이 많습니다.

3편에서도 여전히 아날로그 액션은 생생합니다. 영화의 주요 등장인물들이 조폭인 관계로 칼을 사용하는 잔혹한 영상이 전편보다 많아졌지만, 가장 흥미진진하게 볼 장면은 결국 강철중과 이원술의 생사를 건 막싸움 신입니다. 강철중이 예전보다 약해졌다는 관객들의 우스갯소리가 있긴 하지만, 이번 3편의 막싸움 신은 강철중의 건재함과 거친 남자들의 싸움에서 오는 팽팽한 긴장감으로 가득합니다.

문성근, 이문식, 유해진 등 조연과 카메오는 거친 강철중의 질주를 중간 중간 커트해가며 영화의 감칠맛을 더해줍니다. 하지만 주, 조연들의 감정이입을 표현하기 위해 사용한 극도의 클로즈업이 과다해 오히려 긴장감을 떨어뜨리는 역효과를 보여주었습니다.

고집불통 강철중도 세월의 무게를 견디지 못하고 나이 들어가고 있지만 〈공공의 적〉 시리즈가 만들어가고 있는 한국판 형사 영화의 프레임은 여전히 진행 중입니다. (2008. 6. 24)

다크 나이트 Dark Knight
- 슈퍼 히어로의 역설

슈퍼 히어로 영화 속 영웅들의 고뇌묘사는, 일방적인 권선징악식 전개에서 올 수 있는 단조로움을 없애 관객의 긴장을 높이고 슈퍼 히어로의 인간적인 면을 더욱 돋보이게 하려는 경우가 많습니다.

선악의 구분을 명확하게 해서 관객의 카타르시스를 극대화하는 역할과 더불어 슈퍼 히어로가 고난을 극복하고 결국에는 악당을 무찌르게 된다는 점에서 대부분의 할리우드 영화들은 문법적 공통점을 가지고 있습니다.

하지만 크리스토퍼 놀란 Christopher Nolan 감독의 〈다크 나이트〉는 경우가 다릅니다. 밤낮을 가리지 않고 고담시의 평화와 시민의 안전을 지키려는 배트맨(크리스찬 베일)이 선의 편이라면, 고담시의 질서를 송두리째 흔들어 버리려는 조커(히스 레저)는 악의 편입니다.

기존의 슈퍼 히어로 영화들이라면 결국은 고민과 절대 위기를 거쳐 배트맨이 조커를 물리치는 구조라야 하겠지만, 크리스토퍼 놀란 감독은 배트맨이 조커를 물리치는 것에 관심이 없습니다. 아마 감독이 흥행에만 몰두했다면 이보다 더 화려한 영상과 선악의 대결만으로도 쉽게 영화를 풀어갈 수 있었을 것입니다.

악당 조커는 고담시를 혼돈에 빠트리는데 대단한 무기를 사용하지 않습니다. 조커는 배트맨처럼 하늘을 날지도 못하고, 슈퍼카도 없습니다. 흔하게 구할 수 있는 총과 칼, 그리고 다이너마이트만으로 조커는 이 모든 악행을 거침없이 해냅니다. 감독이 배트맨과 조커의 대결 구도로만 몰고 갈 의도였다면 애초에 이 정도의 무력만으로 배트맨을 이기는 것은 불가능했겠죠.

조커의 무력을 강화하는 대신에 감독은 관객들과 논리 게임에라도 나선 듯 조커의 사이코패스적 심리와 게임이론을 이용해서 관객이 영화가 끝날 때까지 카타르시스를 느끼지 못하게 합니다. 권선징악을 통해 카타르시스의 극대치를 기대하는 관객들을 집요하게 괴롭힌다는 느낌이 정확하겠죠.

배트맨이지만 결국 인간일 수밖에 없는 주인공 브루스 웨인은 조커가 아니더라도 이미 존재론적인 모순에 빠져 있습니다. 고담시를 구하느라 불철주야 힘들고 바쁘지만 시민들의 반응은 엇갈리고, 연인 레이첼(매기 질렌홀)과의 사이는 멀어져 갑니다.

배트맨이 존재할수록 공권력의 부실을 질타하는 소리는 강해지고, 조커 류의 악당들의 내성도 강해져만 갑니다. 슈퍼 히어로가 있음으로 사회악이 사라지는 것이 아니고 조커와 같은 절대악은 더욱더 사악해지며 시민들의 반응은 오히려 더 비판적일 뿐입니다. 예를 들면, 조커는 배트맨이 자신의 정체를 밝히지 않으면 시민을 순서대로 죽이겠다고 공언하고, 이를 차례차례 실행합니다. 배트맨이 이를 막지 못할 경우, 오히려 배트맨이 존재함으로 인해 시민이 피해를 입는 역설이 발생합니다. 시민들은 배트맨을 비난하고, 스스로 정체를 밝히라고 요구합니다.

조커는 이 점을 노립니다. 조커는 자신을 잡으려는 배트맨, 그리고 고담시의 대표 검사 하비 덴트(아론 에크하트)가 겉으로는 절대선의 대변자처럼 보이지만 한 꺼풀만 벗겨 인간 본성을 들여다보면 모두 다 같다는 생각입니다. 테러의 목적이 재산을 모으기 위한 것이 아니고, 육체적 통증을 그다지 느끼지도 않으며, 삶에 대한 집착도 강해 보이지 않는 조커에게 배트맨은 자신의 존재를 더욱 돋보이게 하는 재미난 롤플레잉 게임 상대에 불과한 것입니다.

배트맨 속에 내재된 인간적인 공포와 두려움, 나약함 등을 끄집어내어 존재의 무력감에 빠져들도록 만들어가는 조커의 캐릭터와 치킨 게임이 영화의 매력입니다. 152분이 넘는 긴 러닝 타임을 화려한 영상에만 의지하지 않고 독특한 조커 캐릭터를 만들어낸 크리스토퍼 놀란 감독의 서사 능력과 자신감이 돋보입니다.

〈다크 나이트〉의 압권은 배트맨이 고담시의 상공에서 검은 날개를 펼친 채 활공하는 장면이 아니라 그를 쉼 없이 괴롭히는 조커의 내면 연기에 있습니다. 〈브로크백 마운틴〉(2005)의 말랑말랑한 주연 배우 애니스를 생각하는 관객들에게 〈다크 나이트〉의 조커 히스 레저의 변신은 끔찍할 만큼 놀랍습니다.

'배트맨'과 '조커'로 대변되는 선과 악의 이분법적 대결구도는 영화가 전개될수록 클라이맥스와 속 시원한 결론으로 달려가지 않고 끊임없이 악이 양산되는 구도로 변합니다. 어느 누구도 속 시원하게 승리하지 못하는 판을 짜면서도 잠시도 관객의 긴장이 풀리는 것을 허용하지 않는 감독의 연출력이 얄밉도록 집요합니다.

크리스토퍼 놀란은 〈메멘토〉(2000)에서 전직 보험수사관이었던 주인공이 아내를 살해한 범인을 추적하는 과정에서 보여준 반전과 결말의 노하우를 더욱 발전시켜 〈다크 나이트〉에 쏟아 부은 듯합니다. 〈다크 나이트〉는 크리스토퍼 놀란 감독의 연출력에 더해 자신의 모든 감성과 배우적 역량을 쏟아 부어 '조커'라는 캐릭터를 완성하고 떠난 히스 레저의 영화입니다. (2008. 8. 11)

다찌마와 리 Dachimawa Lee
― 자칭 B급 영화의 당돌함

류승완 감독의 〈다찌마와 리: 악인이여 지옥행 급행열차를 타라〉는 지극히 근래에 보기 드문 당돌하고 촌티 나는 영화입니다.

1960, 70년대 한국 액션 영화의 제작 방식을 그대로 도입했다는 핑계 삼아 후시녹음을 감행하고, 미남 스파이 다찌마와 리(임원희)가 5개국 6개 도시 올로케이션을 감행했다는데 촬영 장소는 모두 국내라고 감독이 사전 인터뷰에서 미리 밝혀 버립니다. 영화를 보며 관객들이 찾아낼 옥에 티를 감독이 미리 다 말해버린 데다 서사 구조를 나눠 영화 자체를 분석하기에도 매우 곤란한 영화입니다.

하지만 억척스러운 1960, 70년대 제작 방식 재현이란 촌스러움에도 불구하고 이 영화의 소통방식이 꽤나 매력적인 것은 사실입니다. 40대 이상의 관객들이라면 추억열차를 탄 듯 어린 시절 3류 재개봉관에서 접하던 후시녹음 영화의 추억, 어설픈 남녀 배우의 치정과 멜로, 그리고 상영 중에 한 번쯤은 꼭 끊어지던 필름과 야유의 추억들이 영화 속에서 한참이나 되살아납니다.

어설픈 대사, 엽기적인 눈물 신, 싱크가 맞지 않는 대사에 슬랩스틱한 배우들의 연기. 모두 흠잡을 것들밖에 없지만 류승완 감독은 그게 그 당시 대세였고, 그 때를 오마주한 거라며 자랑스러워하니 탓할 수도 없습니다. 〈다크 나이트〉와 같은 디지털 블록버스터 류의 첨단영화가 여름 성수기를 지배하는 시대에 30~40년 전 박노식, 장동휘, 허장강 등 대배우들이 연기했던 한국식 액션 영화의 복원은 류승완 감독이 좀 짱이라고 자신의 영화를 코믹하게 평가한 것과는 달리 솔직히 말해 시대에 뒤처져 보이는 게 사실입니다.

우리들 각자의 영화관

하지만 〈다찌마와 리〉는 역설적으로 몇 가지 측면에서 시대를 개척해가는 영화입니다. 영화를 유심히 본 관객이라면 금방 알아차렸겠지만 1960년대 액션 영화의 플롯과 제작 방식은 대부분 그대로 가져오되 유머 감각은 업그레이드되고 무술감독 정두홍이 만들어낸 액션 신은 그 스피디함과 정교한 합이 의외로 느껴질 만큼 강합니다.

촌스러운 문어체의 남발 속에 숨어 있는 화려한 액션은 영화의 지향점을 보여주는 것입니다. 류승완 감독은 과거 어려운 여건에서 액션 영화를 만들었던 선배들을 추모하며 그만의 방식을 통해 액션 영화의 계승적 발전을 추구하고 있는 것입니다.

2000년 당시 약 30분 분량의 인터넷 영화로 100만이 넘는 조회수를 과시하며 인기를 끌었던 다찌마와 리의 영화판 버전인 〈다찌마와 리〉는 B급 영화임을 표방하지만, 감독이 풀어낸 엽기 발랄한 실력들은 〈패싸움〉(1998)을 시작으로 〈아라한 장풍 대작전〉(2004), 〈짝패〉(2006)로 이어오는 과정에서 체득한 액션 영화의 경험과 실패들이 밑거름이 되었음을 부인할 수 없습니다. 〈다찌마와 리〉는 추억 상품을 구입하려는 올드팬들과 류승완 감독의 전작을 이해하는 마니아 관객들의 영화입니다. (2008. 8. 17)

좋은 영화의 기준은 무엇인가?

이제 좋은 영화의 기준은 무엇인가에 대해서 함께 생각해봅시다.

좋은 영화란 어떤 영화일까요? 예를 들어보겠습니다. 코미디언 출신 심형래 감독의 2007년작 판타지 액션물 〈디워〉를 한국인의 기술력으로 만든 자랑스러운 시각효과 만점의 영화로 보는가 하면, 〈디워〉라는 영화는 태어나서는 안 될 최악의 영화로 보는 사람이 있습니다.

〈디워〉에 대한 양자의 판단에는 아마도 여러 가지 것들이 복합적으로 작용했을 것입니다. 국내에서만 해도 800만 명의 관객을 동원한 이 영화를 두고 2007년 당시 벌어진 논쟁은 뜨겁고도 대단했었던 기억이 납니다.

누구의 평가가 맞다거나 틀리다고 감히 결론 내릴 수준은 안됩니다만, 〈디워〉가 이룬 성취와 노력을 감안해 따뜻한 시각으로 봐온 관객들 입장에서는 아쉬움이 많았을 것입니다. 한 작품을 앞에 둔 찬반 논쟁은 비단 〈디워〉 외에도 과거에도 그렇고, 지금도 진행형이며, 매우 사례가 많습니다.

〈디워〉 논쟁에서도 드러나듯이 주관적인 잣대가 작용하는 좋은 영화의 기준은 과연 무엇일까요? 영화이론이나 개인적인 경험, 학식, 관심사, 장르, 주제 의식 등등 무수히 많을 것입니다. 〈디워〉는 그런 면에서 많은 논쟁 요소를 갖추고 있는 영화가 맞기는 합니다. 그 판단 중에 일부분은 전문 영화감독이 아닌 한국인들이 다 아는 코미디언 출신 감독이 만든 영화라는 선입견도 한몫했을 것입니다.

다양한 논쟁은 영화산업 자체의 발전을 위해서도 매우 중요하고 필요하겠지만, 작품성보다는 볼거리 위주에 집중해 만든 영화에 대해서 과연 어느 선까지의 기준과 잣대를 적용할지는 모두 다 함께 생각해봐야 할 문제입니다.

내가 판단하는 좋은 영화의 기준은 7가지입니다. 물론 이것은 내가 영화를 보면서 판단한 개인적 기준이며, 학자나 평론가, 비평가 등 사람들마다 매우 다를 수 있다는 점을 이해하고 들어주시길 바랍니다.

첫 번째는 영화 주제의 적절성 및 일관성입니다. 감독이 관객에게 던지고 싶은 주제가 사회적으로 뿐만 아니라 문화적으로도 함께 생각해보거나 곰곰이 들여다볼 필요가 있으며, 영화가 전개되는 내내 일관되게 그 주제로 전개되고 결론을 도출해내고 있다면 그 영화는 좋은 영화라고 생각합니다.

예를 들어봅시다. 흥행 성적과는 무관하게 본다면 스티븐 달드리Stephen Daldry 감독의 영화 〈더 리더: 책 읽어주는 남자〉(2008)의 안타까움, 사랑, 역사적 진실이라든가, 이환경 감독의 영화 〈각설탕〉(2006)에 표현된 인간과 동물의 교감, 이창동 감독의 〈밀양〉(2007)의 용서와 구원, 샘 멘데스Sam Mendes 감독의 〈레블루셔너리 로드〉(2008)에서의 진정한 사랑과 부부애 등은 영화 속에서 전개와 갈등을 통해 일관되게 진행되고 결말로 향하며 관객들에게도 감독이 의도한 대로 잘 전달되고 있습니다. 만약에 영화의 주제가 이리 저리 헤매고 의미 없이 계속 바뀐다면 영화를 보는 내내 관객들은 영화에 대한 이해조차 하지 못한 채 시간을 보내게 될 것입니다.

두 번째는 배역의 적절성 및 배우들의 연기의 조화가 잘 된 영화가 좋은 영화라고 할 수 있습니다.

특히 주연배우의 캐스팅 적절성, 연기력(내면 및 외면 연기의 조화)은 무엇보다 중요합니다. 감독이 영화를 이끌어가는 선장이라면 주연배우는 큰 배의 조타수와도 같아서 주연배우 선정이 잘못될 경우 그 영화의 흥행이든 작품성이든 무엇 하나 기대하기 어렵습니다.

주연배우의 선정에 더해서 조연배우의 캐스팅 적절성 및 연기력 역시 빼놓을 수 없이 중요합니다. 주연배우가 아무리 몰입해 연기를 잘 한다 하더라도 조연배우가 이를 받쳐주지 않으면 영화는 산만하고 집중하기 어려운 2류 드라마가 될 것입니다. 축구나 농구, 배구처럼 여러 명이 함께하는 스포츠와 같이 수십 명 이상의 등장인물이 나오는 영화에서 주연배우 혼자 모든 것을 책임질 수는 없기 때문입니다.

〈괴물〉(2006)의 변희봉, 〈마더〉(2009)의 진구, 〈밀양〉(2008)의 송강호, 〈박쥐〉(2009)의 김혜숙, 〈거북이 달린다〉(2009)의 견미리 등과 같은 조연배우들은 조연의 연기선과 영역을 넘지 않으면서도 영화가 종반까지 흐름과 방향을 잃지 않도록 감초 역할을 해냄과 동시에 영화 전체의 흐름을 지탱해냅니다.

세 번째는 음악, 음향의 적절한 조화와 완성도가 높은 영화라야 합니다. 영화 속에는 주제곡을 비롯해 다양한 테마 음악과 효과음 등이 포함되어 있습니다.

음악감독 조영욱은 한 인터뷰에서 '화면만으로는 느끼기 어려운 것을 표현하는 것이 영화음악'이라고 정의한 바 있습니다. 음악은 전체적으로 영화의 분위기를 좌우하고 관객을 몰입시켜 영화를 더욱 흥미롭게 만드는 데 있어서 필수불가결한 요소입니다. 또한 영화의 극적인 변화나 갈등, 주연배우 내면의 미묘한 심리적인 변화 등의 묘사 역시 배우의 연기와 더불어 음악이 필수적입니다.

음향, 대사, 오리지널 사운드트랙이 멋지게 조화된 영화는 일관되게 영화의 스토리를 견인해주며 감독이 의도한 바대로 관객이 몰입하게끔 하는 역할을 하게 됩니다.

영화 〈터미널〉(2004), 〈수퍼맨 리턴즈〉(2006), 〈게이샤의 추억〉(2005) 등에서 환상적인 음악을 만들어낸 존 윌리엄스의 음악, 〈접속〉(1997), 〈공동경비구역 JSA〉(2000), 〈신세계〉(2012), 〈올드보이〉

(2003)의 조영욱 음악감독, 〈달콤한 인생〉(2005), 〈타짜〉(2006), 〈거북이 달린다〉(2009)의 장영규 음악감독 등이 바로 그런 좋은 사례들입니다.

네 번째는 주제와 걸맞는 상영시간의 적절성입니다. 영화는 보통 2시간 내외의 러닝 타임을 가지고 있는데, 주제나 스토리 전개에 따라서 대작인 경우 3시간을 넘는 경우도 있습니다. 제임스 카메론James Cameron 감독의 〈타이타닉〉(1997)의 경우 195분(3시간 15분), 프랑스 코폴라Francis Coppola 감독의 〈지옥의 묵시록: 리덕스〉(2003)의 경우 203분(3시간 23분)의 시간이 소요됐습니다.

물론 무엇보다 중요한 것은 상영시간보다 영화 속에 담긴 주제와 내용, 배우의 연기입니다. 영화 전체를 제반 요소들이 잘 견인하며 3시간이 넘어도 충분히 문제가 없다면 그 영화는 좋은 영화라고 할 수 있을 것입니다.

반대로 90분 내외의 비교적 짧은 영화라 하더라도 영화의 주제나 내용을 제대로 전달하지 못하고 갈팡질팡, 이리저리 헤맨다면 그것은 영화로서는 아무런 의미가 없습니다.

다섯 번째는 스토리 구조의 치밀성입니다. 그 반대의 경우도 있긴 하지만 영화는 통상적으로 시작, 전개, 반전, 결말의 구조를 가지고 있습니다. 반전이 없이 클라이맥스로 가는 경우도 감독의 의도에 따라 물론 있을 수 있습니다.

관람 전의 기대와 달리 뛰어난 감독의 작품이었지만 지나치게 장황한 시작과, 전개에 비해 뒤로 갈수록 맥 빠진 영화를 우리들은 가끔 봅니다. 그것은 여러 가지 이유가 있겠지만 시각적 볼거리에 치중한다든가, 아니면 영화 속 특정 사건, 특정 배경을 좀 더 설명하기 위해 감독이 몰입하는 과정에서 전체적으로 스토리 구조의 치밀성을 잃어버려서 그런 경우가 많습니다.

등잔 밑이 어둡다는 옛 속담이 있듯이 영화 전체를 총괄하는 감독이 여러 가지 이유로 스토리의 치밀성을 해치는 경우가 간혹 있습니다. 결론이 먼저이든 마지막이든 명확한 줄거리를 가지고 관객들이 집중 및 호흡하며 볼 수 있게 시종일관 진행되는가로도 좋은 영화인지 여부를 판단해볼 수 있는 것입니다.

마틴 맥도나Martin McDonagh 감독의 〈킬러들의 도시〉(2008), 시드니 루멧Sidney Lumet 감독의 〈악마가 너의 죽음을 알기 전에〉(2007), 이창동 감독의 〈밀양〉(2008), 데이빗 크로넨버그David Cronenberg 감독의 〈이스턴 프라미스〉(2007)와 같은 영화들은 치밀한 서사 구조를 갖추고 관객들이 시종일관 스토리 전개에 몰두하게 만드는 좋은 영화의 사례라고 소개하고 싶습니다.

여섯 번째는 사회, 문화적인 반향 및 공감하는 메시지가 있는가 하는 것입니다. 영화를 통해서 사회의 부조리나 특정 인물에 대한 잘못된 인식을 개선하거나 새로운 경향으로 문화를 유도하는 영화가 있습니다. 이러한 영화들은 사회의 구성원들이 함께 고민하고 생각해봐야 할 내용을 전달해 영화관의 상영만으로 그치는 것이 아니고 일종의 사회 현상, 문제 제기의 역할을 해서 기존의 사회가 가져온 가치관, 문화, 소외계층에 대한 인식을 변화하게 하는 계기를 이끌어내기도 합니다.

양익준 감독의 〈똥파리〉(2009), 이충렬 감독의 〈워낭소리〉(2008), 이준익 감독의 〈왕의 남자〉(2005), 추창민 감독의 〈광해, 왕이 된 남자〉(2012)는 그런 의미에서 잘 만들어진 영화라고 할 수 있습니다.

마지막으로, 제작 스태프들 간의 조화와 치밀한 노력이 돋보이는 영화가 잘 만들어진 영화라고 할 수 있습니다. 광고계에 몸담았던 경험에 비춰보면 TV-CM 한 편을 만드는 데는 기획, 카피, 촬영, 조명, 분장, 세트 등등 전문 스태프들이 평균 40~50명이 투입됩니다. 후반부 편집작업 인원을 합치면 아마도 한 편의 광고를 만들어 방송에 방영하기까지에는 70~80명의 인력이 소요된다고 보면 되겠습니다.

하지만 영화제작으로 들어가면 이야기가 달라집니다. 방송광고 한 편이 1, 2일 촬영에 편집 포함해서 통상 한 달 내에 만들어진다면 영화는 짧게는 6개월, 길게는 몇 년에 걸쳐서 만들어지는 경우가 있기 때문입니다.

2013년 은퇴를 선언한 미야자키 하야오宮崎駿 감독의 애니메이션이나 미국의 월트디즈니, 픽사가 만들어내는 애니메이션을 생각해보면 그 과정과 투입 인력이 얼마나 많이 드는지 알 수 있습니다.

이 과정에서 다양한 분야에서 전문가들의 역할 분배가 이뤄지

우리들 각자의 영화관

고, 이들 각자의 노력의 조합이 한 편의 영화가 되는 것입니다. 그래서 이들 스태프의 조화와 철저한 노력은 영화의 완성도를 높이는 데 있어 매우 중요합니다.

영화가 개봉되면 늘 시빗거리인 고증을 비롯해 제작, 로케이션, 더빙, 편집, 음향, 조명이 돋보이는 작품으로는 이명세 감독의 〈형사 듀얼리스트〉(2005), 헨리 셀릭Henry Selick 감독의 〈코렐라인: 비밀의 문〉(2009) 등을 추천할 수 있습니다.

픽사의 애니메이션 〈토이 스토리〉(1995), 〈니모를 찾아서〉(2003), 〈월-E〉(2008), 미야자키 하야오 감독의 애니메이션 〈바람 계곡의 나우시카〉(1984), 〈붉은돼지〉(1992), 〈이웃집 토토로〉(1988), 〈하울의 움직이는 성〉(2004) 등 어떤 작품이든 추천의 대상입니다.

관객들은 의외로 객관적이며 냉정합니다. 사극 영화 속의 스토리나 등장인물에도 관심이 많지만 그들이 입은 의상뿐만 아니라 소도구 역시 꼼꼼히 보기에 스태프들의 눈물겨운 노력이 없이는 좋은 영화 소리를 듣기 어렵습니다.

현대사회의 직업이 2만 개가 훨씬 넘는다고 합니다. 그 말은 각 분야의 전문가가 많다는 뜻입니다. 고증이나 의상, 소도구 등에 종사하는 스태프들의 노고가 더욱더 요구되는 것은 역설적으로 작품성을 높이려는 노력이기도 하지만, 갈수록 높아지고 전문화되는 관객의 수준 덕분이기도 합니다.

스태프들의 중요성은 어디 그뿐이겠습니까? 감독을 도와 새로운 시도와 실험, 파격적인 제작 방법으로 기존의 영화와 차별화된 포인트를 만드는 것도 매우 중요합니다. 제임스 카메론James Cameron 감독의 영화 〈아바타〉(2009)가 바로 그런 사례입니다. 영화는 수많은 스태프들의 헌신적인 노력과 장인의식이 조합되어 빚어지는 아름다운 종합예술입니다.

오늘 강의는 여기까지 하겠습니다. 틈이 날 때 미야자키 하야오 감독의 과거 애니메이션을 찾아보고, 그의 애니메이션이 지향하는 주제가 무엇인지 생각해보시기 바랍니다.

추천 영화 리뷰 61
레볼루셔너리 로드 Revolutionary Road
– 현실과 이상의 충돌

〈아메리칸 뷰티〉(1999) 단 한 편으로 명장의 반열에 오를 만큼 탁월한 연출력의 샘 멘데스Sam Mendes 감독의 영화에 〈타이타닉〉(1999)의 주연배우 레오나르도 디카프리오와 케이트 윈슬렛이 주연을 맡은 것만으로도 화제가 됐던 영화입니다. 〈타이타닉〉이 두 연인의 사랑과 영원한 이별을 그렸다면, 〈레볼루셔너리 로드〉는 공교롭게도 이들의 사랑과 그 이후 결혼생활을 그립니다. 영화를 보고 있자면 마치 〈타이타닉〉에서 이루지 못한 사랑을 이어가는 듯한 착각이 계속됩니다.

서로의 매력에 끌려 결혼생활에 골인한 두 사람은 분명히 서로 사랑하고 있습니다. 토닥토닥 여느 부부처럼 다툼도 잦지만 그만큼 화해도 빠릅니다. 모두 다혈질이어서 순간적인 흥분을 참지 못하지만 배우자를 생각하는 마음 역시 다르지 않습니다.

아내의 연극 공연 후 부부 싸움이 컸던 다음 날, 에이프릴은 반복적인 직장생활에 지친 남편 프랭크를 위해 프랑스행을 결심합니다. 프랭크 역시 그녀의 생각에 동의해 부부는 오랜만에 예전의 감정으로 돌아갑니다. 남편이 직장을 정리하고 집을 팔아 프랑스로 떠나 새로운 삶을 살 생각을 하게 된 에이프릴은 흥에 겹습니다. 젊은 시절 자신보다 더 이상주의자에 가깝던 남편도 분명히 좋아할 거란 게 그녀의 생각입니다.

프랭크 역시 오랜만에 들떠 있습니다. 하지만 갈등은 지금부터입니다. 현실을 중시하는 남편과 이상을 중시하는 아내, 프랑스로 떠나야 할 날은 다가오지만 오히려 두 사람 간의 갈등은 깊어 갑니다. "미쳤다는 게 제대로 된 삶을 사는 거라면, 난 미쳐도 상관없어!" 격한 부부 싸움 와중에 에이프릴이 프랭크에게 던진 말입니다. 회사에서 좋은 연봉조건을 제시받은 프랭크는 이러지도 저러지도 못하고, 에이프릴은 속으로만 불만을 쌓아갑니다.

1950년대 코네티컷을 배경으로 진행되는 이 영화는 샘 멘데스의 섬세한 연출도 멋지지만 음악감독 토마스 뉴먼이 풀어 놓은 재즈 선율과 올드팝을 감상하는 것으로도 충분히 즐겁습니다. 그가 〈쇼생크 탈출〉(1994), 〈니모를 찾아서〉(2004), 〈월-E〉(2008) 등의 다양한 장르에서 음악감독을 맡았던 일이 우연이 아님을 알 수 있습니다.

〈타이타닉〉이후 서로 다른 영화에서 탄탄한 필모그래피를 쌓아 온 두 배우, 레오나르도 디카프리오와 케이트 윈슬렛 역시 명성만큼 탁월한 연기를 보여줍니다. 〈타이타닉〉의 성공은 그들의 연기력에 비해 일정 부분 행운이 겹쳤음을 부인할 수 없겠지만, 적어도 〈레볼루셔너리 로드〉에서 열연하는 두 배우에게서 과거의 성과에 의존하려는 모습은 찾아볼 수 없습니다. 둘 다 아역배우 출신이란 공통점도 있지만 〈레볼루셔너리 로드〉에서 보여준 내면 연기는 두 사람이 할리우드를 대표하는 연기파 배우로 성장했음을 알 수 있습니다.

시점만 1950년대일 뿐 지금도 전혀 다르지 않을 부부 간의 갈등과 폭발, 그리고 해소 과정은 의미하는 바가 많습니다. 높은 현실의 벽에 안주하는 남편과 이상을 찾아 훨훨 날기를 원하는 아내, 과연 그들은 의견을 조율할 수 있을까요? (2009. 2. 20)

추천 영화 리뷰 62

박쥐 Thirst
– 치정 스릴러

〈공동경비구역 JSA〉(2000)에서는 잘 드러나지 않았던 박찬욱 감독의 독특한 작품세계가 〈복수는 나의 것〉(2002), 〈올드보이〉(2003), 〈친절한 금자씨〉(2005) 등에서 강렬하게 표출되면서 박찬욱 스타일이란 말이 생겨날 정도로 그의 작품은 충무로 다른 감독들의 작품과 확연하게 다른 게 사실입니다.

〈박쥐〉 역시 박찬욱 감독이 아니었다면 아마도 만들지 못했거나 만들지 않았을 작품입니다. 영화를 관람한 관객은 차치하고라도 평론가들조차도 영화 리뷰를 정리하지 못해 고심하는 걸 보면 이번에도 박찬욱 스타일은 쉽지 않은 내용임이 분명합니다.

관객마다 견해 차이가 있겠지만 개인적으론 〈박쥐〉는 용서와 구원이란 화두를 완성시키기 위해 뱀파이어를 등장시켜 인간 본성에 존재하는 욕망을 한껏 노출시킨 치정 스릴러물이란 생각입니다.

위험한 욕망에 휩싸인 신부 상현(송강호)과 태주(김옥빈)가 핵심 축입니다. 한 사람은 신부, 한 사람은 가정주부이지만 현실의 삶에 만족하지 못한다는 공통점이 있습니다. 우연하게 서로에게 이끌린 이들의 만남은 지나칠 정도로 감성적인 욕망이 매개 고리가 됩니다. 성적 일탈을 꿈꾸는 두 사람에게 사회의 규범은 깡그리 부숴버리고 싶은 장애물일 뿐입니다.

인간의 힘으로 어쩔 수 없는 수많은 장애물들을 제거해주는 역할이 바로 뱀파이어의 괴력입니다. 뱀파이어가 되어 밤하늘을 헤매는 두 사람의 모습은 규범에서 벗어나고픈 인간 군상의 내면세계를 비유적으로 풍자합니다. 뱀파이어의 힘을 빌려 사랑을 이루고 죄책

감에 시달리다 결국 파탄에 이르게 되는 이들의 모습은 역설적이게
도 매우 권선징악적입니다. 〈박쥐〉를 읽는 여러 가지 코드가 있겠
지만 결국 유혹 앞에 노출된 나약한 인간 군상과 그들의 내면적 고
통이란 점에서 지켜본다면 무리가 없습니다.

함께 연기한 배우를 더욱 빛나게 하는 송강호의 연기는 〈박쥐〉
에서도 변함이 없지만 연기 그 자체에 모든 걸 던져버린 듯한 김옥
빈의 헌신은 〈박쥐〉가 포착해낸 최고의 성과입니다. 최종 선택을
앞두고 신자들 앞에서 자신의 한계와 진짜 모습을 보이기 위해 알
몸을 선택한 송강호의 연기 역시 그가 한국을 대표하는 배우가 분
명함을 보여줍니다. 그의 알몸 연기가 상업적 코드로 해석되는 것
이 얼마나 무의미한지를 영화를 관람한 관객이라면 모두 알 수 있
습니다.

박찬욱의 전작 '복수' 시리즈에 익숙한 관객들이라면 〈박쥐〉에
대한 섣부른 기대감이나 무한 거부감을 가질 수도 있겠지만 복수
시리즈에 좀 더 상업성을 가미해 매끈하게 버무린 영화가 〈박쥐〉입
니다. (2009. 5. 2)

거북이 달린다 Running Turtle

― 세태를 제대로 비꼬다

느리게 기어 다닐 뿐 달리는 모습을 한 번도 보여준 적 없는 거북이가 달린다는 이 역설적인 표현에 영화 주제가 암시되어 있습니다. 영화 제목의 거북이는 바로 충남 예산 어느 마을의 형사 조필성과 그의 친구, 후배들입니다. 토끼는 탈주범 송기태구요.

경찰의 수사력을 비웃으며 도피 중인 탈주범 송기태(정경호)가 어느 날 내연녀 경주(선우선)를 만나기 위해 마을로 들어온 날, 조필성(김윤석)은 정직 중인 형사였습니다. 만화가게를 운영하는 5살 연상의 아내(견미리)에게 구박받고 동료들에게도 인정받지 못하지만 아르바이트로 짭짤한 수익을 챙기던 시골 형사는 우연히, 아니 아주 운명적으로 송기태와 한밤중 공터에서 마주 섭니다.

영화는 여러 가지 아이러니가 겹쳐져 있어 관객은 잠시 혼란스럽습니다. 3류 형사 조필성은 정직하지도, 정의를 사랑하지도 않습니다. 물론 책임 회피에 급급한 동료형사들도, 서울 수사대도 마찬가지 꼴입니다. 사회정의를 위해서 자신의 목숨을 바쳐 충성할 공권력이 영화 속에는 없습니다. 우리가 알고 있는 상식 속 선한 주인공이 이 영화에는 없다는 이야기입니다.

반면에 도피 중인 송기태는 잘 생긴 외모에, 구체적인 그의 범죄 행위는 영화 속에서 드러나지도 않았고, 〈추격자〉의 살인마 영민

(하정우)처럼 악행을 일삼지도 않습니다. 적어도 영화 속에선 사랑하는 내연녀와의 해외 도피가 그의 목적일 뿐입니다. 우리가 알고 있는 상식 속의 악인과는 좀 다르다는 말입니다.

적군과 아군이 구분되지 않는 이 영화에서 이연우 감독은 필성과 기태를 대리인으로 내세워 영화의 주제를 이끌어내고 있습니다. 존재하나 제대로 작동하지 않는 공권력은 권위의 상징일 수는 있으나 정의의 상징은 될 수 없습니다. 어쩌면 이 영화는 영화 속 정의의 사도 만들기를 포기한 대신에 집중적으로 공권력의 무능과 무책임함을 강조하려는 의도가 숨어 있습니다.

공권력의 무능과 무책임의 사례는 영화 속 곳곳에서 찾을 수 있습니다. 필성의 동료들은 마을을 살리기 위해 수사력을 강화하기보다는 소싸움 대회 개최에 바쁘고, 형사반장을 비롯한 동료들은 사건 해결보다 본인의 앞가림에 열중합니다. 주인공 필성도 마찬가지입니다.

필성은 탈주범 기태를 잡기 위해 뒹굴고 손발이 긁히고 피부가 찢어지지만 기태는 만만치 않습니다. 필성의 어리숙한 수사에 가족도 등을 돌리고, 서울에서 내려온 수사대 형사들은 오히려 그를 체포하겠다고 난리입니다. 이제 거북이가 나서야 할 때입니다. 공권력은 기태의 뒤꽁무니 따라잡기에도 벅차고, 형사직을 떠난 필성에게는 마을 선후배가 유일한 지원군입니다. 어수룩한 수사와 추격, 민첩하고 대담한 기태! 과연 거북이들은 토끼를 따라잡을 수 있을까요?

신인감독 이연우가 만든 〈거북이 달린다〉는 주, 조연 캐릭터들의 배합이 절묘하고, 배우들의 대사 하나하나에 잔재미가 쏠쏠합니다. 과장된 슬랩스틱으로 관객을 웃기려고 하기보다는 주제를 담은 상황 하나하나마다 조금씩 배어 있는 웃음이 거북하지 않습니다. 웃음 속에 가장의 애환마저 담아내다니 재주가 많은 감독입니다. (2009. 6. 13)

추천 영화 리뷰 64

타인의 삶 Das Leben der Anderen
− 다른 생각에 고뇌하다

전혀 다른 신념, 전혀 다른 생각을 가진 타인의 삶을 엿볼 수 있다면 과연 우리들은 어떤 기분이 들까요?

〈타인의 삶〉은 독일 통일 이전 동독의 비밀경찰 비즐러(울리쉬 뮤흐)가 예술인 부부 드라이만(세바스티안 코치)과 크리스타(마르티나 게덱)의 사생활을 24시간 도청하면서 시작됩니다.

사상과 이념의 자유를 엄격히 통제하던 시절, 위험한 예술인으로 분류된 드라이만은 비밀경찰의 요주의 인물입니다. 비즐러는 드라이만 커플을 처음 본 공연장에서부터 묘한 이끌림으로 도청을 자처합니다. 냉혈한으로 소문난 도청 전문가이지만 비밀리에 듣게 된 이들의 대화를 기록하다 자신이 가지고 있던 신념과 삶에 대한 회의를 느끼게 됩니다.

비즐러의 갈등으로 도청 보고서는 어느 순간부터 왜곡되기 시작하고, 비즐러에 대한 동독 비밀경찰의 의심은 높아지지만 흔들린 신념으로 비즐러의 고뇌는 더욱더 깊어집니다.

2007년 아카데미 외국어 영화상을 수상한 〈타인의 삶〉은 3편의 단편영화 감독 경력뿐인 플로리안 헨켈 폰 도너스마르크Florian Henckel von Donnersmarck의 깜짝 놀랄 연출력에 독일 아카데미 여우주연상을 2회 수상한 마르티나 게덱의 연기가 어우러져 독일 영화의 진수를 보여줍니다.

어두운 암실에서 밀약하던 차갑고 건조한 비즐러의 삶과, 통제와 억압 속에서도 진정한 예술가의 열정을 표현하는 드라이만 커플의 삶은 강하게 대비되지만 어느 순간 하나로 녹아 감동적인 결말을 향해 달려갑니다.

의도적으로 엿보게 된 타인의 삶과 흔들리는 비밀경찰의 심리가 뒤섞이며 만들어 내는 만만찮은 감동이 이 영화를 꼭 봐야 하는 이유입니다. (2007. 4. 9)

우리들 각자의 영화관

수퍼맨 리턴즈 Superman Returns

– 그 분이 오셨어요

수퍼맨이 돌아왔습니다. 1938년 DC 코믹스의 만화 캐릭터로 탄생한 수퍼맨은 그 이후 숱한 TV용 시리즈물이 만들어졌고, 영화로는 1978년 〈수퍼맨 1〉을 시작으로 1987년까지 모두 4편이 제작되었습니다. 그러니까 이번 영화는 4편이 상영된 지 19년만입니다. 돌아온 수퍼맨의 붉은 망토와 푸른색 쫄쫄이에, 가슴에 새겨진 에스자 로고 타입은 영원히 잊혀지지 않을 추억 속 영웅의 모습 그대로입니다.

'엑스맨' 시리즈로 유명한 브라이언 싱어 Bryan Singer 감독이 '엑스맨' 시리즈를 포기하고 만들었다는 소문이나 제작비가 2억 6천만 달러나 들어갔다는 사실 때문에 영화가 반갑기보다는, 볼 것 없고 먹을 것 없던 어린 시절 우리들의 상상력을 한껏 키워준 영웅이 수퍼맨이기에 더욱더 그의 귀환은 반갑습니다.

기저귀를 찬 어린 수퍼맨이 차를 번쩍 들던 모습이나 죽은 연인 로이스를 살리기 위해 지구를 수십 바퀴 돌아 다시 로이스를 살리던 이전작의 모습은 유치하기도 했지만 여전히 수퍼맨을 생각할 때마다 떠오르는 추억의 영상입니다.

크립톤 행성을 찾아 떠난 지 5년 만에 다시 돌아온 수퍼맨은 스토리상 다시금 세계 정복의 야욕을 버리지 못하고 있는 악당 렉스

루터와의 스펙터클한 한 판 싸움을 보여주지만, 테러와의 전쟁에 시달려 자신감이 떨어진 자칭 세계 경찰 미국의 고독한 외침을 대변하는 것처럼 보입니다.

"세상은 나를 필요로 하지 않는다고 하지만 여전히 내겐 나의 도움을 필요로 하는 수많은 사람들의 아우성이 들린다"는 수퍼맨의 내레이션은 세계를 향해 유일한 패권국가로서 미국의 필요성을 강변한다는 느낌이 강합니다.

〈수퍼맨 리턴즈〉의 화려한 영상은 컴퓨터 그래픽의 진수를 보여줍니다. 특히 가장 인상적인 장면인 수퍼맨의 비행 모습은 특수효과의 도움을 통해 더욱더 부드럽고 강인합니다. 영화 전반부의 추락하는 비행기 구출 신은 최고의 특수효과 장면으로 손꼽을 만합니다. 크리스토퍼 리브의 대를 이어 수퍼맨의 행운을 잡은 브랜든 루스는 훨씬 더 DC 코믹스의 캐릭터와 가깝다는 생각이 들구요.

이전작과 같은 액션 블록버스터라기보다 〈딥 임팩트〉(1998)나 〈우주전쟁〉(2005) 류의 재난 영화에 가까워진 점이 아쉽고, 연인에게 더 가까이 다가가지 못하는 수퍼맨의 비애와 고민에 초점을 맞춰 영화를 풀어가다 보니 정작 악당과의 갈등 구조를 만들지 못했다는 점이 영화의 한계로 보여집니다. 하지만 다시 하늘을 나는 수퍼맨을 보는 것만으로도 그를 기다렸던 팬들이라면 행복할 것입니다. (2006. 6. 30)

달콤한 인생 A Bittersweet Life
– 단 한 번의 실수, 치명적인 결말

〈조용한 가족〉(1998), 〈반칙왕〉(2000), 〈쓰리〉(2002), 〈장화홍련〉(2003) 등 영화를 찍을수록 계속 흥행 속으로 진일보하는 느낌을 주는 김지운 감독의 신작입니다(김지운표 영화를 보다 보면 그가 박찬욱 감독보다 더 소문난 장사꾼이 될 기질이 풍부함을 느낍니다).

사회의 어두운 그늘을 상징하는 무대 '크라운 호텔'과 그 속에서 벌어지는 3류 인생들의 비극적 결말, 끊임없이 벌어지는 폭력과 칼질, 주먹과 폭력 이외에는 다른 해결 방법을 모르는 '조직'의 살벌한 암투란 사실만으로도 충분히 누아르적인 요소를 갖춘 이 영화는 거친 몸싸움과 욕설에 크리스털의 파열음처럼 사방으로 튀는 러시아제 총탄이 난무하지만 한여름 밤에 꿈을 꾸는 듯 이상하리만큼 경쾌하고 가볍습니다.

조폭들과 하류인생들이 화면 가득하지만 영화 〈넘버 3〉에서 인기를 끌었던 '지리산 합숙훈련' 식의 느릿한 풍류 대신 숨 가쁜 전개 속에 구석구석 감초와 같은 조폭 조연들의 '악마적' 연기를 버무려 넣어 러닝 타임 2시간을 잊게 할 만큼 영화 보는 재미가 쏠쏠합니다.

아르마니풍 슈트가 어울리는 조직의 잘 생긴 넘버 2 선우(이병헌)는 보스인 강사장(김영철)의 어린 연인을 감시하라는 3일간의 특명을 받습니다. 어린 연인 희수(신민아)가 만약에 바람을 피우면 처단해도 좋다는 살인명령(?)까지 받은 채 말이죠. 말쑥한 블랙 슈트에 노타이 차림, 결전을 앞둔 때는 스카이라운지 '라 돌체 비타'에서 에스프레소 한 잔으로 마음을 다잡으며 냉혈하게 살아온 선우지만 희수와의 첫 만남은 큰 폭풍과 같습니다.

보스의 지시에 순종하며 7년을 달려온 2인자 선우. 그는 생애 처음으로 그의 기준으로 판단을 내린 후 쓰디쓴 파국 속으로 깊이 빠져 듭니다.

"치명적인 사랑은 언제나 깊은 상처가 남습니다." 하지만 치명적인 사랑의 결과를 알면서도 사랑을 선택할 수밖에 없다면 그 사랑의 달콤한 유혹은 선우가 아닌 우리들이라 하더라도 쉽게 피할 수 없을 듯합니다.

사슴 같은 큰 눈을 가지고도 냉혹함과 복수의 화신으로 변신할 수 있는 이병헌이 영화의 스타일을 잡고 있다면 황정민, 이기영, 김뢰하, 오달수로 이어지는 믿음직한 조연들은 영화의 전체적인 톤을 잡아 관객이 잠시도 눈을 떼지 못할 만큼 흥미롭고 볼 만하게 만들어줍니다.

주윤발의 〈영웅본색〉(1986)을 시작으로 한 시대를 풍미했던 홍콩 누아르 액션을 보며 부러움을 연발했던 마니아들에게 김지운은 상쾌한 이른 봄날 아침 느낌처럼 신선하게 한국형 누아르의 가능성을 보여줍니다. (2005. 4. 6)

킬러들의 도시 In Bruges
– 엉뚱함 속의 비범함

"기존 갱스터물에서 탈피하고 싶었다"던 마틴 맥도나 Martin McDonagh 감독의 범상찮은 갱스터 영화입니다. 킬러가 등장하고, 살인과 총격, 그리고 잔혹함이 여과 없이 등장하지만 유머러스함에 더해 이상하게도 영화 전반에 온기가 흐릅니다. 잔혹하다거나 치밀하다거나 증거를 남기지 않는다거나 하는 흔히 우리가 기억하는 킬러 영화의 문법은 크게 다르지 않습니다.

영화 속 노장 킬러 켄(브렌단 글리슨)과 레이(콜린 파렐)는 소위 프로페셔널입니다. 총을 못 쓰는 것도 아니고, 보스의 미션 수행에 어수룩한 것도 아니지만 스테레오 타입과는 꽤나 거리가 있습니다. 켄과 레이, 똑 같은 킬러이지만 두 사람의 차이가 있다면 중년의 킬러 켄이 신중하고 정적인 반면에, 젊은 레이는 충동적이며 치밀하지 못합니다. 혈기 넘치는 레이는 킬러가 직업이지만 일반인처럼 여유를 즐기고, 연인과 사귀고 싶어 합니다.

영국에서 대주교를 살해하는 과정에서 문제가 생겨 벨기에의 관광도시 브뤼주로 도피한 이후 벌어지는 해프닝을 그린 이 영화의 가장 큰 특징은 전개의 엉뚱함에 있습니다. 킬러들의 세계에 존재한다는 그들만의 원칙, 킬러가 킬러를 살해해야 한다거나 킬러가 또 다른 킬러를 동정한다는 설정, 쉴 새 없이 인종차별적인 발언을 쏟아내는 딱따구리 같은 킬러의 존재 등이 그런 것입니다. 기존의 갱스터 무비와 차별화하겠다는 마틴 맥도나의 공언은 영화가 전개 될수록 한 치의 틀림도 없습니다. 엉뚱함 속에 진지함이 있고, 진 지함이 오히려 코믹함을 불러오는 전복적顚覆的 전개는 기존의 영화 에서 쉽게 볼 수 없었던 방식입니다.

또 다른 특징은 주연배우들의 연기력입니다. 킬러들의 우울함, 의리, 분노, 불안, 삶에 대한 강한 연민 등을 영화 속에서 모두 표 현해낸 콜린 파렐과 브렌단 글리슨, 그리고 이들의 보스 역의 랄프 파인즈는 정교한 합을 짜놓은 듯 오차 없는 연기를 보여줍니다.

벨기에의 베네치아라고 불리는 중세풍의 작은 도시 브뤼주는 영 화의 또 다른 특징이자 배역입니다. 인생의 종점에 도달한 킬러들 이 그들의 삶과 의리, 그리고 명분을 두고 격돌하는 브뤼주는 켄과 레이가 미술관에서 본 명화처럼 두 가지 얼굴을 하고 있습니다. 중 세 양식의 고딕 건물과 여유로운 사람들이 사는 조용한 도시라는 선한 모습과, 다양한 인종의 집합처이자 마약, 창녀 그리고 킬러들 이 암약하는 도시라는 어두운 모습이 있습니다. 관광객들이 넘쳐나 는 이 도시는 킬러들을 품어 그들의 욕망을 분출시키고, 그들의 고 민과 갈등 그리고 최후를 조용히 지켜보고 있습니다.

영화 속에서 쉴 새 없이 떠들어 대는 레이의 인종 차별적, 국가 차별적 발언들은 관객에 따라서 모욕적으로 들릴 수 있어 문제의 소지가 다분합니다. 하지만 삶의 종착역에 서서 불안감을 감추지

우리들 각자의 영화관

못하는 킬러의 자조 섞인 독백이라고 이해한다면 크게 문제 삼을 필요는 없을 듯합니다. 감독 역시 이러한 그의 대사는 의도적인 설정이라고 설명하고 있습니다. 킬러들의 내면 깊은 곳에 자리 잡은 죄의식과 분노, 그리고 불안함을 극단의 순간으로 몰고 가 파국을 만들어내는 마틴 맥도나의 연출력이 영화의 마지막 감상 포인트입니다. (2009. 3. 11)

추천 영화 리뷰 68

악마가 너의 죽음을 알기 전에Before the Devil Knows You're Dead

– 가족 잔혹사?

앤디(필립 세이모어 호프만)와 행크(에단 호크)는 형제입니다. 한 사람은 마약중독에, 한 사람은 백수에 가깝습니다. 두 사람은 모두 돈이 필요합니다. 공교롭게도 그것은 한 여인 지나(마리사 토메이) 때문입니다. 첫 번째 아이러니입니다.

돈이 궁한 형제는 형 앤디의 제안으로 부모가 운영하는 보석상을 털기로 작정합니다. 부모의 근무가 없는 시간대를 택한 그들에 겐 수만 달러의 배당이 기다리고 있는 듯합니다. 하지만 가벼운 마음으로 보석상을 털러 간 그곳엔 형제의 어머니가 근무 중입니다. 두 번째 아이러니입니다.

총상을 입은 어머니는 사망합니다. 범인 추격에 나선 아버지 찰스(알버트 피니)는 앤디가 범인이라는 사실을 직감합니다. 앤디와 병원에서 맞닥뜨린 찰스에겐 세 번째 아이러니가 일어납니다.

서스펜스 멜로 영화의 거장으로 알려진 시드니 루멧Sidney Lumet 감독의 이 작품은 이러저러한 아이러니로 가슴이 서늘해지는 영화입니다.

돈이 궁한 형제가 보석상을 털기로 모의한다. 그 와중에 돌발사건이 발생한다. 이게 영화의 시놉시스입니다. 단순하고 간단해 보이는 스토리이지만 시드니 루멧은 3가지의 아이러니를 버무려 복잡 미묘한 심리 스릴러를 만들어내고 있습니다. 사건의 발단은 돈이지만, 그 원인을 거슬러 올라가면 두 남자 사이에 서 있는 여인 지나가 보입니다.

하지만 스토리를 따라가다 보면 앤디와 아버지의 관계, 아버지와 행크의 관계가 드러납니다. 사건이 사건의 원인이 되고, 원인이 된 사건으로 인해 또 다른 사건이 벌어집니다. 보석상 강도사건이 돌발적인 사건으로 이어지면서 영화는 마치 태풍을 만난 조각배처럼 정신이 없습니다. 냉철하고 강해 보이던 앤디가 어느 순간 약한 중년이 되어 있고, 늙고 약해 보이던 찰스는 복수심에 불타는 지독한 사람으로 변해 있습니다.

영화 속 캐릭터들은 스토리가 전개되면서 쉼 없이 변해 가고, 스토리는 캐릭터를 따라 거침없이 항해를 멈추지 않습니다. 그 과정에서 정형화된 캐릭터 라인을 생각하던 관객의 상상은 여지없이 깨지고 무너집니다.

대부분의 관객이나 평론가들은 이 영화를 가족 잔혹사에 얽힌 스릴러로 보지만 시드니 루멧은 멜로 영화라고 강변합니다. 스토리의 외피는 스릴러이지만 속을 흐르는 내용은 가족 간, 연인 간의 지긋지긋한 사랑 이야기라는 말입니다.

영화를 직접 제작한 감독이 멜로 드라마라니 굳이 반론할 필요는 없지만 이 영화가 멜로라면 진짜로 잔혹한 인간 심리 멜로란 생각입니다. 행크나 앤디와 같은 죄는 짓지 말고 살아야겠습니다.

감독이 영화 속에 던져 놓은 다양한 반전과 각양각색의 캐릭터가 빚어내는 흥미진진한 스토리에 주목한다면 이만한 스릴러 멜로도 다시는 없을 듯합니다. (2009. 6. 9)

추천 영화 리뷰 69

똥파리 Breathless
– 부재를 논하다

양익준 감독의 〈똥파리〉는 세 가지 부재의 영화입니다. 가족이 있으나 사랑이 없고, 가정에 대한 그리움이 있으나 용서가 없고, 폭력이 난무하지만 폭력으로 인한 감상적 해소가 없습니다.

부재를 해소하기 위해 상훈(양익준)은 폭력에 매달립니다. 다른 이들처럼 돈을 벌기 위해서, 가정을 꾸리기 위해서, 집을 사기 위해서가 아니라 파괴된 가정에서 오는 공복감을 해소하기 위해 그는 오늘도 채무자들을 폭행합니다.

어린 시절 아버지로 인해 겪게 된 비극으로 인해 그에게 아버지는 증오의 대상이며, 채무를 갚지 않는 채무자들은 아버지와 같은 증오의 대상일 뿐입니다. 때리고, 부수고, 그들과 아버지를 증오하면서 자신의 삶이 더 깊은 수렁으로 빠져들어 가지만 그는 예견하지 못합니다.

부재의 수렁에서 헤어나지 못하는 상훈에게 사랑이 다가옵니다. 용역 깡패에게 맞서는 고교생 연희(김꽃비)가 바로 그 존재입니다. 하지만 연희 역시 부재의 삶을 살고 있습니다. 집 나간 엄마, 월남 참전용사이지만 허구한 날 술로 지새우는 아버지, 그리고 엇나간 동생 영재(이환). 연희는 가족의 부재를 해소하기 위해 상훈에게 친밀감을 느끼고, 상훈 역시 역설적으로 오랜만에 연희로 인해 소박한 가족의 꿈을 꾸게 됩니다.

송해성 감독의 영화 〈파이란〉(2001)에서 3류 건달 최민식이 아내 파이란의 죽음을 목도하고 방파제에서 서럽게 울던 장면과 비견할 만한 영화 속 상훈의 울음은 부재의 고통이 극에 달한 3류 건달의 비탄입니다. 부재를 해소하기 위해 폭력을 사용해온 상훈은 새로운 변화를 위해 폭력을 내려놓으려 합니다. 폭력에 익숙한 그가 폭력에서 벗어나려 할 때 현실은 그를 어떻게 받아들이는가가 영화의 주목할 포인트입니다.

감독의 입장에서 폭력이 끊임없이 반복되고 순환되는 구조를 가지고 있다면, 가난 역시 끊임없이 순환됩니다. 심각한 부재의 삶을 살고 있는 상훈과 연희, 영재는 알고 보면 사회가 만든 피해자들입니다.

폭력이 또 다른 폭력을 낳고, 가해자가 어느 순간 피해자로 변해버리는 섬뜩한 영화 속 현실을 지켜보며 말문이 막히는 이 땅의 많은 아버지들에게 엔딩 신에서 상훈의 어눌한 내레이션은 가슴 먹먹함을 안겨줍니다. 욕설과 폭력으로 도배한 듯 강렬하고 지독한 이야기가 영화 내내 귀에 쟁쟁합니다. 피하려고 해도 피할 수 없는 그 무엇처럼 상훈의 삶이 나와 전혀 무관한 타인의 삶이 아니었습니다. (2009. 4. 25)

추천 영화 리뷰 70

왕의 남자 King and the Clown
– 소리로 보는 영화

개인적으로 사극은 좋아하지 않습니다. 인터넷이 없던 시절, 볼게 별로 없어 아버지가 보시던 성인 버전의 역사 서적 '왕비열전'을 초등학교 5학년 때 대부분 읽었고, 정난정, 한명회, 이성계, 정몽주, 왕건 등등 수많은 역사 속 인물들을 화면이든 지면에서든 그 때다 만나봤다고 생각했었거든요. 연산군도 그렇고, 장녹수도 그렇습니다. 이미 지나간 인물들이 적어도 영화 속에서만은 큰 감흥을 반복해줄 수 없다고 생각했었지요.

영화를 만든 이준익 감독과 배우들에겐 미안하지만 공교롭게도 적당한 영화를 찾지 못해 본 영화가 〈왕의 남자〉입니다. 조선시대 연산군이 광포한 정치를 일삼던 시절을 배경으로 궁중광대와 신하들, 그리고 비련의 여인 장녹수가 중심인물들이지만 쉴 새 없이 사건이 벌어지고, 사건은 해결점을 찾기보다는 더욱더 큰 파국으로 휩쓸려가면서 2시간이나 되는 러닝 타임에도 불구하고 순식간에 영화를 본 듯합니다(사건은 잔잔한 물결로 시작해 거대한 해일처럼 모든 등장인물들을 깊은 나락으로 떨어뜨립니다).

하루 먹거리를 걱정하며 공연해야 하는 평범한 광대 장생과 공길은 순간의 화를 참지 못한 사건으로 인해 한양으로 유랑을 떠나게 되고, 왕을 희롱하는 연극으로 배불리 먹고 신나게 놀이판을 벌이려던 그들의 계획은 거대한 궁궐 내 암투와 연계되며 끝없는 사건의 시발점이 됩니다.

잔잔한 광대의 일상은 장생과 공길의 뜻과 상관없이 엄청난 살생을 부르지만, 역사의 소용돌이 속에서 그들은 너무나 나약한 광대에 불과합니다. 이 영화의 특징 중에 하나는 마치 클래식과 헤비메탈의 절정고수들이 조인트 콘서트를 하듯 격하고 부드러움에 거침이 없다는 사실입니다.

공길과 장생, 육갑의 즐거운 놀이터와 같던 저잣거리의 평화는 연산군이 개최한 연회가 경극으로 바뀌면서 피비린내 나는 복수로 순식간에 깨어지고, 배우들은 태풍을 뚫고 바다를 헤쳐 가는 숙련된 선원들처럼 영화 속 배역 연기에 몰입합니다.

많은 배우들의 연기가 이 영화의 완성도를 잘 말해 주지만 정진영의 슬픔과 분노 연기는 폭정으로 서슬 퍼런 연산군이 아닌 인간 이융을 발견하게 해줍니다. 정진영의 연기 덕이라고 생각합니다.

그리고 이 영화는 제목에서 적었듯이 배우들의 좋은 연기 이외에도 너무나 다양한 소리들로 구성되어 있습니다. 장생과 공길의 마당놀이소리 속 추임새며 북소리, 장고소리, 육갑이 죽어 세상을 떠날 때 한없이 내리던 사대문 밖 빗소리, 궁궐 숲 사냥 신에서 들려오던 대나무의 스치는 소리, 살기를 띤 활시위 소리… 그리고 여러 소리들은 관객이 영화 속으로 빠져드는 소스와 같은 역할을 해줍니다. 이 영화를 보게 된다면 객관적인 입장에서 벗어나 공길이나 장생 혹은 연산의 입장이 되어 사건 속으로 들어가 보시기 바랍니다. 사이사이 들려오는 좋은 오리지널 사운드트랙과 많은 소리들을 보너스로 즐기면서 말이죠. (2005. 12. 30)

광해, 왕이 된 남자 Masquerade

– 파격의 신선함

추창민 감독의 영화 〈광해, 왕이 된 남자〉는 의외입니다. 드라마든 영화든 조선시대를 다룬다면 가장 많이 다뤄진 소재가 아마도 광해군일텐데 감독에 따라서 이리도 다른 작품이 나올 수 있다는 사실이 놀랍습니다.

팩션으로 구성된 〈광해, 왕이 된 남자〉는 광해군 8년 승정원일기에서 기록이 사라진 15일간에 벌어진 가상의 일을 그리고 있습니다. 왕을 기망하는 정승들과, 목숨조차 위협받고 있다는 고통에 시달리는 광해군은 그를 닮은 시정잡배 하선을 왕의 대역으로 삼습니다.

영화를 보기 전 선입견은 지루하거나 혹은 거칠거다라는 생각이었습니다. 주연배우 이병헌이 가지고 있는 이미지가 비록 팔색조이긴 하나 사극의 테두리를 벗어나기 어려울 테고, 기존의 광해군이 가지고 있는 이미지를 뒤집는데 어려움이 있을 거라는 선입견이었습니다.

하지만 영화는 상상 그 이상입니다. 두 시간이 넘는 러닝 타임 동안 영화는 지루할 틈이 없습니다. 광해와 하선을 넘나드는 이병헌의 1인 2역은 전혀 다른 두 사람의 연기로 보기에도 충분했고, 하선이 통치한 15일간 단 하루도 조용할 날 없는 조정과, 하선을 둘러싼 사건과 사건의 연속은 코믹함과 경쾌함에 둘러쳐져 관객들이 보기에 전혀 힘들지 않습니다.

광해군의 어둡고 거친 카리스마는 하선의 순박하고 따뜻함에 녹아들고, 혼자 동화를 쓰는 듯 중전 역의 한효주는 저 멀리에 있지만 거친 광해와 하선의 사이에서 외줄을 타듯 긴장의 조율사 역에 제격입니다.

조연이라기보다는 주연에 가까운 도승지 허균(류승룡)과 조내관(장광), 도부장(김인권)의 비빔밥 연기는 발군의 실력으로 영화를 받쳐 올리고 차갑기만 한 구중궁궐이 인간미 넘치는 공간으로 변화하는데 일조합니다.

어느덧 임금의 어투를 닮아가는 하선은 그만의 목소리로 신하를 다스리고 백성의 상처를 어루만집니다. 반대 세력의 저항은 거세져만 가고, 웃다 보면 어느새 일촉즉발, 곳곳이 지뢰밭입니다. 이렇게 만들면 보지 않을 재간이 없습니다. (2012. 9. 15)

추천 영화 리뷰 72

월-E WALL-E
– 로봇의 사랑, 구원

마니아들의 기대를 저버리지 않는 픽사 스튜디오가 2008년 여름에 선보인 영화의 주인공은 지구 폐기물 수거 처리용 로봇 월-E입니다. 지구인들이 우주선 엑시엄을 타고 떠나버린 후 우연히 혼자 남겨진 월-E는 하루 종일 지구의 폐기물들을 압축해 버리는 일만 반복합니다.

인간들이 떠나버린 지 무려 700년이 지난 어느 날, 폐기물 중에 마음에 드는 물품을 수집하기도 하고 자신의 고장 난 부분은 스스로 고칠 줄 아는 월-E의 마음을 송두리째 빼앗아 버린 친구가 나타납니다. 인간 탑승 우주선 엑시엄에서 지구로 정보탐사를 위해 보낸 이 로봇의 이름은 '이-브'입니다. 예쁜 이름이지만 가공할 점프와 공중부양 기능에다가 초강력 미사일 발사 장치까지 갖춰 폐기물 처리 전담인 깡통로봇 월-E와는 비교할 수 없는 고성능 로봇입니다.

로봇이라는 신분도 잊은 채 자신도 모르게 사랑의 감정이 생겨버린 월-E는 본업은 제쳐둔 채 정성껏 자신의 마음을 이-브에게 고백하지만 임무수행이 먼저인 이-브는 그의 사랑을 이해하지 못합니다. 지구에서 찾은 중요한 정보를 전하러 우주선 엑시엄으로 날아가 버린 이-브와 그녀를 찾아 은하수 저쪽으로 날아가는 월-E, 두 로봇의 감동적인 만남이 이 영화의 메인 스토리입니다.

〈토이 스토리〉(1995), 〈몬스터 주식회사〉(2001), 〈니모를 찾아서〉(2003) 등의 작품 각본을 맡았고, 〈인크레더블〉(2004), 〈카〉(2006) 등을 직접 감독하기도 한 앤드류 스탠턴Andrew Stanton은 지구에 더 이상 사람이 살 수 없게 된 디스토피아적 상황에 로봇 간의 사랑이란 감성적인 요소를 첨가해 말쑥하고 아름다운 애니메이션 제작에 성공했습니다.

앤드류 스탠턴이 영화 속에서 추구하는 것은 로봇을 단순한 인류 문명의 보조체로 보는 것이 아니라 디스토피아를 구체적으로 치유할 인격체로 보자는 것입니다. 로봇을 인류 구원의 소재로 사용한다는 것이 어찌 보면 흥행을 위한 작위적 의도라고 할 수도 있겠지만, 감독은 로봇을 인류의 반려 인격체로 보고 무기력한 인간 세상을 구원해줄 수 있는 새로운 존재라고 정의합니다.

폐기물 처리 로봇, 지구 탐사 로봇, 거대한 인간탑승 우주선 등 기존의 다른 SF 영화에서도 흔치 않았던 아이템을 고안해낸 아이디어도 재미나지만, 영화 초반부 30여 분 동안 고독이 뚝뚝 묻어나는 듯한 월-E의 일상생활 신은 실제 배우가 연기한 듯 생생함 그 자체입니다. 이-브와 월-E가 우주 유영을 하며 사랑을 나누는 감성적인 대목은 오랜 기간 애니메이션 각본에 몰두한 감독의 탁월함이 돋보입니다. (2008. 8. 3)

추천 영화 리뷰 73

퍼시픽 림 Pacific Rim
– 고물인데 친숙하다

트랜스포머 영화에 대한 글을 적으며 앞으로의 영화는 트랜스포머 이전과 이후로 나뉠 거라고 말한 적이 있습니다. 영화 〈퍼시픽 림〉은 트랜스포머 이후의 영화입니다. 2025년이 배경이며, 외계괴물 카이주와 싸우는 범태평양 연합방위군측 로봇인 예거는 고색창연합니다. 뇌파로 파일럿과 일체화된 로봇이란 콘셉트 역시 1970년대 로보트킹 시절의 느낌 그대로입니다. 더 세련되게 만들지 못해서, 기술이 부족해서 그럴 리 없으니 다분히 길예르모 델 토로 Guillermo Del Toro 감독의 의도라고 생각됩니다.

트랜스포머의 변신 오토봇들과 비교한다면 이 고색창연한 예거들이 오히려 제겐 어린 시절 추억의 로봇들과 일치합니다. 크고 둔탁하며 가끔은 비틀거리지만 충성스럽게 임무를 수행하던 그로이 저엑스, 마징가, 로보트 태권브이, 로보트킹, 심지어 깡통로봇까지 한순간에 그들을 추억하게 됩니다.

트랜스포머에 익숙한 관객들에게 예거는 덩치만 큰 고철 로봇이겠지만 중년 관객들에겐 어린 시절의 꿈이 모두 담긴 로봇입니다. 긴장과 갈등이 수없이 많은 요즘, 예거의 출현을 꿈꿔봅니다.

(2013. 8. 8)

추천 영화 리뷰 74

하울의 움직이는 성 Howl's Moving Castle
– 미야자키의 판타지 로맨스

1941년생인 미야자키 하야오宮崎駿 감독은 독창적인 애니메이션으로 세계적인 명성을 얻고 있는 만큼 상반된 평가도 받고 있습니다. 평가 하나하나가 민감한 사안이 많아 그의 속내가 궁금하긴 하지만, 감독이 반드시 성인이나 철학자여야 할 필요가 없다면 그의 개인적인 선호 역시 그만의 고집이나 판단으로 봐야 할 듯합니다.

〈이웃집 토토로〉(1988), 〈모노노케 히메〉(1997), 〈센과 치히로의 행방불명〉(2001) 등 미야자키 하야오의 영화를 보면 1970년대 후반 초등학교 시절로 돌아간 듯합니다. 〈알프스 소녀 하이디〉, 〈엄마 찾아 삼만리〉, 〈미래소년 코난〉에서 얼핏 본 듯한 아늑한 하늘과 강, 그리고 맑은 주인공들의 미소와 희망이 그의 영화에 거의 똑같이 녹아 있기 때문입니다(자료를 찾아보니 미야자키 하야오가 이런 영화 제작에 직접 참여했더군요).

미야자키 하야오의 애니메이션엔 자연, 바람, 숲, 흙, 물 그리고 비행이 거의 반드시 등장합니다. 대부분의 영화들이 반전과 자연에 대한 애정이 철철 넘치기도 하구요. 비행 장면이 나오는 이유는 여러 가지가 있지만 그의 부친이 일본 전투기 '제로'의 제작에 관여해서 그렇다는 설도 있습니다. 아버지가 제국주의의 영광을 위해 전투기를 개발했을지는 모르지만 원자탄으로 인해 모든 게 파괴되어 버린 패전국 일본의 폐허 속에 자란 미야자키 하야오에게 전쟁은 아마도 가장 피해야 할 위험으로 자리 잡은 게 아닌가 하는 생각입니다.

〈하울의 움직이는 성〉은 마법에 걸려 90대 할머니가 되어 버린 착한 소녀 소피와 꽃미남 마법사 하울의 러브 판타지입니다. 아빠의 모자가게를 물려받아 열심히 하루하루를 보내며 살아가는 18세 소피는 우연한 사건에 휘말리지만 마법사 하울의 도움으로 위기를 모면합니다. 하지만 이 사실을 매우 아니꼽게 생각한 황무지 마녀가 마법을 걸어 90대의 할머니로 만들어버린 거죠.

더 이상 마을에 살 수 없어 홀로 동생을 찾아 떠나는 소피, 그리고 그녀 앞에 갑자기 나타난 허수아비의 안내로 하울의 움직이는 성에 들어가면서 미야자키 하야오의 러브 판타지는 색다른 재미 속으로 빠져 들게 됩니다. 애니메이션에 90대 할머니가 주연으로 출연한 게 사상 처음인 데다 귀여운 불의 악마 캘시퍼, 마법견습생 마이클이 영화의 즐거움을 더해주고, 제작을 맡은 지브리 스튜디오의 애니메이터들이 직접 프랑스의 알자스 지방을 답사한 후 재현한 초원과 숲은 눈을 시원하게 만들어 줍니다.

개인적으론 이전작에 비해서 장대한 스케일감이나 감동이 조금 약해진 듯한 아쉬움이 없진 않지만 영화 속에서 미야자키 하야오가 추구하는 새로운 희망의 가능성에 대해선 여전히 동감합니다.

미야자키 하야오 영화의 감동을 더해주는 요소 중의 하나인 히사이시 조의 테마 음악은 왈츠 풍의 리듬으로 소피와 하울의 사랑을 아름답게 묘사하고 있습니다. 재패니메이션을 싫어하거나 감독의 기본적인 생각에 동의하지 않는 안티 팬들의 반대에도 불구하고 반전과 자연 사랑을 외치는 60대 미야자키 하야오의 작품세계에 공

감합니다. (2005. 1. 3)

눈먼 자들의 도시 Blindness
– 감각적인 영상에 담은 디스토피아적 악몽

오랜 세월 인간의 욕망과 노력으로 이뤄진 첨단의 도시. 세련된 자동차와 빌딩, 그리고 아름다운 여성들의 패션, 갈수록 진보할 것만 같은 이런 모든 것들이 순식간에 사라진다면, 아니 순식간에 볼 수 없어진다면 과연 어떤 일이 생길까요?

1998년 포르투갈 최초로 노벨문학상을 수상한 주제 사라마구의 소설을 원작으로 한 이 영화는 원인 불명의 바이러스가 창궐한 현대의 어느 시점을 설정해 주인공 단 한 명을 제외한 모든 이들의 눈이 멀게 되면서 벌어지는 비극적 상황을 다룹니다. 〈시티 오브 갓〉(2002), 〈콘스탄트 가드너〉(2005) 등으로 연출력을 인정받은 브라질 출신 페르난도 메이렐레스 Fernando Meirelles 감독이 메가폰을 잡았습니다.

오른손잡이가 주류인 사회에선 왼손잡이가 돌연변이로 느껴지듯이 모든 이들이 앞을 못 보는 세상에서 유일하게 앞을 보는 주인공(줄리안 무어)은 과연 어떤 현실을 보게 되며, 무엇을 느끼게 될까요?

영화는 번화가 네거리에서 신호대기 중이던 한 일본인(이세야 유스케)이 갑자기 앞을 못 보는 사건이 벌어지면서 시작됩니다. 일본인 운전자 한 명에서 비롯된 바이러스는 순식간에 도시 전역으로 번져가고, 좁은 수용소에 수용된 각양각색의 눈먼 자들의 공포와 자학, 그리고 이어지는 추악한 폭력에서 살아남기 위해 노력하는 사람들의 이야기가 섬뜩한 현실처럼 관객 앞으로 다가옵니다.

수용소 내에서 유일하게 앞을 볼 수 있는 주인공(줄리안 무어)은 환자를 진찰한 후 감염된 남편(마크 러팔로)을 보호하기 위해 위장 잠입해 유일하게 수용소에서 벌어지는 참상을 모두 보게 됩니다. 극한의 공간, 한정된 식량 배급, 그리고 무력으로 수용소를 좌지우지하는 자칭 '3병동의 왕'(가엘 가르시아 베르날)과 그의 패거리들로 인해 점차 공포스러운 곳으로 변합니다.

보이지 않는 눈의 치료를 위해 자의 반 타의 반으로 수용소로 몰려든 이들에게는 낙원이자 요양소일 수 있었으나 전국으로 확산되는 바이러스의 광풍은 수용소를 지옥으로 변하게 합니다. 감독은 수용소라는 한계 공간이자 극한 상황을 통해 인간 내면의 밑바닥을 보여주고자 하는 의도입니다.

이 영화의 가장 큰 특징은 역시 인간 본성에 대한 날카로운 해부에 있습니다. 의식주와 같은 인간의 근본적인 욕구가 충족되지 않는 상황에서 주인공은 인간 본성의 밑바닥을 봅니다. 생사를 장담할 수 없는 상황, 체면과 가식이 완전히 사라진 수용소 내에선 잠재해 있던 인간의 추악한 본성이 살아나고, 의욕에 차 있던 주인공도

점점 지쳐갑니다. 남편에 대한 사랑과 인간에 대한 믿음 하나로 수용소행을 자원했던 그녀에게 앞을 볼 수 있는 현실이 오히려 더 괴롭습니다.

하지만 영화는 인간 본성의 밑바닥을 보여줌과 동시에 희망의 메시지 전달도 함께 시도합니다. 원인 불명의 바이러스, 강제 수용, 폭력, 살인, 폐허와 파괴 등 디스토피아적 현실 속 인간 본성이 성악설性惡說에 비유할 수 있다면, 혼란 속에서도 주인공을 중심으로 인종적, 도덕적 장벽을 넘어 서로를 지키려는 이들의 노력은 성선설性善說에 비유할 수 있습니다.

이 영화의 또 다른 특징은 다양한 청각적인 자극과 과감한 화면의 생략입니다. 감독은 철학적인 원작의 내용을 기반으로 앞을 보지 못하는 이들이 모인 수용소란 한계 상황의 효과를 배가하기 위해서 과장된 사운드 이펙트와 절제되고 생략된 영상기법을 사용하고 있습니다. 극도로 클로즈업된 사물 컷들이 화면에 빈번하고, 물 끓는 소리, 도시의 소음, 파열음 등이 곳곳에서 관객의 신경을 거슬리게 만듭니다.

〈눈먼 자들의 도시〉는 원작을 미리 본 일부 관객의 의견처럼 옥에 티도 많습니다. 노벨문학상 수상작이라는 명성과 기대감, 줄리안 무어의 열연에 힘입어 영화는 중반 흐름까지 무리 없이 전개되지만, 후반부 노인(대니 글로버)의 입을 빌린 3자 내레이션 형태의 전개는 원작자의 결론과 동일한 해석을 이끌어 내려는 감독의 강박

관념처럼 느껴져 가장 아쉬운 점입니다. 후반부 들어 급속도로 선회하는 내용 전개 역시 원작소설을 영화화하는 데서 온 한계가 아닌가 합니다. 다만 영화 전개의 흐름상 과감한 화면 생략에 대해선 여러 가지 의견이 많지만 원작의 성과를 허물지 않는 범위 내에서 감독의 선택이 오히려 옳았다는 생각입니다.

스스로 선택한 수용소행, 홀로 세상을 볼 수 있었던 그녀는 과연 무엇을 잃고, 무엇을 얻었을까요? 원작자의 상상력에 더해 던져진 철학적 질문에 관객들이 답해볼 때입니다. (2008. 11. 26)

7

리뷰를 적어보자

강의가 막바지에 이르고 있습니다. 오늘은 영화 리뷰를 적는 방법을 알아봅시다. 요즘 세대는 조금 다르겠지만 1990년대 이전에 중고등학교와 대학을 나온 세대들은 이유야 어찌되었건 수많은 독후감, 과제 등을 직접 손으로 적는 훈련을 해왔습니다.

하지만 밀레니얼 세대들은 글 쓰는 것보다 눈으로 읽고 컴퓨터로 입력하는 손놀림에 익숙하죠. 문명의 이기이긴 하지만 직접 손으로 글을 적지 않아 앞으로는 적잖은 문제가 생길 듯합니다.

글쓰기와 관련해 내가 읽은 글을 하나 소개할까 합니다. '잠자는 생각을 깨우자'라는 글을 보면, '대뇌에서 손을 움직이는 영역은 1/3가량이나 된다. 즉 손 운동이 대뇌 활성에 큰 도움이 되며, 특히 손으로 글씨를 쓰는 과정에는 정신과 육체가 모두 작용해 집중력과 사고력 발달에 좋다. 컴퓨터 자판이 아닌 손으로 메모나 일기를 직접 쓰는 습관을 들여보자'〈Samsung & u〉(2013. 9. 10)라고 편집자는 제안하고 있습니다.

영화평을 적는 것 역시 영화비평가, 전문가, 교수의 영역으로 막연히 관객은 어렵다고 생각하지 말고 조금만 생각을 바꿔서 해보면 그렇게 어려울 것이 없습니다. 세상사 모든 일이 그렇듯 수준이나 내용의 차이가 있을 수야 있겠지만 영화평을 적는 것이 평론가만의 몫이 아닙니다.

간단한 영화평을 직접 손으로 적으며 나만의 감상과 생각을 남기고, 주위 사람들과 나누면 되는 것이기 때문입니다. 짧은 글들을 조금씩 적어 가는 과정을 거치면서 좀 더 전문적이고 기술적인 전문가 수준의 기술 비평을 하고 싶다면 대학이나 대학원, 영화 아카데미 등을 거치며 영화계 전체를 조망하는 비평가가 되어 보는 것도 영화계를 위해서, 또 본인의 장래 직업으로서 좋습니다.

1) 단계별 접근

도식적으로 단계별로 나눠서 보면 훨씬 더 이해가 빠릅니다.

(1) 앞에서 공부한 대로 우선 볼 영화를 선정합니다.

(2) 영화를 실제로 보기 전 단계로 영화와 관련된 정보를 사전 검색해봅니다. 영화 관련 감독, 주연배우, 줄거리, 배우의 필모그래피, 제작 배경 등의 자료는 인터넷 검색 한 번만으로도 쉽게 찾을 수 있습니다.

왓차watcha, 네이버 등 포털의 영화 검색 서비스나 〈씨네 21〉과 같은 영화 전문잡지를 구독하는 것도 좋은 공부 방법입니다.

〈키노〉, 〈프리미어〉, 〈무비 위크〉, 〈필름 2.0〉 등 관객과 함께 영화를 보는 방법을 알려주던 전문잡지들이 여러 가지 이유로 지금은 발행이 되지 않고 있는데, 여러분과 같은 영화 팬들이 한 장씩 넘기며 공부할 우수한 잡지들이 좋은 기회를 만나 다시 복간되기를 바랍니다.

(3) 그런 연후에 영화를 관람합니다. 영화를 관람하는 데는 세 가지 정도의 방법이 있습니다. 1회 관람, 분석 관람, 다회 관람이 그것입니다. 1회 관람은 한 번 영화를 본 후에 생각을 정리하는 것입니다. 영화의 세부 디테일을 동시에 볼 능력이 아직은 부족한 초보 관객의 입장이라면 겨우 줄거리 정도를 볼 수 있습니다. 영화를 자주 보는 전문가가 아니라면 사실 1회 관람만으로 전체의 모든 요소를 분석하는 것은 매우 어려운 것이 사실입니다.

분석 관람은 사전에 관람 포인트를 정해서 보는 것입니다. 감독이나 작품의 내용, 주연배우 등에 따라서 연기, 연출, 역사적 배경, 미장센mise en scene(무대 위에서의 등장인물의 배치나 역할, 무대 장치, 조명 따위에 관한 총체적인 계획) 등을 정해두고 그 쪽으로 집중해 영화를 보는 방법입니다.

내 경험에 비춰봐도 영화를 단 한 번만 보고 리뷰를 적는 것은 일반 관객들에게는 여러 가지 면에서 힘듭니다. 대부분의 전문비평가들이 그러하듯이 관심이 있는 영화라면 몇 번을 반복해 보는 힘든 과정을 거친다면 더욱더 객관적으로 영화에 대한 리뷰를 적을 수 있습니다.

그럼 영화를 본 후에는 어떻게 해야 할까요?

(4) 몇 가지 포인트나 잠정적 평가를 내려둔 상태에서 다양한 평론가나 네티즌들의 영화 리뷰나 영화평을 참조해 보는 것도 의견 정리에 도움이 됩니다. 직업적 영화평론가의 글은 말할 것도 없지만 한국에는 영화에 대한 평론의 수준이 높은 강호의 은둔 고수들도 많습니다.

영화는 관점에 따라서 너무나 많은 평가의 차이가 발생합니다. 900만 명 이상의 관객을 모은 봉준호 감독의 〈설국열차〉(2013)가 바로 그런 류의 영화입니다. 누구는 단순 오락영화로 보는가 하면, 누구는 미래의 디스토피아를 계급적 관점에서 그린 주제의식 깊은 영화로 심각하게 보기도 합니다. 사실 수천 편의 영화를 본 커리어를 가지고 있거나 전문적인 영화비평 훈련을 받지 않은 상태에서 한두 번의 관람으로 모든 것을 다 이해하고 분석하기에는 무리가 따르므로 여러 전문가들의 의견을 두루 읽고 참조하는 것은 매우 좋은 훈련 방법이자 학습 방법입니다. 그들의 글을 읽으며 영화의 요소를 분석하면서 보는 법이나 글을 전개하고 써나가는 방법 등을 배울 수 있고, 미처 영화 속에서 깨닫지 못했던 내용들도 알 수 있어 영화를 보는 깊이를 더할 수 있습니다.

(5) 그 후에 주제를 잡아 자료를 찾고 본인의 생각을 천천히 정리해 기술하는 것입니다. 글의 방향을 배우들의 연기로 할 것인지,

영화의 주제로 할 것인지. 편집, 촬영기법으로 할 것인지, 주제 음악과 시대상으로 할 것인지 등등 기록할 주제는 생각하기에 따라서 무궁무진합니다.

(6) 그 다음에 관련 매체에 기고하거나 SNS, 홈페이지, 블로그 등에 자료를 저장합니다. 영화 관련 사진을 첨부하고 저작권을 명시하는 것도 잊지 말아야 합니다. 이런 단계를 거쳐서 적은 영화평은 아마도 오래 시간이 지나서 돌아보면 그 당시 내가 처했던 상황, 시대적 분위기, 글을 쓰던 수준이나 생각 등을 다시 한 번 되짚어보게 되는 계기가 되기도 하고, 출판의 좋은 소재가 되기도 합니다.

요즘은 하루가 다르게 새로운 포털이나 SNS가 명멸합니다. 새로운 마케팅 기법의 기업이 순식간에 벤치마킹의 대상이 되고, 최고의 사이트로 군림하던 기업이 소비자의 NEEDS를 정확하게 예측한 상대에 의해서 밀려납니다. 이러다 보니 인터넷 포털업체 간 경쟁이 심한 상황에서 글을 저장해둔 포털이나 SNS가 항구적으로 내 데이터를 보존한다고 확신할 수 없습니다. 따라서 정기적으로 본인이 정성껏 작성한 텍스트 데이터를 클라우드나 외장 하드디스크와 같은 기록장치에 백업을 해두는 것도 잊어서는 안 됩니다.

전문기자의 글은 물론 시민기자의 글이 함께 인터넷 지면을 채우는 '오마이뉴스'를 예로 들면 영화 코너가 별도로 있습니다. 시민기자 회원 가입 후 관련 글을 작성 및 수정하고, 사진 데이터로 첨부(저작권 반드시 표시)해서 편집국으로 송고하면 편집국에서 기사의 수준을 검토하는 절차를 거칩니다. 기사는 편집 담당자의 여러 가지 요소에 대한 검토를 거친 후 게재되는 과정을 밟습니다.

영화 관련 글을 다루는 코너가 있다면 인터넷 신문이든 오프라인 신문이든 자신의 글이 게재되는 것은 좋은 경험이 됩니다. 직접 한 번 꼭 시도해볼 것을 권유합니다.

이제 조금 자신감이 생기나요? 주말에 영화 한 편 스스로 골라 관람하고 인터넷에 게재할 글을 직접 적어보시길 바랍니다.

2) 기록하는 방법

이제 상세하게 영화비평을 기록하는 방법을 함께 알아봅시다. 통상 적는 분량은 얼마든지 자유이지만 인터넷 신문 게재를 기준으로 한다면 A4 용지 1~3매 내외가 적당합니다.

글쓰기에 앞서 무엇보다 가장 중요하면서도 고심스러운 것은 결국 어떻게 글의 주제를 잡아서 기록하느냐 하는 것입니다. 글을 쓴다는 것은 주제가 없으면 막연해집니다. 저자가 세우는 주제에 따라서 어떤 글은 낙서가 되고, 어떤 글은 여러 사람이 함께 봐도 좋을 멋진 비평이 될 수도 있는 것입니다.

내가 그동안 글을 작성하는 기준으로는 대략 9가지 방법을 사용하고 있습니다. 하지만 내가 사용하는 방법 외에도 앞에서 이야기했듯이 너무나 많은 방법들이 있기에 어느 것이 필수다, 표준이다라고 생각할 필요가 전혀 없습니다.

영화도 창작이지만 영화 리뷰를 적는 것 역시 어느 누구(평론가, 저널리스트)의 눈치를 볼 것 없이 자신만의 독창적인 창의력이 요구되는 작업이기 때문입니다. 이런저런 시류나 스타일 시비에 구애받지 않고 쓰는 자신만의 독창적인 영화평, 세상에 없는 스타일의 영화평이야말로 내 글이 다른 사람과 차별되게 해주는 창의적인 저술 활동이 될 것입니다. 다만 잊지 말아야 할 것은 글을 창의적으로 적되 절대로 허위의 사실을 적어서는 안되겠습니다. 그럼 지금부터 하나하나 설명해 보겠습니다.

첫 번째, 가장 기본적인 방법은 스토리 소개형입니다. 여러분도 이미 잘 알고 있는 방법입니다. 유심히 영화를 지켜보고 주변 자료를 잘 찾아 정리한다면 누구나 쉽게 시도해볼 수 있습니다. 대강의 영화 줄거리를 소개하며 자신의 생각을 전달하는 방식입니다. 예를 들면, 이 영화는 어떤 시대적 배경을 가지고 있으며, 대강의 이야기는 이러이러하다라고 말하는 것입니다. 줄거리 전개 과정에서 본인에게 의미 있었던 대사, 연기 등을 포함하는 것도 글을 좀 더 풍부하게 하는 방법입니다.

두 번째는 특정 배우의 연기를 중심으로 적는 방법입니다. 영화 〈마더〉에서 주인공 도준 역의 원빈, 〈박쥐〉에서 상현 역의 송강호와 같이 특정 배우가 보여준 영화 속 연기, 심리묘사 등을 주제로 글을 적으면 역동적이며 읽기 좋은 글이 됩니다. 연기 중심의 글을 적는 것이 익숙해지고 누적적으로 관찰해 정리하다 보면, 시간이 한참 흐른 후에 그 배우의 전작에서의 연기와 비교하거나 유사한 연기를 한 다른 배우와 비교해 글을 적어 입체적으로 연기의 수준과 내용을 분석해볼 수도 있습니다. 과거와 현재의 연기를 분석해보고 개선점을 제안하는 등 경력이 쌓일수록 다양하게 글의 변화를 줄 수 있습니다.

세 번째 방법은 감독의 이전 작품과 비교해서 글을 적어 보는 것입니다. 예를 들면, 봉준호 감독의 개봉작을 관람했다면 그 이전 작품과 비교해서 이번 영화는 어떤 면의 새로운 시도나 변화, 퇴보가 있었는가, 아쉬움은 무엇인가 등으로 글을 풀어가는 방법입니다. 관객, 평단에 따라 감독의 선호는 배우의 선호도만큼 개인 별로, 평론가 별로 각양각색입니다. 이창동 감독이든 우디 앨런Woody Allen 감독이든 스티븐 스필버그Steven Spielberg 감독이든 누구든 상관이 없습니다. 한국 감독 중에 뛰어난 감독이 많습니다만, 허진호 감독의 영화가 일관된 주제 의식을 가지고 시리즈 형태로 진행된 것이 많아 전작과의 비교는 매우 의미 있고, 재미있는 영화평이 될 수 있습니다. 〈봄날은 간다〉(2001), 〈8월의 크리스마스〉(2005), 〈외출〉(2005), 〈행복〉(2007), 〈호우시절〉(2009) 등을 이어서 감상해볼 것을 권합니다.

네 번째는 주제를 중심으로 영화평을 적는 것입니다. 사랑, 우정, 애국심 등등 영화는 수준, 내용, 시대적 배경 등과 더불어 주제를 가지고 있습니다. 그 주제가 이 시점에서 갖는 의미랄까 우리들에게 생각하게 하는 것들, 주제에 대한 나의 생각, 타인의 의견 등을 적다 보면 쉽게 원고지를 채워 나갈 수도 있고, 해당 주제를 다룬 작품들이나 소설과 같은 대중작품과 비교해서 감독의 작품 의식, 표현 능력, 방식 등을 평가해볼 수도 있습니다.

다섯 번째 방법은 영화에 나타난 문화현상을 중심으로 글을 적는 것입니다. 〈스타워즈〉 시리즈에 나오는 우주비행선, 레이저 무기, 외계인, 사이버 인간 등이 실제로 도래할지, 어떤 혁명적 변화를 가져올지를 미래학적 관점에서 분석해보는 방법이 그 예입니다. 지금 보면 한참이나 오래 전 이야기 같지만 장윤현 감독의 〈접속〉(1995)은 당시로서는 첨단 미디어에 속했던 PC 통신에 대한 폭발적인 관심과 사회적 문화현상을 이끌어낸 영화입니다.

여섯 번째는 관객의 관람 의견을 중심으로 적어보는 것도 좋은 방법입니다. 특히나 모호한 해석, 관점에 따라 너무나 차이가 많이 나는 영화인 경우에는 영화를 보고 난 주위 사람들의 다양한 의견을 개진하면서 본인의 의견을 이끌어내는 방법도 매우 재미있게 글을 쓸 수 있습니다.

일곱 번째는 현재 내가 가진 직업적 관점이나 전문적으로 연구하고 있는 분야, 취미, 관심 있는 내용과 비교해서 적는 것입니다. 영화평론가나 비평가들은 비평 자체가 직업인 분들이 많습니다. 물론 다른 직업을 경험했거나 영화 속 소재에 대해서 일정 부분 문서 검색이나 정보를 습득한 후에 글을 적는 경우가 많지만, 전문 용어나 글솜씨는 몰라도 해당 부문 종사자나 전문가보다 기술적인 디테일 면에서라면 나은 수준일 수 없습니다.

예전에 내 강의를 들었던 안경디자인과 학생들은 안경에 대해서는 트렌드며, 소재며, 색상이며 최고의 전문가였습니다. 안경 디자인이 전공이라면 영화 속 배우가 착용했던 안경에 대한 세심한 관찰기, 개선점, 제안 사항, 안경 디자이너로서의 입장 등을 기재해 놓고 보면 영화 리뷰가 내용이 깊어지며 풍부해짐을 느낄 수 있습니다.

패션을 전공하는 학생이라면 영화 속 배우들의 의상을 평가하고 분석하는 것만으로도 개인만의 독창적인 영화비평 영역을 구축해나갈 수 있습니다. 영화비평을 적으며 그 과정에서 전공 공부를 더 하게 된다면 더할 나위가 없지 않을까요? 앞에서도 말했듯이 영화비평가들은 비평이 전문일 뿐 세상의 모든 직업, 모든 관심사를 알고 있지는 않습니다. 여러분들이 분명히 더 많이, 더 전문적으로 알고 있는 그것으로 영화 리뷰를 창조적으로 적어보면 세련되고 분석적인 글 솜씨는 평론가와 비교해서 부족할지 몰라도 전문적인 내용에 대해서는 딴지를 거는 분들이 많지 않을 것입니다.

여덟 번째는 영화 속 소재를 대상으로 글을 적는 것입니다. 슈퍼카든, 의상이든, 화장품이든, 거울이든 영화 속에 등장하는 소품들은 감독, 스태프들이 매우 공들여 준비한 것입니다. 화면 속에 놓인 소품들은 알고 보면 하나하나 의미가 담겨 있다는 뜻입니다. 변천 과정을 분석한다든가 미학적 측면에서 지켜본다든가 여러 가지 면에서 소재를 접근해보면 나름대로 특색 있는 리뷰를 적을 수 있습니다. 그 외 소재로 문학작품, 노래, 의상, 음료수, 거리 풍경 등 무엇이든 한 가지 요소를 심층 있게 자료를 참조해 분석해내면 아주 재미난 비평이 될 것입니다.

마지막으로, 현사회의 병리 현상을 보여주는 거울의 관점에서 적는 것도 좋은 방법입니다. 공권력, 일탈, 살인, 성 풍속의 변화, 동성애 등등 영화 속 소재가 의미하는 것을 사회의 병리현상과 연계해 나갈 길을 제시하거나 올바른 방향성을 연결해보는 것도 좋은 방법입니다. 액션 영화, 사랑에 대한 영화, 스릴러 영화 등을 꼼꼼히 챙겨보고 변천사나 내용의 변화, 등장인물의 가치에 대해서 분석해보는 것입니다. 예를 들면, 한석규와 송강호의 연기와 대사로 당시 폭발적 인기를 끌었던 송능한 감독의 〈넘버 3〉(1997)와 21세기 들어 한국의 조폭 영화를 비교하며 영화 속 병리 현상을 비교해 적어 보는 것도 흥미롭고 재미난 글이 될 겁니다.

내가 제시한 9가지 방법 중에서 한 가지를 정해 영화평을 적어 보시기 바랍니다. 여러분들이 직접 적은 평을 가지고 함께 토론하는 시간을 가졌으면 좋겠습니다.

우리들 각자의 영화관

3) 실제 비평 실력을 키우는 방법

강의가 이제 마지막으로 가고 있습니다. 아마도 여기까지 공부하고 나면 궁금해지는 것이 있을 겁니다.

영화 본 것을 기록은 하겠지만 다채롭고 전문적으로 글을 적으려면 전문 지식도, 상식도 부족한데 무엇을 좀 더 공부하고 읽어봐야 할까 하고 말입니다. 나의 경우는 영화 리뷰를 적어 가면서 다음과 같은 방법을 활용하고 있습니다. 하지만 이것 역시 절대적이지 않습니다. 참고로 기억해두면 좋겠죠.

천 리 길도 한 걸음부터라는 속담을 다들 기억하실 것입니다. 너무 성급하게 많은 것을 한꺼번에 해내려고 하면 시작하기도 전에 기운부터 빠지니 너무 급하게 마음먹지 말고 아래 사항들을 하나씩 천천히 해보는 것도 좋은 방법이 될 것입니다.

첫 번째는 전문 영화비평가들의 비평을 가능한 한 많이 읽는 것입니다. 세상에는 그 누구보다 영화를 더 사랑하는 전문 영화평론가들이 있습니다. 이들은 영화를 전공하고, 전문 교육기관에서 영화를 배우거나 직접 제작에 참여해 영화의 전체 과정을 비롯해 기술적 연출기법, 영상 컷 등에 대한 제반의 이해가 매우 높습니다. 그들이 사력을 다해 영화를 분석해 적은 애정 깊은 글을 자주 많이 읽는 것만으로도 가장 중요한 준비는 시작되는 것입니다. 그리고 영화 관련 전문 서적을 정독하면 좋습니다. 영화의 개념에 대해 이해하기 쉽기에는 정재형 교수의 저서 〈영화 강의〉를 추천합니다. 한 권의 잘 만들어진 책으로 영화와 쉽게 친숙해진다면 더할 나위가 없습니다. 여기에 더해 영화전문가들이 열성을 다해서 만드는 〈씨네 21〉과 같은 영화전문지와 포털 사이트를 자주 찾아 숙독하는 것도 비평 실력을 키우는 좋은 훈련입니다.

두 번째 방법으로는 문학, 사학, 철학, 미술사, 미학 등 다양한 인문학 분야의 책을 두루 읽는 것입니다. 직설적으로 말하자면 가리지 않고 읽사는 표현이 맞을 것입니다. 좋은 영화에는 문학적, 사학적, 철학적, 미술사적 다양한 요소들이 대사나 장면 설정, 시대 배경 등에 녹아 있습니다. 이러한 요소들과 소재들이 녹아 있는 영화 속 기호들을 쉽게 이해하고 분석하는 데는 책만큼 좋은 것이 없습니다. 디지털미디어 전성기 시대이지만 역설적으로 다시 인문학의 시대라고 하지 않습니까? 책을 통해서 전체 흐름을 보는 눈과 다양한 지식과 상식을 쌓은 사람이라면 매우 독창적이고 아름다운 글을 적을 수 있을 것이라고 생각합니다.

세 번째는 책을 읽는 것에 더해서 장르별 음악을 집중 탐구하는 것도 좋은 방법입니다. 팝송이든 클래식이든 영화 속에는 다양한 주제 음악과 테마 음악이 등장합니다. 영화평론가 이동진의 영화 글과 저서를 보면 스토리에 관한 높은 이해에 더해서 음악에 대한 전문 지식과 이해가 상당히 높음을 잘 알 수 있습니다. 음악만 알아도 영화평의 반은 적은 것이나 다름없다는 것이 내 생각입니다.

네 번째는 역사적 장소, 사회 현상, 문화공연 등에 대해 늘 관심을 가지고 방문하고 관람하는 것입니다. 시간과 경비의 제약으로 직접 보거나 듣거나 가보지 못한다면 간접적이긴 하지만 잘 만들어진 일간지만큼 좋은 선생이 없습니다. 꾸준히 신문기사와 사설을 읽으며 사회 현상을 이해하는 구조를 가지고 여기에 더해 다양한 문화공연 등을 관람하면 이성적 정보와 감성적 요소가 함께 결합되어 좋은 영화평을 적을 수 있는 토대를 갖추게 됩니다. 각 신문의 사설은 대표 저널리스트들이 경륜을 갖춰 쓴 교본입니다. 집중해서 자주 읽어보시기 바랍니다.

마지막으로는, 거장들의 명작 영화를 가능한 한 많이 보는 것입니다. 영화의 전통문법을 책으로 다 공부할 수는 없습니다. 훌륭한 거장들이 모든 것을 바쳐 만든 역작들을 꾸준히 보는 것만으로도 더할 나위 없이 좋은 영화비평 훈련이 됩니다. 많이, 아주 많이 보시길 바랍니다. 다시 한 번 말씀드리지만 정기적으로 꾸준히 좋은 영화를 많이 보는 것은 아름다운 영화비평을 적는 기본 중의 기본입니다.

이제 저의 소박한 영화기록에 대한 강의를 마칠 시간입니다. 무비키드의 소박한 경험을 경청해주신 여러분께 진심으로 감사드립니다. 여러분들도 이미 눈치채셨겠지만 여기서 말씀드린 내용은 별로 새로울 것이 없는 데다가 여러분들이 따라 못할 것도 없습니다. 또 이미 실천하고 있는 분들도 있을 것입니다.

작은 실천일지라도 쌓이고 쌓이면 나중에는 분명 큰 울림으로 다가올 것입니다.

지금 당장 영화를 보고난 뒤 기록하는 연습을 시작해 봅시다. 저의 즐거운 경험이자 끝으로 여러분들에게 드리는 바람입니다. 영화의 바다에 모두 함께 풍덩 빠져 삶의 고비고비를 창조적으로 이겨내 봅시다. GOGOGO!

추천 영화 리뷰 76

자유로운 세계 It's a Free World
– 생존에서 탐욕까지

제64회 베니스 영화제 각본상 수상작인 〈자유로운 세계〉(2007)는 켄 로치 Ken Loach 감독이 영국 내 불법 이주 노동자들의 현실을 다룬 작품입니다. 켄 로치는 〈보리를 흔드는 바람〉(2006)으로 칸 영화제 황금종려상을, 〈달콤한 열여섯〉(2002)으로 유럽 영화아카데미 비평상을 수상하는 등 많은 수상 경력을 가진 노장입니다.

스스로 정치적인 이념과 역사관을 숨기지 않기로 유명한 켄 로치는 이 영화에서 영국 내에서 벌어지고 있는 동구권과 중동 이주 노동자들이 차별받는 현실과 임금 착취를 주인공 앤지(키어스톤 워레잉)와 그녀의 직업소개소에서 벌어지는 해프닝을 통해 극명하게 보여줍니다.

1967년 〈불쌍한 암소〉 제작 당시부터 이미 노동자와 사회적 약자들을 위한 영화에 관심이 많았던 켄 로치이고 보면 불법 이주 노동자를 다룬 〈자유로운 세계〉는 파격이 아니라 그의 오랜 작품세계에선 당연한 귀결이라고 할 수 있습니다.

주인공 앤지는 직장을 30번이나 옮긴 계약직 노동자입니다. 부채를 하루빨리 청산하고 아들 제이미와 단란한 가정을 꾸리기 위해 단짝친구 로즈(줄리엣 엘리스)와 레인보우 인력소개소를 운영하면서부터 영화는 시작됩니다.

지긋지긋한 가난과 계약직 신분을 떠나 하루빨리 부채를 청산하고 싶던 앤지는 합법적인 직업소개소 운영에서 벗어나 이윤이 더 많은 불법 이주 노동자들의 직업알선에 나서게 되고, 그녀의 삶 역시 무지갯빛 희망과는 한참이나 다르게 빗나가기 시작합니다.

영화는 크게 두 개의 축으로 구성됩니다. 계약직 노동자 신분에서 탈출하는 것만이 유일한 희망이었던 앤지가 고용주가 되면서부터 더 많은 이윤을 위해 추하게 변해가는 모습과, 그로 인해 겪게 되는 그녀의 고초를 통해 인간 욕망의 무한성을 보여주고자 한 게 하나의 축입니다.

다른 하나는 동구권과 중동 등에서 정치적인 이유, 경제적인 이유를 따라 흘러들어온 불법 이주 노동자들의 생활을 하나하나 따라가는 방법을 통해 현장 다큐를 만들듯 영국 노동시장의 비인권적 문제를 제기하는 것입니다.

자본주의의 진전과 국가 간 빈부격차가 확대되면서 양산된 저임금 노동자를 상대로 한 불법 취업이 유연한 노동이란 미명 하에 포장되고 이로 인해 끊임없는 임금 착취의 악순환이 반복된다는 게 감독의 질타입니다.

〈자유로운 세계〉는 불법 이주 노동자들의 현실을 적나라하게 보여주었다는 점 외에도 대부분의 배우들이 전문배우가 아니라는 특징이 있습니다. 하층 계급의 삶을 표현하길 즐겨했던 켄 로치 감독은 이번 작품에서도 직업 배우가 아닌 인물들을 캐스팅해 영화를 제작했고, 본인 스스로의 선택에 대해 매우 만족한다는 의견을 밝혔습니다.

이주 노동자들에게 따스한 시선 한 번 주지 않던 앤지의 차가움이 제이미에 얽힌 해프닝으로 무너져 내리는 후반부의 급박한 전개가 매우 역설적입니다. (2008. 9. 28)

추천 영화 리뷰 77

인 블룸 The Life Before Her Eyes
- 삶은 연약하고 선택은 중요하다

〈인 블룸〉의 핵심 주제는 운명적 선택, 그리고 남겨진 이의 쓸쓸한 기억에 관한 것입니다. 영화감독들 사이에서 간혹 다뤄지는 주제이긴 하지만 순간의 선택으로 바뀌게 될 운명을 주인공 스스로 결정하게 하는 유형의 주제는 표현과 전개에 있어서 매우 조심스럽고 쉽지 않은 작업임에 분명합니다.

국내 관객들에겐 조금 생소한 바딤 피얼먼Vadim Perelman 감독은 나이키, 마이크로소프트 등 유명한 다국적 브랜드 광고나 뮤직비디오 감독으로 명성을 얻었습니다. 2005년 개봉됐던 〈모래와 안개의 집〉(2003) 제작에 참여하며 비로소 영화감독의 길에 들어선 그에겐 〈인 블룸〉이 두 번째 작품입니다.

〈인 블룸〉은 로라 카시스케의 소설 '그녀의 눈앞에 있는 삶The life before her eyes'을 뼈대로 만들되 감독의 의견을 더해 부분 수정한 작품이라고 할 수 있습니다. 영화의 주제를 끌고 가는 핵심 사건은 미국 교외의 한 고등학교에서 벌어진 총기난사 사건입니다. 실제로 있었던 버지니아 총기난사 사건을 연상케 하는 이 사건에 휘말린 주인공 다이아나(에반 레이첼 우드)와 친구 모린(에바 아무리)은 총을 든 범인 마이클에게 뜻하지 않은 선택을 강요당합니다. 그가 다이아나와 모린 중 한 명을 죽여야 한다면 누구를 쏴야 할까라는 게 마이클의 질문입니다.

주인공 다이아나는 마이클 앞에서 어느 쪽이든 선택하지 않으면 안 됩니다. 열정적이고 자유분방한 성격의 다이아나와 모범생 모린, 다이아나는 갈등할 수밖에 없습니다. 그녀의 선택에 따라 전혀 다른 미래가 이어지기 때문입니다. 과거와 미래는 결국 같은 선상에 놓여 있다는 감독의 주장처럼 총기난사 현장에서 그녀가 내릴 선택은 미래에 다가올 그녀의 삶을 결정하게 됩니다.

선택의 순간 파노라마처럼 스쳐가는 그녀의 미래 모습들은 감독의 원래 제작 의도처럼 과거와 현재, 그리고 미래가 일직선상에 배열되기라도 한 듯 과거의 선택과 행동이 미래의 결과로 이어집니다.

총기난사 사건이 있었던 과거와 15년이 지난 후 성인 다이아나(우마 서먼)의 삶을 플래시백 기법을 통해 교차로 보여주며 진행되는 이 영화는 언뜻 보면 죽은 자와 살아남은 자의 아픈 기억과 상처가 주제인 듯 보입니다. 하지만 감독이 배치한 복선 탓에 후반부에 이르면 관객들은 미궁에 빠져버린 듯한 느낌이 듭니다. 관객마다 생각지 못했던 후반부 반전에 대해서 논란이 분분하지만 결국 감독의 말 속에 반전에 대한 결론이 놓여 있습니다.

과거와 현재는 결국 서로 연결돼 있고, 순간의 선택이 미래를 결정하게 된다는 감독의 주장이 영화 속에선 너무나 의외의 결과로 현실이 됩니다. 영화를 볼 때 과거와 현재가 교차되는 장면에서 영화의 원작소설인 '그녀의 눈앞에 있는 삶The life before her eyes'의 의미에 초점을 맞춰 유심히 지켜본다면 후반부의 반전이 그리 의외가 아님을 알 수 있습니다. (2008. 10. 1)

피아노의 숲 The Perfect World of Kai
— 천재 소년의 좌충우돌 도전기

MBC−TV 드라마 '베토벤 바이러스'와 매우 비슷한 느낌의 영화가 한 편 있어서 소개합니다. 제작자의 상상력을 대부분 작품에 표현할 수 있는 애니메이션에서도 좀처럼 보기 드문 피아노 연주를 주제로 한 일본 애니메이션입니다. '베토벤 바이러스'가 지휘자 강마에와 그의 제자 간의 갈등과 대립 관계를 중심으로 드라마를 풀어간다면 〈피아노의 숲〉은 일본 최고의 학생 피아니스트를 가리는 콩쿠르를 무대로 천재 소년의 갈등과 우정을 그립니다.

〈피아노의 숲〉은 15권이 출간된 이시키 마코토의 동명만화 중에서 1권부터 5권에 이르는 초반부 내용을 코지마 마사유키 小島正幸 감독이 영화화한 것으로 원작의 충실한 재현을 목표로 제작에 임한 것으로 알려져 있습니다.

이치노세 카이는 피아노 레슨을 단 한 번도 받은 적이 없는 소년입니다. 불우한 어린 시절, 숲에 버려진 피아노를 벗 삼아 자란 그에겐 전문적인 연주 실력은 없지만 다른 사람과 비교할 수 없는 천재적인 청음 능력이 있습니다. 한 번 들으면 그대로 악보를 기억하는 그의 천재성을 알아본 음악선생 아지노의 도움으로 전일 全日 콩쿠르에 참가하게 됩니다.

반대로, 아마미야 슈헤이는 부유한 집안의 도움으로 체계적인 레슨을 받아 콩쿠르의 우승 자격을 갖추었다고 자타가 인정하는 영재입니다. 하지만 아마미야 슈헤이는 정규 음악교육을 받지 않은 이치노세 카이의 연주를 들으며 불안감을 감출 수 없습니다. 틀에 맞게 규격화된 그의 연주에 비해 이치노세 카이의 연주는 자연스러움과 풍부한 그 뭔가가 숨어 있었기 때문입니다. '베토벤 바이러스'에서 강마에가 제자 건우에게 느끼는 두려움이나 경쟁심과 비슷하다고나 할까요?

마치 모차르트와 살리에리의 어린 시절을 보는 듯 이치노세 카이와 아마미야 슈헤이는 우정을 나누며 선의의 경쟁을 치릅니다. 영화는 두 주인공의 사랑스러운 캐릭터와 앙증맞은 대결이 눈길을 끌고, 귀에 익숙한 클래식들이 영화의 재미를 더해줍니다.

전국 학생 피아노 콩쿠르의 과제곡으로 연주된 모차르트 피아노 소나타 8번 C장조 쾨헬 310번, 바흐의 이탈리아 협주곡 F장조 BWV 971번이 그런 음악입니다. 그 외 영화에 삽입된 쇼팽의 〈강아지 왈츠〉, 멘델스존의 〈결혼행진곡〉, 베토벤의 〈엘리제를 위하여〉 등도 관객들에겐 매우 친숙한 곡들이어서 영화 보는 재미를 더합니다. 원작만화의 마니아들 역시 그림에서 상상으로만 들었던 주인공들의 연주곡을 영화에선 실제로 들을 수 있다는 점에서 매우 만족도가 높습니다.

영화는 단 한 명의 일본 최고를 뽑는 연주 대결이라는 현실적인 소재와 숲 속에 버려진 피아노를 벗 삼아 자라온 한 소년의 판타지를 함께 묶어 관객의 상상력과 감성을 만족시켜 주는 신선함을 갖추고 있습니다. 드라마 '베토벤 바이러스'가 지극히 현실적인 소재와 삼각관계를 만들어 성인물을 지향한다면 〈피아노의 숲〉은 다분히 교육적이며 모든 연령층을 위한 영화라고 할 수 있죠.

소년 소녀들의 우정과 대결, 그리고 그들의 뒤에서 이들의 성장을 지켜보는 음악선생과 부모들의 가족애가 영화 보는 내내 상큼하고 든든하다는 생각입니다. 낙엽이 지는 가을에 심심함, 외로움 등이 밀려들 때 클래식 향기 가득한 애니메이션 한 편이 좋은 보약이 될 듯합니다. (2008. 10. 31)

굿'바이 Good & Bye
– 사랑한다는 말보다 아름다운 인사

영화 감독에겐 그들마다 영화를 만드는 이유가 있고, 관객에겐 또 그들만의 영화를 보는 이유가 있겠죠. 수많은 이유들이 있겠지만 가장 중요한 건 감독이든 관객이든 영화를 통해서 느낄 수 있는 감동이 아닐까 합니다. 불이 꺼진 어두운 극장 안, 스크린 속에 흠뻑 빠져들며 영상과 메시지에서 감동을 느낄 때 그 마음은 1,000권의 책을 읽은 듯, 오래 전 헤어진 연인을 다시 만난 듯 반갑습니다.

2008년 몬트리올 영화제 그랑프리 수상작, 제81회 아카데미 영화제 외국어영화상을 수상한 다키타 요지로滝田洋二郎 감독의 일본 영화 〈굿'바이〉는 바로 그런 감동을 주는 영화입니다.

도쿄에서 잘 나가는 첼리스트였던 주인공 다이고(모토키 마사히로)는 갑작스러운 악단 해체로 실업자가 됩니다. 융자를 받아 산 첼로 마저 팔아치운 채 아내와 쓸쓸히 돌아온 귀향길, 당장 직업이 필요한 그에게 고수익을 보장한다는 여행 도우미 광고가 눈에 들어옵니다. 다이고는 1분도 안 걸린 면접에 당당히 합격합니다. 하지만 다이고가 취직한 곳은 죽은 이들을 염한 후 관에 넣는 '납관納棺' 전문 회사입니다. 우아한 첼리스트에서 고수익 보장 납관 도우미가 된 다이고 앞에는 험난한 일들이 기다리고 있습니다.

〈굿'바이〉가 납관을 주제로 한 영화로서 관객에게 줄 수 있는 가장 큰 선물은 감동입니다. 영화를 보는 내내 훌쩍이는 관객들, 영화가 끝난 후에도 한참이나 자리를 뜨지 못하는 관객들의 모습을 보면 〈굿'바이〉가 관객에게 던져준 메시지의 힘을 느낄 수 있습니다.

〈굿'바이〉가 감동을 주는 첫 번째 요인은 고인에 대한 경건함 때문입니다. 예의를 갖춰 염殮이라는 절차를 행하는 납관사들을 보며 관객들은 미처 몰랐던 고인의 존엄함을 느낄 수 있습니다. 인생의 마지막 순간을 함께하는 납관사들의 의식은 관객들이 가족애와 삶의 소중함을 깨닫게 하는 중요한 단초가 됩니다.

세상을 떠난 사람들의 사연도 가지각색이며, 납관을 기다리는 유가족들의 성향과 자세도 가지각색입니다. 보기에 따라서는 영화의 소재로 매우 거북할 수 있는 장면들이지만 엄숙한 제사관이라도 된 듯 베테랑 이쿠에이(야마자키 츠토무)와 그의 어설픈 도우미 다이고는 슬픔에 빠진 유족들을 위로하며 의식을 거행합니다. 슬픔에 잠겼던 유족들은 의식을 통해 마음을 추스르고 고인과의 영원한 이별을 받아들입니다.

관객들 역시 납관 의식을 지켜보며 막연한 부담감이나 두려움보다 어느 순간부터는 마치 유가족이 된 듯한 느낌이 됩니다. 영화 속에서 납관사는 간혹 비하의 대상이자 가족에게조차 인정받지 못하는 직업이지만, 납관 의식을 지켜본 이들은 그들의 작업에서 감동과 고마움을 느낍니다. 주인공 다이고 역시 막연한 두려움으로 시작한 납관사의 길에 차츰 익숙해져 갑니다.

감동을 주는 다른 요인은 주인공 다이고를 중심으로 그와 아버지의 이별과 해후에 대한 가슴 뭉클한 가족 이야기 때문입니다. 어린 시절 가족을 버리고 떠난 아버지를 납관사가 된 후 만나게 되는 다이고, 아버지에 대한 원망과 증오를 키워온 그의 갈등과 대처는 마치 내 주변의 일인 것처럼 다가옵니다.

첼리스트에서 납관사로의 전직, 그리고 아내 미카(히로스에 료코)와의 갈등, 아버지와의 갈등. 넘어야 할 수많은 산을 하나하나 넘으면서 성장해가는 다이고의 모습을 통해 이 영화가 매우 잘 만들어진 가족영화란 점을 알 수 있습니다.

지금 우리 곁에 있는 가족, 연인도 언젠가는 떠나보내야 한다면,

그리고 그 순간이 너무 걱정된다면 〈굿'바이〉가 슬픔과 걱정의 예방주사가 될 수 있을 것입니다. 히사이시 조의 첼로를 주제로 한 여운 가득한 음악과 일본 시골 마을의 사계를 함께 즐기는 것도 이 영화의 좋은 감상법입니다. (2008. 11. 1)

추천 영화 리뷰 80

렛미인 Let the Right One In

- 네가 누구든 상관없어

영하 30℃가 넘고 하루에 5시간 정도만 해를 볼 수 있는 지독한 혹한의 도시, 스웨덴의 스톡홀름 북부 블랙버그. 부서질 듯 파리한 얼굴에 연약한 몸을 가진 오스칼(카레 헤레브란트)은 12세의 왕따 소년입니다. 이혼한 엄마와 함께 사는 오스칼은 학교에선 왕따로, 집에서는 늘 외롭고 심심합니다.

여전히 춥고 외롭던 어느 날, 12세 무렵이라고만 밝힌 이엘리(리나 리안데르손)와의 만남은 오스칼에겐 큰 기쁨입니다. 외롭던 그에게 친구가 생겼기 때문입니다. 하지만 이엘리는 사람의 피를 먹어야만 살 수 있는 뱀파이어입니다. 왕따로서 외로움을 절감하던 오스칼, 어쩔 수 없이 사람의 피를 먹어야만 하는 괴로움에 시달리던 이엘리는 마을에서 벌어지는 엄청난 사건과는 상관없이 마음을 터놓는 친구가 됩니다.

우리들 각자의 영화관

"네가 누구든 상관없어." 오스칼이 이엘리가 뱀파이어임을 안 후에 무심히 던진 말입니다. 세상에 외로움, 고독함을 이길 방법은 마음을 전할 친구 외에는 없다는 오스칼의 어린 고백이 이엘리의 마음을 움직입니다.

국내에선 보기 드문 스웨덴 영화 〈렛미인〉은 장르를 나누자면 뱀파이어를 소재로 한 공포영화입니다. 하지만 기존 뱀파이어 영화가 가진 공포와 스릴러적인 형태는 그대로 유지하되 잔혹함, 성적인 코드는 최대한 배제하고, 열두 살 소년 소녀의 순수한 사랑을 다루고 있다는 점이 매우 특이합니다.

영화를 제작한 토마스 알프레드손Tomas Alfredson 감독은 2008년 부천판타스틱영화제 최우수감독상을 수상했고, 그 외에도 시체스, 트라이베카, 에든버러, 판타시아 영화제 등 다양한 영화제에서 작품성을 인정받으며 수상한 전력을 가지고 있습니다. 〈렛미인〉이 국제 규모의 영화제에서 호평을 받은 가장 큰 특징은 1980년대 스웨덴이란 현대적 시간 배경에 뱀파이어란 신화적 요소를 혼합해 독특한 사랑 이야기를 만들어낸 데 있습니다.

〈렛미인〉은 스웨덴의 베스트셀러 작가 욘 린퀴비스트의 원작소설 'Lat Den Ratte Komma In'을 바탕으로 하되 감독이 많은 부분을 각색한 영화입니다. 인간의 피를 먹어야만 살 수 있는 뱀파이어와 어린 왕따 소년의 사랑을 결합해 순수한 소년의 성장 영화를 모색했다는 점에서 절묘한 영화의 선을 지켰다는 생각입니다. 공포스러운 장면들이 없지 않지만 두 사람의 이야기를 방해하지 않고, 혹한의 추운 날씨가 끊임없이 스크린 밖 관객에게 서늘함을 전해 주지만 두 사람의 스토리가 따스한 온기로 영화의 템포를 지탱해 줍니다. (2008. 11. 19)

추천 영화 리뷰 81

더 폴: 오디어스와 환상의 문 The Fall
— 세상의 끝에서 발견한 서사시

인도 출신 감독 타셈 싱 Tarsem Singh의 영화를 어떻게 소개하면 좋을까요?

판타지? 드라마? 어떻게 설명하든 특수효과로 러닝 타임 대부분을 도배한 할리우드 블록버스터가 판을 치는 세상에서 최고의 컷을 찾아 28개국을 넘나들며 단 한 번의 특수효과 없이 촬영해낸 이 대작 영화를 한 단어로 소개하기는 아무래도 좀 어려울 듯합니다.

1981년 상영된 불가리아 영화 〈요호호〉가 원작으로 알려져 있습니다. 타셈 싱은 〈요호호〉를 기본 뼈대로 하되 전혀 다른 느낌의 영화를 만들겠다고 공언했고, 적어도 이 부분에 대해서는 대부분의 평론가들이 동의하는 듯합니다.

1920년대 미국의 어느 한 병원에 무성영화 촬영 도중 하반신을 크게 다친 스턴트맨 로이(리 페이스)와 오렌지나무에서 떨어져 쇄골

이 부러진 소녀 알렉산드리아(카틴카 언타루)가 입원해 있습니다. 두 사람은 떨어져서 다쳤다는 기묘한 동질감과 서로의 계산이 맞아 떨어져 친해집니다. 부상과 실연으로 깊은 상심에 빠진 로이에겐 삶은 사치일 뿐입니다. 하반신을 움직일 수 없는 그는 치사량의 모르핀을 모으는 일이 목적이었고, 심심하기 이를 데 없는 병원생활에 지쳐 놀 거리가 필요했던 알렉산드리아에게 로이는 꼭 필요한 이야기꾼이자 친구입니다.

〈더 폴: 오디어스와 환상의 문〉의 기본 뼈대는 로이가 알렉산드리아에게 들려주는 자작 판타지 스토리가 영화 속에 구현되는 형식을 갖추고 있습니다. 매일매일 조금씩 자신의 기분에 따라 달라지는 로이의 다섯 영웅에 대한 서사시는 관객들이 보기에 판타지이기도 하지만 위험한 로이의 심리 상태가 그대로 투영됩니다. 로이가 조금이나마 삶에 대한 희망을 가질 때 영웅들의 서사시는 밝고 화창하지만, 그가 고통스러워할 때 서사시와 다섯 영웅은 걷잡을 수 없는 위험에 처하기도 합니다.

불완전한 이야기 구조와 결말을 알 수 없는 혼란, 그리고 격렬한 엔딩. 로이의 스토리는 영화가 진행될수록, 그리고 알렉산드리아의 몰입도가 높아질수록 오히려 걷잡을 수 없이 격렬한 상태로 달려가고, 혼란스러운 알렉산드리아는 좋은 결말을 기대하는 마음뿐입니다.

〈더 폴: 오디어스와 환상의 문〉의 가장 큰 미덕은 역시 뚝심과 끈기로 만들어낸 아름다운 판타지 장면들에 있습니다. 인도 라자스탄의 메랑가르 성채와 조드푸르의 죽음의 계단, 나마비아의 나미브 사막, 피지의 나비 섬, 볼리비아의 우유니 소금사막 등 대부분의 관객들이 단 한 번도 보지 못했을 미지의 장소에서 벌어지는 악당 오디어스를 향한 다섯 영웅의 사투는 그 자체만으로도 매우 흥미진진하며, 미학적 아름다움을 갖추고 있습니다. (2008. 12. 10)

추천 영화 리뷰 82

예스 맨 Yes Man
― 짐 캐리의 인생역전 프로젝트

짐 캐리가 그의 트레이드마크인 코미디로 돌아왔습니다. 그의 예능적 재능을 처음 관객들에게 알렸던 영화 〈마스크〉(1994), 〈에이스 벤츄라〉(1994)를 돌아 수많은 작품에 출연하며 오랜 세월이 지났지만 짐 캐리에겐 역시 코미디가 제격이란 생각을 〈예스 맨〉을 보며 다시 한 번 해봅니다.

이혼, 지루한 직장생활, 소극적인 생활 태도, 삶의 어느 한 구석에서도 즐거움을 찾아볼 수 없어 매사에 부정적인 대출회사 직원 알렌(짐 캐리)은 우연히 친구의 권유로 인생역전 프로그램에 참여한 후 새로운 삶의 전기를 맞게 됩니다.

부정적이고 절망적인 인생이 'SAY YES'를 외침으로써 긍정적이고 희망적인 인생으로 바뀐다는 황당한 설정이 어색하긴 하지만, 코미디인 데다 짐 캐리 주연의 영화란 점을 감안한다면 모든 게 용서되는 상황입니다. 대출 승인이든, 한국어 배우기든, 비행기 조종술 배우기든, 제3세계의 여성 사귀기든 모든 걸 긍정적인 사고로 바라보게 되면서 칼의 삶은 큰 변화를 겪습니다. 그 중에 가장 큰 변화는 새로운 여자 친구 앨리슨(주이 디샤넬)을 만나게 된 일입니다.

매사에 부정적이던 칼이 앨리슨을 통해 내면을 돌아보고 진정한 사랑의 길에 들어서는 후반부는 페이튼 리드Peyton Reed 감독이 만든 영화 〈브레이크 업〉(2007)의 플롯과 많이 닮았습니다. 좌절, 사랑, 웃음 그리고 자그마한 감동에 긍정적 사고의 힘을 보여주는 〈예스맨〉은 잠시나마 고심보따리를 풀어놓고 즐겨도 좋을 코미디 영화입니다. (2008. 12. 23)

비 카인드 리와인드 Be Kind Rewind
– 낡음을 추억하다

세월이 가면서 우리 곁에서 사라지는 것들이 있습니다. 전자계산기가 생기면서 주판이 없어졌듯이 DVD가 생겨나면서 비디오테이프가 생기를 잃었습니다. 물론 요즘은 DVD조차 밀려나고 있는 추세이긴 하지만 말이죠. 이 영화는 우리 곁에서 사라져 가는 것들을 추억하는 코미디 영화입니다.

엔터테인먼트는 직접 만들고 즐길 때 더 아름답다는 특유의 지론을 펼쳤던 미셸 공드리 Michel Gondry 감독은 사라져 가는 비디오테이프에 대한 애틋함에 더해 자작영화를 만들고 즐길 줄 아는 시민들의 일상을 영화 속에 담았습니다.

〈고스트 버스터즈〉(1984), 〈로보캅〉(1987), 〈러시 아워〉(1998), 〈킹콩〉(1977) 등 그 점원에, 그 가게에, 그 손님들이랄까요? 손님들이 원하는 영화는 대부분 지나간 영화들입니다. 왜 그랬을까요? 감독은 비디오 대여점과 소시민들, 그리고 순진한 점원들을 통해서 과거와 흘러간 것에 대한 아련한 향수를 이야기하고 싶었던 것입니다. 이 영화의 가장 큰 미덕은 기억이 곁에서 사라짐을 추억하되 슬퍼하거나 얽매이지 않고 자신들만의 방식으로 과거를 떠나보내는 서민들의 순수한 마음을 그린 데 있습니다.

경쟁 대여점에 비해 낡고 비좁은 가게 탓에 수입이 감소해 걱정이 태산인 '비 카인드 리와인드'의 사장 플레처(대니 글로버)는 개인적인 일로 여행을 떠나며 약간 모자라지만 착한 점원 마이크(모스 데프)에게 단 한 가지만 지시를 내립니다. 그것은 사고뭉치 자동차 수리공 제리(잭 블랙)를 가게에 들이지 말라는 것입니다. 하지만 마이크가 그 말뜻을 뒤늦게 이해했을 때쯤 제리는 비디오테이프의 대부분을 망가뜨립니다.

비디오 대여점 점원과 그의 말썽꾸러기 친구가 고객들이 대여를 원하는 영화를 직접 제작하면서 벌어지는 해프닝이 이 영화의 주된 내용입니다. 마이크와 제리가 만든 엉성하기 이를 데 없는 20분짜리 자작영화를 보기 위해 줄서서 기다리거나 대여점 회원가입을 위해 20달러의 지출을 마다하지 않는 이들을 현실에서 만나기는 매우 어렵습니다.

하지만 미셸 공드리는 동화 같은 판타지가 현실에도 존재한다며 강변하듯 영화를 이어갑니다. 영화를 좀 더 이해하기 위해선 감독의 전작들을 살펴볼 필요가 있습니다. 미셸 공드리는 사랑, 기억이나 추억이란 소재를 다룬 작품들이 많습니다. 그의 작품 중 최고로 꼽히는 〈이터널 선샤인〉(2004)에서 남녀 주인공의 아슬아슬한 사랑과 기억에 관한 내용이 그렇고, 옴니버스 영화 〈도쿄!〉(2008)에서 여주인공이 대도시에서 겪는 혼란과 과거의 기억, 순수함으로의 회귀본능에서도 감독의 일관된 메시지를 읽을 수 있습니다.

머지않아 헐리게 될 비디오 대여점에서 그들이 함께 출연해 만든 영화를 보며 행복한 저녁을 보내는 소시민들의 모습이 엔딩 신에 가득 이어집니다. '새 것은 모두 좋고 아름답다'거나 일자리 창출을 부르짖으며 '건설은 새로운 고용창출'이라고 둘러대는 개발주의자들로 가득 찬 건조한 현실을 잠시나마 잊을 수 있어 좋습니다.

(2009. 1. 12)

벤자민 버튼의 시간은 거꾸로 간다 The Curious Case of Benjamin Button

– 운명에 휘둘리지 않는 연인들

80대의 모습을 하고 태어난 아기 벤자민(브래드 피트)이 나이가 들면서 오히려 젊어진다는 설정을 근간으로 하고 있습니다. 스콧 피츠제럴드의 단편소설 '벤자민 버튼의 흥미로운 사건'을 모티브로 했다고 하지만 원작과는 아주 많이 다른 것으로 알려져 있습니다.

데이빗 핀처 David Fincher 감독은 왜 단편소설 주인공 '벤자민'에게 주목했을까요? 날 때부터 기형적으로 태어난 벤자민은 친아버지에 의해 버려지지만 놀란 하우스 양로원의 퀴니(타라지 헨슨)에 의해 양육됩니다. 날 때부터 버려진 그의 운명은 비극적으로 보이지만 그 후 벤자민의 적극적인 노력과 주위의 따스한 사랑으로 그의 삶은 더 이상 비극적이지도 슬프지도 않습니다. 양어머니 퀴니와 양로원의 다정다감한 노인들과의 어린 시절이 그렇고, 바다를 향해 떠난 17세 이후의 삶도 그렇습니다. 우스꽝스러운 얼굴에 연약한 신체이지만 세상은 그를 받아주었고, 벤자민 역시 세상을 행군하며 삶의 의미와 유한성을 깨닫습니다.

자신의 불운을 의지와 자신감으로 극복하는 벤자민의 스토리만을 놓고 보자면 이 영화는 인간 승리의 표본을 보여주는 듯합니다. 데이빗 핀처는 이 영화를 만들게 된 이유를 설명하며 '운명에 휘둘리지 않는 두 인물'에 주목했다고 말합니다. 80세의 얼굴로 태어난 벤자민과 그런 벤자민의 모습조차 사랑했던 데이지(케이트 블란쳇)의 지고지순한 사랑을 표현하는 게 감독의 의도였습니다.

사람들은 수많은 선입견을 가지고 살아갑니다. 선입견은 그가 배운 지식에 의한 것일 수도 있고, 체험적으로 알게 된 것도 있습니다. 벤자민과 데이지는 선입견에 얽매이지 않고 마음의 움직임에 따라 운명을 결정하고, 사랑을 선택했습니다.

벤자민은 바다를 떠나 세계를 여행하며 마이크 선장과 교우하고, 엘리자베스 에봇(틸다 스윈튼)과 정신적, 육체적 만남을 경험하기도 합니다. 게다가 뜻하지 않게 제2차 세계대전의 참화에 휩싸이기도 합니다. 비슷한 시기에 뉴욕 무용단의 무용수가 된 데이지 역시 거리낌 없는 연예 활동으로 자신의 지평을 넓혀 갔지만, 그녀의 마음속엔 늘 벤자민이 자리 잡고 있습니다.

장장 3시간에 육박하는 이 장편 서사영화는 〈포레스트 검프〉(1994)와 유사한 구조를 갖추고 있지만, 판타지 요소가 짙은 동화적인 사랑을 주연배우들의 호연과 장대한 스케일로 그려간다는 데서 〈포레스트 검프〉와는 또 다른 차별적 요소를 갖추고 있습니다.

세상에 존재할 수 없을 듯한 사랑이지만 벤자민의 단점을 장애로 보지 않고 인간에 대한 순수함 그 자체로 승화시킨 데이지와 벤자민의 사랑은 긴 러닝 타임에도 불구하고 섬세하고 아름답습니다.

(2009. 2. 10)

낯술 Daytime Drinking
– 술과 담배연기로만

2008년 로카르노 영화제 넷팩상, 전주국제영화제에서 관객평론
가상 등을 수상한 노영석 감독의 〈낯술〉은 통통 튀는 아이들의 장
난감 고무공 같습니다. 2시간 가까운 상영시간 내내 스크린엔 소주
냄새와 담배연기가 가득하지만 의외로 전복적인 스토리 전개는 중
간 중간 코믹함과 리듬감을 놓치지 않습니다.

실연, 정선으로의 돌발적인 여행, 펜션 그리고 경포대로 이어지
는 주인공 혁진(송삼동)의 여정은 결혼이라는 제도권 내에 편입되지
않은 젊은 남성의 욕망과 유치함이 여과 없이 묘사됩니다. 혁진은
주위에서 흔히 볼 수 있는 캐릭터입니다. 실연에 괴로워하지만 애
틋하지 않고, 새로운 만남에 대한 기대감은 언제나 대기 상태입니
다. 눈앞에 다가온 여성을 마다하지 않지만 성격보다는 외모를 따
지는 속물적인 근성도 여전합니다.

혁진은 결국 우리 주위의 남성들을 상징합니다. 우연한 기회에
낯선 곳으로 떠난 한 남자의 며칠은 그래서 아무런 준비도 없고, 기
대감도 없이 흘러가지만 사건은 끊임이 없습니다. 혁진의 준비 없
고 대책 없는 로망은 좌충우돌 엇박자로 흘러가고, 대책 없는 여정
엔 술과 담배가 함께 합니다.

인기배우 한 명 없고, 그럴 듯한 세트장은 물론 유명한 음악감

독, 촬영감독 어느 하나 스태프에 포함되어 있지 않지만 감독 역을 비롯해 음악까지 1인 8역 이상을 마다하지 않은 노영석 감독의 경쾌한 변주가 〈낮술〉의 또 다른 장점입니다.

독립영화는 으레 어렵다거나 불편할 거라는 편견을 모두 깨버린 〈낮술〉은 1,000만원의 제작비로 13일 10회차 만에 촬영을 완료한 영화이지만 탁월한 경쾌함과 리듬감으로 인해 해외로부터의 러브콜이 이어지고 있습니다. 영화가 끝나고 나면 관객들도 혁진을 따라 겨울 정선을 한 바퀴 돈 듯 상쾌하지만, 소주 5병에 담배는 5갑 이상 피운 듯 목이 칼칼해집니다. (2009. 3. 19)

추천 영화 리뷰 86

노잉Knowing
– 종말론일까, 구원론일까?

1959년 타임캡슐에 봉헌될 당시 어린이들의 그림을 50년이 지난 후 재학생들에게 나눠주는 행사에서 존 코스틀러(니콜라스 케이지)의 아들 케일럽이 받은 그림은 복잡한 숫자가 적힌 그림입니다. 아이가 받은 그림을 우연히 사건과 대조해본 코스틀러는 그림 속 숫자들이 실제로 벌어진 지구의 재난과 사망자 숫자와 일치한다는 사실을 알게 되고, 그의 유일한 희망인 아들 케일럽을 살리기 위해 숫자의 비밀을 추적해 들어갑니다.

〈딥 임팩트〉(1998), 〈아폴로 13〉(1995), 〈아마겟돈〉(1998) 등 지구의 재난과 인류 종말을 그린 영화는 과거에도 많았습니다. 그런 영화들을 구분해 본다면 크게 종말론적 영화와 구원론적 주제를 가진 영화의 두 가지로 나눠볼 수 있습니다.

알렉스 프로야스 Alex Proyas 감독의 〈노잉〉은 관객의 관점에 따라서 종말론적 시각으로 보이지만, 유심히 결론을 지켜보면 구원론적인 시각을 갖고 있습니다. 천재지변에 의한 인류 멸망이라는 종말론적 시각에서 출발한 이 영화는 후반부에 들어 케일럽과 애비(라라 로빈슨)의 조합을 통해 구원론으로 방향을 잡습니다. 자연 재해로 인한 인류 대재앙과 이를 감지한 외계의 지적 생명체의 보이지 않는 움직임은 구원론에 가깝다는 사실을 입증합니다.

결국 논점이 되는 문제는 구원의 주체입니다. 과거 재난 영화에서 흔히 구원의 주체는 미션을 받은 주인공, 혹은 주인공과 관계된 사람이었습니다. 하지만 〈노잉〉은 구원의 주체를 인류에서 찾지 않았습니다. 은하계를 통틀어 지구만이 유기 생명체가 존재한다는 주장은 입증되지는 않았지만 통설로 받아들여져 왔습니다. 〈노잉〉은 이런 주장에 맞서고 있습니다.

인류의 과학기술을 능가하는 고등 생명체의 존재와 절체절명의 순간에 인류 구원의 주체가 외계 생명체가 된다는 논리의 흐름은 외계 생명체가 없이는 인류는 영속할 수 없다는 논리로 귀착될 수 있어 〈노잉〉은 인간의 한계를 여지없이 보여주고 있습니다.

원 신one scene(화면을 커트 단위로 편집하지 않고 천천히 카메라의 움직임을 통해 한 번에 보여주는 장면)으로 만들어진 항공기 추락 장면이나 거대 해일, 미국 도시의 파괴 모습 등 스펙터클한 CG 영상이 압권이지만, 항공기 추락 장면을 제외하곤 기시감이 많은 신들이어서 그런 장면들을 보기 위해 영화관을 찾는 것은 오히려 좋은 선택이 아닐 수 있습니다.

감독의 전작 〈아이로봇〉(2004)에서 그려진 디스토피아도 암울했지만 〈노잉〉의 디스토피아도 암울하긴 마찬가지입니다. 감독의 의도는 도대체 무엇일까요? (2009. 4. 22)

추천 영화 리뷰 87

허트 로커 The Hurt Locker
– 제대로 된 서스펜스

이라크에 주둔 중인 미군의 폭발물 제거처리반 EOD 팀의 팀장 제임스(제레미 레너)가 방호복을 입은 채 매립된 사제폭탄의 유도선을 잡아당기자 거미줄처럼 엮인 전선들이 마른 바닥에서 드러날 때 관객들은 그 다음에 벌어질 일을 생각하며 섬뜩한 서스펜스를 느낍니다. 온몸에 폭탄이 감긴 채 타이머가 작동 중인 이라크인에게 다가간 제임스가 2분도 채 남지 않은 시간에 자물쇠를 제거하기 위해 식은 땀을 흘릴 때 관객들도 이라크 전장에 버려진 듯 숨이

막힙니다.

아카데미 작품상을 비롯해 총 6개 부문을 휩쓴 캐스린 비글로우 Kathryn Bigelow 감독의 〈허트 로커〉는 서스펜스가 넘치는 전쟁영화입니다. 등장인물은 모르고 있는 위험을 관객이 알고 있을 때 느끼는 초조감이 서스펜스라고 히치콕 감독은 말했다고 합니다. 〈허트 로커〉는 바로 그런 영화입니다. 언제 어느 곳에서 터질지 모르는 즐비한 폭탄들, 죽음과 삶을 맞바꿔 버린 듯한 제임스의 무모한 폭발물 제거 행동들이 관객의 긴장도를 한층 더 높입니다.

사제폭탄이 난무하는 이라크, 쉼 없이 이를 제거하고 처리해야 하는 EOD 팀에게 삶과 죽음의 경계는 무의미합니다. 순간적인 판단으로 생사가 엇갈리는 그들이 보여주는 긴장과 갈등, 공포는 서스펜스로 전이되어 관객들에게 고스란히 전쟁의 참상과 무서움을 일깨워줍니다. 영화적 현실이지만 이라크의 참상을 그대로 옮겨온 듯 담담하면서도 감정의 진폭이 큰 이 영화는 아마도 전쟁 심리 영화의 새로운 모델이 될 듯합니다.

호흡을 가다듬지 않고 다음 장면을 생각하는 것만으로도 숨 막히는 영화입니다. 서스펜스를 즐긴다면 몰라도 서스펜스를 즐기지 않는 심약한 관객에겐 쉽지 않은 두 시간이 될 것입니다. (2010. 4. 25)

김복남 살인사건의 전말 Bedevilled

– 거침없는 오락영화

장철수 감독의 영화 〈김복남 살인사건의 전말〉은 오락영화입니다. 여기서 말하는 오락영화란 감독이 영화를 만들 때 대중적 흥행을 염두에 두었으며, 영화의 주제에 깊이 더 들어갈 필요가 없다는 이야기입니다. 즉 영화 속에 펼쳐지는 핏빛 잔혹 복수극 그 자체 속에서 카타르시스를 느끼든, 애절함을 느끼든 그것은 관객의 자유이지만 그 이상은 고민할 필요가 없다는 뜻입니다.

기존의 출연작을 비롯해 본의 아니게 캐릭터가 규정된 듯 극 중 주연 복남(서영희)은 처절한 피해자 역할이 많았습니다.

영화 전반부의 복남은 희생자이자 피해자이며, 소외된 여성입니다. 도심으로부터 소외된 무도라는 외딴 섬, 그리고 그 속에서 어린 시절 절친했던 친구에게조차 소외된 한 여성의 비극적인 역할에 서영희는 어쩔 수 없이 적역입니다.

하지만 후반부 낫을 치켜든 복남은 더 이상 〈추격자〉의 가여운 희생자 미진이 아닙니다. 장철수 감독은 후반부 복남의 처절한 복수극을 향한 개연성을 다지기 위해 전반부 대부분의 시간을 그녀를 향한 가족과 이웃의 모욕과 학대 신으로 채웠습니다. 그녀가 시어머니에게, 남편에게, 시동생에게, 마을 사람들에게 천대받으며 모욕당할수록 관객의 분노치는 복남의 마음처럼 한없이 높아집니다.

의도적인 감독의 분노 상승 장치들은 후반부 복남의 딸이 사고가 난 후 뜨거운 용암처럼 분출합니다. 슬래셔 무비 Slasher Moive(얼굴을 가린 살인마가 영화 속 등장인물을 몽땅 무차별 죽음의 파티로 이끄는 영화)에 무관심 혹은 혹평으로 일갈하길 좋아하는 평단에서조차 후련한 전개라고 할 만큼 후반부의 잔혹한 복수극은 이상하리만치 시원시원합니다.

복남은 근대사 속 피해 여성들에게 바치는 추모사이기도 하지만, 알고 보면 같은 이유로 여전히 핍박받는 이 세상 수많은 사람들에게 바치는 중성적인 격려사이기도 합니다. 외딴 섬 무도는 답답하고 한정된 공간이지만 알고 보면 인간들이 사는 여느 곳과도 닮아 있습니다. 이웃의 불행, 슬픔에 애써 무표정한 얼굴로 대하기 일쑤인 우리들에게 무도에서 벌어진 며칠간의 참극은 많은 생각거리를 만들어줍니다.

〈김복남 살인사건의 전말〉은 앞에서 적었듯이 오락영화입니다. 잘 짜인 분노 상승 구조를 통해서 복남의 삶에 대한 이해와 몰입을 유도하고, 이를 거침없이 후반부에 터트리고 있기 때문입니다. 서영희의 연기는 더뎌 보이는 연출적 지루함을 만회하고도 남을 열연이었습니다. (2010. 9. 4)

소스 코드 Source Code

– 던칸 존스를 기억하라

던칸 존스Duncan Jones 감독의 전작 〈더 문〉(2009)을 관람한 관객이라면 달 탐사기지에 근무하며 곧 지구로 귀환할 기쁨에 빠져 있던 주인공 샘 벨이 겪던 충격적인 현상을 기억할 것입니다.

〈더 문〉의 예사롭지 않은 전개와 결말에 전율했던 이들이라면 두 번째 작품인 〈소스 코드〉를 바라보는 시선 역시 기대에 가득 찼을 겁니다. 첫 번째 작품을 성공한 감독이 차기작에서 흥행에 실패하는 경우가 많은데 던칸 존스는 그런 우려를 〈소스 코드〉로 말끔히 날려버렸습니다.

소스 코드는 과학기술이 만들어낸 시공간 이동 시스템입니다. 과거의 시간 속으로 이동해 현실, 혹은 미래에 벌어질 사건을 미리 막기 위해서 비밀리에 개발, 적용 준비 중인 시스템입니다. 사건 현장은 시카고 도심을 달리는 기차, 이 열차 속에 장착된 폭탄의 설치범을 잡지 못하면 미국 전체가 위기에 빠져들 수 있습니다.

소스 코드의 임무를 부여받은 콜터(제이크 질렌할)는 단 8분만 과거의 시간 속으로 들어갈 수 있습니다. 반복되는 실수, 영문도 모른 채 사건에 투입된 콜터는 자신의 정체성과 알 수 없는 지시, 그리고 사건 속에서 큰 혼란을 겪으며 사건 해결의 실마리를 찾게 됩니다.

타임머신 기법을 이용한 과거로의 여행은 많은 영화들이 시도했지만 〈소스 코드〉처럼 논리적이며 과학적으로 접근한 영화는 많지 않았습니다. 반복되는 과거로의 이동과 정체성의 혼란, 그리고 그 속에 녹아 있는 따뜻한 휴머니즘은 흥행을 감안한 할리우드적 상업성의 처방이 강하게 느껴지지만, 후반부에서의 강한 반전은 〈더 문〉에서 느꼈던 반전처럼 또 다른 충격과 즐거움이 있습니다. 던칸 존스를 기억해야 할 이유입니다. (2011. 5. 14)

추천 영화 리뷰 90

파이트 클럽 Fight Club

— 자아 이탈

데이빗 핀처David Fincher 감독의 〈파이트 클럽〉은 1999년 작품입니다. 21세기를 앞두고 많은 이들이 혼란에 빠져 있을 무렵 개봉한 이 영화는 개봉 초에는 큰 두각을 나타내지 못했으나 시간이 갈수록 더 평가를 받는 영화입니다.

주인공 더든 역의 브래드 피트와 잭 역의 에드워드 노튼의 다르고 같은 연기가 인상적입니다. 급팽창하는 소비문화에 대한 반향과 기대보다는 불안감에 휩싸인 채 21세기로 진입하는 당시 사람들의 두려움이 더든과 잭 속에 모두 들어 있습니다.

자본주의 소비문화 자체를 향유하며 즐기는 잭과 소유욕을 비웃으며 무소유를 거하게 주장하며 몸소 실천하는 더든, 이 두 사람은 결국 한 사람입니다. 인간 내면에 잠재한 진심과 겉으로 드러나는 내면의 불일치성이 폭력과 일탈, 그리고 파괴로 이어지는 과정은 반전反轉 영화라는 상투적인 표현 그 이상입니다.

물질을 소유하면 더 많이 소유하려는 욕구와, 모든 걸 잃어버려야 진정한 자유를 찾을 수 있다는 더든의 신파조 대사가 절묘합니다.

소유에 대한 저항과 점점 거세되어져 가는 남성성을 폭력으로 되돌리려 했던 〈파이트 클럽〉의 분투가 남의 일 같지 않습니다. 시간이 갈수록 더 절묘한 블랙 코미디 영화입니다. (2011. 6. 22)

〈우리들 각자의 영화관〉이 출간된 지 벌써 5년이 지났습니다. 출간 초기의 여러 우려와 달리 많은 분들의 관심과 도움으로 이번에 새롭게 개정판을 발간하게 됐습니다.

이번 개정판에서는 앞서 1, 2쇄 출간 시 미처 교정하지 못했던 한글과 영문 오탈자들을 수정했고, 동일 의미의 단어와 중복된 문장 등을 대폭 고치고 다듬어 독자들이 좀 더 읽기 쉽게 했습니다.

무엇보다 글쓴이가 책에서 소개한 90편의 리뷰 외에 지금까지 관람한 영화 전체 목록을 보고 싶다는 독자들의 요청이 많았습니다. 출판사와 상의해 짧은 평을 넣고 권말 부록으로 실었습니다.

부록에는 글쓴이가 영화 기록을 시작한 2004년 8월부터 2021년 2월까지 17년간 관람한 영화 800여 편의 목록과 함께 영화별로 저자의 15자 평(評)을 담았습니다. 일람하시면서 독자 여러분의 영화관(觀)과 비교해 보시는 것도 좋을 듯합니다.

동국대학교 교수이자 저명한 영화평론가인 유지나 교수님께서 추천의 글을 허락해 주셔서 권두에 실었습니다. 바쁘신 일정을 쪼개어 졸저에 대한 깊이 있는 조언과 귀한 추천의 글을 주신 교수님께 깊이 감사드립니다.

마지막으로, 〈우리들 각자의 영화관〉이 세상에 나와 독자들과 교감하게 된 데는 W미디어 박영발 사장님의 깊은 호의와 배려가 있어 가능했습니다. 개정판을 발간하며 지면을 빌어 감사드립니다.

저자

저자의 관람 영화 목록(2004~2021)

15자 평	영화 제목	감독	기록일
1. 상큼한 사랑영화	〈아는 여자〉	장진	2004. 8. 19
2. 신들의 전쟁	〈트로이〉	볼프강 페터슨	2004. 8. 19
3. 유신으로의 여행	〈효자동 이발사〉	임찬상	2004. 8. 19
4. 한국판 로버트 드니로 백윤식	〈범죄의 재구성〉	최동훈	2004. 8. 19
5. 쉽지만은 않은 고민	〈송환〉	김동원	2004. 8. 19
6. 한국영화의 여전한 희망	〈태극기 휘날리며〉	강재규	2004. 8. 19
7. 맹인검객	〈자토이치〉	기타노 다케시	2004. 8. 19
8. 아름다운 마감	〈반지의 제왕 3〉	피터 잭슨	2004. 8. 19
9. 박찬욱의 시작	〈올드보이〉	박찬욱	2004. 8. 19
10. 리로드!	〈매트릭스 3〉	워쇼스키 자매	2004. 8. 19
11. 괴짜들의 사랑	〈참을 수 없는 사랑〉	조엘 코엔	2004. 8. 19
12. 러시아로부터 사랑을	〈버스데이걸〉	제즈 버터워스	2004. 8. 19
13. 미래 로봇의 공포	〈아이, 로봇〉	알렉스 프로야스	2004. 8. 19
14. 한 편의 CF 같은 영화	〈폰 부스〉	죠엘 슈마허	2004. 8. 19
15. 귀여움 그 자체	〈니모를 찾아서〉	앤드류 스탠튼	2004. 8. 19
16. 풀어야 할 숙제	〈살인의 추억〉	봉준호	2004. 8. 19
17. 떨리는 가슴, 놀라운 반전	〈데이비드 게일〉	알란 파커	2004. 8. 19
18. 코믹 스릴러	〈시실리 2Km〉	신정원	2004. 8. 19
19. 섬뜩함 그 자체	〈쓰리, 몬스터〉	박찬욱, 미이케 다카시, 프룻 챈	2004. 8. 22
20. 아! 스필버그형 왜 이러세요	〈터미널〉	스티븐 스필버그	2004. 9. 7
21. 3일 만에 다가온 비극적 사랑	〈연인〉	장이머우	2004. 9. 14
22. 숲이 주는 공포	〈빌리지〉	M. 나이트 샤말란	2004. 9. 29
23. 뭉클한 감동과 쓸쓸함	〈슈퍼스타 감사용〉	김종현	2004. 9. 29
24. 젠에 대한 산만한 찬사	〈콜래트럴〉	마이클 만	2004. 10. 23
25. 슬픈 영혼들의 방황	〈21그램〉	알레한드로 곤잘레스 이냐리투	2004. 10. 26
26. 폭풍 같은 분노	〈주홍글씨〉	변혁	2004. 11. 10
27. 지친 삶을 사는 이들의 희망	〈클린〉	올리비에 아사야스	2004. 11. 30
28. 판타지 로맨스	〈하울의 움직이는 성〉	미야자키 하야오	2005. 1. 3
29. 스타들의 수다	〈오션스 트웰브〉	스티븐 소더버그	2005. 1. 10
30. 지친 설경구 휴식이 필요하다	〈공공의 적 2〉	강우석	2005. 1. 28

15자 평	영화 제목	감독	기록일
31. 분명한 블랙코메디 역사추리 영화	〈그때 그 사람들〉	임상수	2005. 2. 6
32. 구원을 향한 과잉 집착	〈콘스탄틴〉	프란시스 로렌스	2005. 2. 10
33. 헐리웃 공식을 잘 아는 영화	〈에비에이터〉	마틴 스콜세지	2005. 2. 27
34. 상상의 힘을 믿습니까?	〈네버랜드를 찾아서〉	마크 포스터	2005. 3. 2
35. 힐러리 스웽크에게 반하다	〈밀리언 달러 베이비〉	클린트 이스트우드	2005. 3. 14
36. 로맨틱 코미디	〈윔블던〉	리처드 론클레인	2005. 3. 31
37. 단 한 번의 실수, 치명적인 결말	〈달콤한 인생〉	김지운	2005. 4. 6
38. 창백한 아름다움	〈인터프리터〉	시드니 폴락	2005. 4. 25
39. 조선 연쇄 살인극	〈혈의 누〉	김대승	2005. 5. 6
40. 공포가 광기로 변한다면?	〈남극일기〉	임필상	2005. 5. 25
41. 30년의 여로를 마치며	〈스타워즈 에피소드 3〉	조지 루카스	2005. 6. 8
42. 배트맨 돌아오다	〈배트맨 비긴즈〉	크리스토퍼 놀란	2005. 7. 4
43. 몽환 속 짙은 서정미	〈에로스〉	왕가위, 스티븐 소더버그, 미켈란젤로 안토니오니	2005. 7. 8
44. 섬뜩한 미래광시곡	〈우주전쟁〉	스티븐 스필버그	2005. 7. 13
45. 이영애만의 강렬함	〈친절한 금자씨〉	박찬욱	2005. 7. 31
46. 적인가? 아군인가? 호접몽인가?	〈웰컴 투 동막골〉	박광현	2005. 9. 5
47. 언제쯤 박수를 쳐야 할지?	〈박수칠 때 떠나라〉	장진	2005. 9. 5
48. 장이머우의 스타일을 뛰어 넘는다	〈형사〉	이명세	2005. 9. 14
49. 헐리우드의 전형적인 공식	〈신데렐라 맨〉	론 하워드	2005. 9. 22
50. 진한 사랑의 카타르시스	〈내 생애 가장 아름다운 일주일〉	민규동	2005. 10. 12
51. 세월이 묻어나는 영화	〈성룡의 신화〉	당계례	2005. 10. 20
52. 창작의 수고로움	〈월래스와 그로밋 거대토끼의 저주〉	닉 파크, 스티브 박스	2005. 11. 14
53. 사랑의 기억이 지워질 수 있다면?	〈이터널 선샤인〉	미셸 공드리	2005. 11. 14
54. 애들이 너무 커졌어요	〈해리포터와 불의 잔〉	마이크 뉴웰	2005. 12. 6
55. 장동건만으로도 좋다	〈태풍〉	곽경택	2005. 12. 22
56. 헷갈린다. 손예진	〈작업의 정석〉	오기환	2005. 12. 26
57. 소리로 보는 영화	〈왕의 남자〉	이준익	2005. 12. 30
58. 아름다운 영화적 시도	〈청연〉	윤종찬	2006. 1. 5
59. 두려움이 없으면 이긴다	〈싸움의 기술〉	신한솔	2006. 1. 16
60. 소주 한 잔이 필요하다	〈야수〉	김성수	2006. 1. 19

15자 평	영화 제목	감독	기록일
61. 삼국을 넘나드는 피곤함	〈무극〉	첸 카이거	2006. 1. 31
62. 외로운 닭, 의로운 닭	〈치킨 리틀〉	마크 딘달	2006. 2. 6
63. 테러는 반복된다	〈뮌헨〉	스티븐 스필버그	2006. 2. 17
64. 조선판 빨간책 이야기	〈음란서생〉	김대우	2006. 2. 27
65. 보이지 않는 사랑	〈데이지〉	유위강	2006. 3. 16
66. 봄에 핀 들꽃처럼 신선한 사랑	〈오만과 편견〉	조 라이트	2006. 4. 3
67. 참다운 이해가 필요할 때	〈크래쉬〉	폴 해기스	2006. 4. 11
68. 인생은 단 한 번의 운	〈매치포인트〉	우디 앨런	2006. 4. 19
69. 와우!!	〈미션임파서블 3〉	J. J. 에이브럼스	2006. 5. 8
70. 배신 그리고 배반	〈사생결단〉	최호	2006. 5. 15
71. 그냥 영화로만 즐기자	〈다빈치 코드〉	론 하워드	2006. 5. 22
72. 온 몸 액션 그 자체	〈짝패〉	류승완	2006. 5. 29
73. 배신도 인생	〈비열한 거리〉	유하	2006. 6. 19
74. 그 분이 오셨어요	〈수퍼맨 리턴즈〉	브라이언 싱어	2006. 6. 30
75. 지독한 가족사랑	〈괴물〉	봉준호	2006. 8. 3
76. 세 번의 이별, 한 번의 만남	〈각설탕〉	이환경	2006. 8. 13
77. 과잉과 절제의 미학	〈예의 없는 것들〉	박철희	2006. 8. 27
78. 같은 꿈, 다른 생각	〈해변의 여인〉	홍상수	2006. 9. 5
79. 사랑에 관한 따스한 이야기	〈우리들의 행복한 시간〉	송해성	2006. 9. 19
80. 스릴과 반전의 묘미	〈타짜〉	최동훈	2006. 10. 2
81. 덧없는 사랑의 무상함	〈야연〉	펑샤오강	2006. 10. 14
82. 날 액션 그대로	〈BB 프로젝트〉	진목승	2006. 10. 14
83. 차갑고 건조하다	〈마이애미 바이스〉	마이클 만	2006. 11. 7
84. 시원시원하다	〈원피스〉	토코로 카츠미	2006. 11. 7
85. 여성들의 로망	〈악마는 프라다를 입는다〉	데이빗 프랭클	2006. 11. 7
86. 신비함 그 자체	〈Lady in the Water〉	M. 나이트 샤말란	2006. 11. 7
87. 어머니가 그립습니다	〈열혈남아〉	이정범	2006. 11. 20
88. 존재의 비극	〈디파티드〉	마틴 스콜세지	2006. 11. 27
89. 현실적이어서 너무 얄미운 사랑	〈사랑할 때 이야기하는 것들〉	변승욱	2006. 12. 4
90. 색다른 상상 로맨틱 코미디	〈싸이보그지만 괜찮아〉	박찬욱	2006. 12. 12

15자 평	영화 제목	감독	기록일
91. 따뜻한 코미디	〈미녀는 괴로워〉	김용화	2006. 12. 16
92. 슬랩스틱 어드벤처	〈박물관이 살아있다〉	숀 레비	2006. 12. 24
93. 007 신화의 부활	〈007 카지노 로얄〉	마틴 캠벨	2006. 12. 27
94. 칼소리 쌩쌩	〈조폭마누라 3 〉	조진규	2007. 1. 3
95. 디카프리오 그가 달린다	〈블러드 다이아몬드〉	에드워드 즈윅	2007. 1. 15
96. 유려한 아름다움	〈황후 花〉	장이머우	2007. 1. 30
97. 집요한 추적	〈그 놈 목소리〉	박진표	2007. 2. 5
98. 울림이 있는 전쟁 서사시	〈묵공〉	장지량	2007. 2. 9
99. 재기발랄, 좌충우돌 특종기	〈스쿠프〉	우디 앨런	2007. 2. 13
100. 노장의 아름다운 투혼	〈록키 발보아〉	실베스터 스탤론	2007. 2. 21
101. 전쟁에 대한 그들의 시각	〈아버지의 깃발〉, 〈이오지마에서 온 편지〉	클린트 이스트우드	2007. 2. 26
102. 인간 엘리자베스를 발견하다	〈더 퀸〉	스티븐 프리어스	2007. 2. 28
103. 뮤지컬 영화의 진수	〈드림걸즈〉	빌 콘돈	2007. 3. 5
104. 콩가루 집안의 가족찾기	〈좋지 아니한가〉	정윤철	2007. 3. 14
105. 진짜 불편하다	〈An Inconvenient Truth 2006〉	데이비스 구겐하임	2007. 3. 20
106. 이별한 후에야	〈브레이크업 - 이별후애〉	페이튼 리드	2007. 3. 26
107. 격렬한 하드보일드 클래식	〈수〉	최양일	2007. 3. 28
108. 하와이언 댄스가 만든 기적과 감동	〈훌라 걸스〉	이상일	2007. 3. 28
109. 꿈속을 걷는 듯한 영상미	〈일루셔니스트〉	닐 버거	2007. 3. 30
110. 탱탱한 면발 속으로	〈우동〉	모토히로 카츠유키	2007. 4. 6
111. 청춘의 애타는 마음 그 자체	〈러프〉	오오타니 켄타로	2007. 4. 6
112. 복잡한 형제의 심리 묘사	〈유레루〉	니시카와 미와	2007. 4. 6
113. Remember Us	〈300〉	잭 스나이더	2007. 4. 7
114. 느슨한 스토리가 발목	〈고스트 라이더〉	마크 스티븐 존슨	2007. 4. 7
115. 다른 삶에 고뇌하다	〈타인의 삶〉	플로리안 헨켈 폰 도너스마르크	2007. 4. 9
116. 검은 히틀러	〈라스트 킹〉	캐빈 맥도널드	2007. 4. 16
117. 웃음과 비애가 한꺼번에	〈우아한 세계〉	한재림	2007. 4. 23
118. 첩보원의 비정과 고뇌	〈굿 셰퍼드〉	로버트 드니로	2007. 4. 23
119. 집단광기가 낳은 살인	〈극락도 살인사건〉	김한민	2007. 4. 23
120. 소리꾼의 별리	〈천년학〉	임권택	2007. 4. 25

15자 평	영화 제목	감독	기록일
121. 거침없는 폭력과 노출	〈블랙북〉	폴 버호벤	2007. 5. 2
122. 명불허전	〈스파이더맨 3〉	샘 레이미	2007. 5. 2
123. 40대 광고인의 비애	〈내일의 기억〉	츠츠미 유키히코	2007. 5. 9
124. 장도의 끝	〈캐리비안의 해적, 세상의 끝에서〉	고어 버빈스키	2007. 5. 25
125. 누가 용서를 말하는가?	〈밀양〉	이창동	2007. 5. 27
126. 양조위의 차가운 변신	〈상성〉	유위강, 맥조휘	2007. 6. 1
127. Time waits for no one	〈시간을 달리는 소녀〉	호소다 마모루	2007. 6. 17
128. 작은 울림	〈복면 달호〉	김상찬, 김현수	2007. 6. 23
129. 몰아치는 힘이 약하다	〈검은집〉	신태라	2007. 6. 23
130. 장난기 가득한 사기극	〈오션스 13〉	스티븐 소더버그	2007. 6. 26
131. 절도 있는 코믹함	〈미스터 빈의 홀리데이〉	스티브 벤디랙	2007. 7. 2
132. 디스토피아적 악몽	〈트랜스포머〉	마이클 베이	2007. 7. 6
133. 아기자기, 올망졸망	〈눈물이 주룩주룩〉	도이 노부히로	2007. 7. 6
134. 오! 포터의 내면	〈해리포터와 불사조 기사단〉	데이빗 예이츠	2007. 7. 16
135. 역시 존 맥클레인	〈다이하드 4.0〉	렌 와이즈먼	2007. 7. 23
136. 망각의 세월, 잊혀진 그들	〈화려한 휴가〉	김지훈	2007. 8. 4
137. 좀 따뜻하게 지켜보자	〈디워〉	심형래	2007. 8. 12
138. 공허하지 않은 소재로 스릴러의 묘미를	〈리턴〉	이규만	2007. 8. 21
139. 따뜻함이 묻어나다	〈긴 산책〉	오쿠다 에이지	2007. 9. 2
140. 외로운 이들의 소통	〈카모메 식당〉	오기가미 나오코	2007. 9. 3
141. 끊임없는 폭력의 악순환	〈폭력의 역사〉	데이빗 크로넨버그	2007. 9. 5
142. 스타일 가득함에 스피드까지	〈본 얼티메이텀〉	폴 그린그래스	2007. 9. 6
143. 타란티노의 여전한 매력	〈데스 프루프〉	쿠엔틴 타란티노	2007. 9. 16
144. 40대여 어깨를 펴라	〈즐거운 인생〉	이준익	2007. 9. 17
145. 그들의 순진한 사랑 있음에	〈사랑〉	곽경택	2007. 9. 22
146. 베토벤과 안나의 영적 교감	〈카핑 베토벤〉	아그네츠카 홀란드	2007. 10. 8
147. 행복한 만남, 잔인한 이별	〈행복〉	허진호	2007. 10. 14
148. 잔잔하고 우아하다	〈비커밍 제인〉	줄리언 재롤드	2007. 10. 19
149. 발칙한 은행 강도극	〈바르게 살자〉	라희찬	2007. 10. 22
150. 이명세의 천재적 색감	〈M〉	이명세	2007. 10. 28

15자 평	영화 제목	감독	기록일
151. 그 쓸쓸한 사랑	〈색, 계〉	이안	2007. 11. 11
152. 콧날이 시큰하다	〈스카우트〉	김현석	2007. 11. 26
153. 미츠코의 상실과 치유	〈아르헨티나 할머니〉	나가오 나오키	2007. 12. 24
154. 인류구원 판타지의 서곡	〈황금나침반〉	크리스 웨이츠	2007. 12. 26
155. 열정이 식어버린 후에	〈이토록 뜨거운 순간〉	에단 호크	2007. 12. 31
156. 음악만으로도 좋다	〈원스〉	존 카니	2008. 1. 1
157. 음악이 주는 동화적 판타지	〈어거스트 러쉬〉	커스틴 쉐리단	2008. 1. 6
158. 디스토피아의 악몽	〈나는 전설이다〉	프란시스 로렌스	2008. 1. 7
159. 신중한 전개, 경쾌한 결말	〈아메리칸 갱스터〉	리들리 스콧	2008. 1. 7
160. 호기심, 욕망	〈호기심이 고양이를 죽인다〉	장이바이	2008. 1. 16
161. So funny	〈명랑한 갱이 지구를 움직인다〉	마에다 테츠	2008. 1. 17
162. 다른 시간, 다른 사랑	〈뜨거운 것이 좋아〉	권칠인	2008. 1. 21
163. 진정한 땀의 승리예찬	〈우리 생애 최고의 순간〉	임순례	2008. 1. 28
164. 세 영웅의 애사	〈명장〉	진가신	2008. 1. 31
165. 추억만으로는 덮을 수 없는 안타까움	〈슈퍼맨이었던 사나이〉	정윤철	2008. 2. 4
166. 무덤덤한 그들	〈6년째 연애중〉	박현진	2008. 2. 10
167. 신나는 스윙 한 판	〈라디오 데이즈〉	하기호	2008. 2. 11
168. 주목받아야 할 이유 세 가지	〈추격자〉	나홍진	2008. 2. 20
169. 돈가방을 둘러싼 폭력적인 살인	〈노인을 위한 나라는 없다〉	코엔 형제	2008. 2. 21
170. 다이안 키튼의 매력 속으로	〈사랑할 때 버려야 할 아까운 것들〉	낸시 마이어스	2008. 2. 23
171. 편견에 대한 따뜻한 포용	〈주노〉	제이슨 라이트맨	2008. 2. 23
172. 속죄, 그 슬픈 사랑의 기다림	〈어톤먼트〉	조 라이트	2008. 2. 25
173. 조금 아쉽다	〈숙명〉	김해곤	2008. 3. 23
174. 석유 잔혹사	〈데어 윌 비 블러드〉	폴 토마스 앤더슨	2008. 3. 23
175. 해프닝과 소통	〈밴드 비지트〉	에란 콜리린	2008. 3. 23
176. 맛, 정, 인간, 사랑	〈식객〉	전윤수	2008. 3. 26
177. 44년 기억이 지워져간다	〈Away From Her〉	사라 폴리	2008. 3. 31
178. 치장과 영웅화에 몰입하다	〈집결호〉	펑샤오강	2008. 3. 31
179. 서로 다른 감정들이 하나의 결말로	〈내가 숨쉬는 공기〉	이지호	2008. 4. 10
180. 죽기 전에 꼭 하고 싶은 것들	〈버킷 리스트〉	로브 라이너	2008. 4. 11

15자 평	영화 제목	감독	기록일
181. 화려한 볼거리와 스캔들	〈천일의 스캔들〉	저스틴 채드윅	2008. 4. 11
182. 인간의 존엄을 외치다	〈어메이징 그레이스〉	마이클 앱티드	2008. 4. 21
183. 혼돈과 비겁의 시대를 탓하다	〈고야의 유령〉	밀로스 포만	2008. 4. 30
184. 인간의 모습을 가진 슈퍼히어로	〈아이언 맨〉	존 파브로	2008. 5. 7
185. 늘 혁명을 꿈꾸다	〈스피드 레이서〉	워쇼스키 자매	2008. 5. 13
186. 2D 애니의 아름다움	〈페르세폴리스〉	뱅상 파로노드, 마르얀 사트라피	2008. 5. 19
187. 거장들의 옴니버스	〈그들 각자의 영화관〉	올리비에 아사야스 외	2008. 5. 22
188. 잔잔함, 그 속으로	〈안경〉	오기가미 나오코	2008. 5. 22
189. 하이테크 공간이동	〈점퍼〉	더그 라이만	2008. 5. 22
190. 두 소녀의 따뜻한 성장 드라마	〈내일의 나를 만드는 방법〉	이치카와 준	2008. 6. 5
191. 화려한 귀환	〈인디아나존스 : 크리스탈 해골의 왕국〉	스티븐 스필버그	2008. 6. 9
192. 숲이 상처받은 영혼을 치유하다	〈너를 보내는 숲〉	가와세 나오미	2008. 6. 10
193. 팬더 날다	〈쿵푸 팬더〉	마크 오스본, 존 스티븐슨	2008. 6. 17
194. 막싸움의 카타르시스	〈강철중: 공공의 적 1-1〉	강우석	2008. 6. 24
195. 아오이의 얼굴만으로도	〈아오이 유우의 편지〉	쿠마자와 나오토	2008. 6. 26
196. 순수한 시절로 돌아가라	〈갓파 쿠와 여름방학을〉	하라 케이이치	2008. 6. 27
197. 소로비치, 선택의 기로에 서다	〈카운터페이터〉	스테판 루조비츠키	2008. 7. 3
198. 산만 그 자체	〈핸콕〉	피터 버그	2008. 7. 6
199. 강자 vs 강자	〈크라우스 제로〉	미이케 다카시	2008. 7. 14
200. 중독성이 강해졌다	〈인크레더블 헐크〉	루이스 리터리어	2008. 7. 14
201. 질주하는 쾌감	〈좋은 놈 나쁜 놈 이상한 놈〉	김지운	2008. 7. 20
202. 멋진 전쟁 서사, 아쉬운 마무리	〈님은 먼 곳에〉	이준익	2008. 7. 26
203. 하늘하늘한 첫사랑	〈마을에 부는 산들바람〉	야마시타 노부히로	2008. 7. 28
204. 스타일과 신파의 언저리에 머물다	〈눈에는 눈 이에는 이〉	곽경택, 안권태	2008. 8. 2
205. 존 레논에 좀 더 다가서다	〈존 레논 컨피덴셜〉	데이빗 레프, 존 셰인펠드	2008. 8. 2

15자 평	영화 제목	감독	기록일
206. 로봇들의 근사한 사랑	〈월. E〉	앤드류 스탠튼	2008. 8. 3
207. 영웅재림	〈적벽대전 – 거대한 전쟁의 시작〉	오우삼	2008. 8. 8
208. 슈퍼히어로의 역설	〈다크 나이트〉	크리스토퍼 놀란	2008. 8. 11
209. 자칭 B급 영화의 당돌함	〈다찌마와 리〉	류승완	2008. 8. 17
210. 아무도 모른다	〈Nobody Knows〉	고레에다 히로카즈	2008. 8. 17
211. 참 착한 가족 판타지	〈장강 7호〉	주성치	2008. 8. 24
212. 레바논판 미수다	〈카라멜〉	나딘 라바키	2008. 9. 3
213. 우리가 지구를 지켜야 하는 이유	〈지구〉	알레스테어 포더길, 마크 린필드	2008. 9. 3
214. 아기자기한 블록버스터	〈20세기 소년〉	츠츠미 유키히코	2008. 9. 16
215. 거칠고 가파르다	〈영화는 영화다〉	장훈	2008. 9. 16
216. 용두사미	〈황시〉	로저 스포티스우드	2008. 9. 22
217. 잘생긴 얼굴만 세상을 구하는 건 아니지	〈헬보이 2: 골든아미〉	기예르모 델 토로	2008. 9. 26
218. 생존에서 탐욕까지	〈자유로운 세계〉	켄 로치	2008. 9. 28
219. 지난 사랑을 되짚어보다	〈멋진 하루〉	이윤기	2008. 9. 28
220. 삶은 연약하고 선택은 중요하다	〈인블룸〉	바딤 피렐만	2008. 10. 1
221. 기술적 진보와 스토리의 공허함	〈모던 보이〉	정지우	2008. 10. 6
222. 너무 상투적이긴 하지만 경쾌하다	〈남주기 아까운 그녀〉	폴 웨이랜드	2008. 10. 15
223. 유치한 미스 홍, 당신이 뭐 어때서	〈미쓰 홍당무〉	이경미	2008. 10. 21
224. 사랑스러운 코믹함	〈미스 페티그루의 어느 특별한 하루〉	바랫 낼러리	2008. 10. 25
225. 엇갈린 시선	〈도쿄!〉	레오 까락스, 미셸 공드리, 봉준호	2008. 10. 28
226. 천재소년의 좌충우돌 도전기	〈피아노의 숲〉	코지마 마사유키	2008. 10. 31
227. 사랑한다는 말보다 아름다운 인사	〈굿 바이〉	타키타 요지로	2008. 11. 1
228. 이안 커티스를 추억하다	〈컨트롤〉	안톤 코르빈	2008. 11. 7
229. 3무(無) 007	〈 007 퀀텀 오브 솔러스〉	마크 포스터	2008. 11. 10
230. 네가 누구든 상관없어	〈렛미인〉	토마스 알프레드슨	2008. 11. 19

15자 평	영화 제목	감독	기록일
261. 가슴속 깊은 회한	〈더 리더 – 책 읽어 주는 남자〉	스티븐 달드리	2009. 3. 26
262. 코믹스릴러 불륜극	〈번 애프터 리딩〉	코엔 형제	2009. 3. 26
263. 사랑, 그 질긴 인연	〈엘레지〉	이자벨 코이젯트	2009. 3. 31
264. 흥미진진한 추리극	〈용의자 X의 헌신〉	니시타니 히로시	2009. 4. 9
265. 이런 사랑 하나쯤은	〈우리 집에 왜 왔니〉	황수아	2009. 4. 11
266. 바르셀로나행 바람이 분다	〈내 남자의 아내도 좋아〉	우디 앨런	2009. 4. 20
267. 종말론일까, 구원론일까	〈노잉〉	알렉스 프로야스	2009. 4. 22
268. 스릴러, 길을 잃다	〈핸드폰〉	김한민	2009. 4. 23
269. 부재를 논하다	〈똥파리〉	양익준	2009. 4. 25
270. 로맨틱 코미디	〈7급 공무원〉	신태라	2009. 4. 29
271. 판타스틱 그 자체	〈엑스맨 탄생: 울버린〉	개빈 후드	2009. 4. 30
272. 치정 스릴러	〈박쥐〉	박찬욱	2009. 5. 2
273. 역설의 영화?	〈도쿄 소나타〉	구로사와 기요시	2009. 5. 10
274. 밤섬, 짜장면	〈김씨 표류기〉	이해준	2009. 5. 18
275. 판타지 로맨스	〈싸이보그 그녀〉	곽재용	2009. 5. 24
276. 고뇌하는 존 코너	〈터미네이터 : 미래전쟁의 시작〉	맥지	2009. 5. 24
277. 햇살이 빚은 해프닝	〈키친〉	홍지영	2009. 5. 26
278. 광기와 모정	〈마더〉	봉준호	2009. 5. 30
279. 유쾌한 성장영화	〈나의 판타스틱 데뷔작〉	가스 제닝스	2009. 6. 1
280. 솔직한 그들의 사랑법	〈사랑을 부르는 파리〉	세드릭 클래피쉬	2009. 6. 7
281. 가족 잔혹사?	〈악마가 너의 죽음을 알기 전에〉	시드니 루멧	2009. 6. 9
282. 의협시민들이 나섰다	〈거북이 달린다〉	이연우	2009. 6. 13
283. 매혹적인 판타지	〈코렐라인: 비밀의 문〉	헨리 셀릭	2009. 6. 16
284. 짜릿한 우주여행	〈스타트렉 더 비기닝〉	J. J. 에이브람스	2009. 6. 18
285. 시골벅적	〈박물관이 살아있다 2〉	숀 레비	2009. 6. 22
286. 아찔한 즐거움	〈트랜스포머 : 패자의 역습〉	마이클 베이	2009. 6. 27
287. 가족의 깊은 상처	〈걸어도 걸어도〉	고레에다 히로카즈	2009. 7. 2
288. 스포츠 영화의 가능성	〈킹콩을 들다〉	박건용	2009. 7. 4
289. 바가지머리 대소동	〈요시노 이발관〉	오기가미 나오코	2009. 7. 8
290. 리얼 에어 쇼쇼	〈해피 플라이트〉	야구치 시노부	2009. 7. 18

15자 평	영화 제목	감독	기록일
321. 정말로?	〈하늘에서 음식이 내린다면〉	필 로드, 크리스토퍼 밀러	2010. 2. 22
322. 진실은 어디에	〈키사라기 미키짱〉	사토 유이치	2010. 3. 2
323. 몽환적	〈이상한 나라의 앨리스〉	팀 버튼	2010. 3. 11
324. 즐거움과 공감이 함께	〈인 디 에어〉	제이슨 라이트먼	2010. 3. 16
325. 말리크의 성장기	〈예언자〉	자크 오디아르	2010. 3. 21
326. 괴물은 누구인가?	〈셔터 아일랜드〉	마틴 스콜세지	2010. 4. 5
327. WMD의 실체	〈그린존〉	폴 그린그래스	2010. 4. 13
328. 제대로 된 서스펜스	〈허트 로커〉	캐서린 비글로우	2010. 4. 25
329. 달콤한 변화	〈사랑은 너무 복잡해〉	낸시 마이어스	2010. 4. 30
330. 아쉬움	〈아이언맨 2〉	존 파브로	2010. 5. 6
331. 드러냄의 결정판?	〈하하하〉	홍상수	2010. 5. 9
332. 계급구조의 견고함	〈하녀〉	임상수	2010. 5. 22
333. 인간이기에	〈시〉	이창동	2010. 5. 28
334. 발칙한 상상	〈방자전〉	김대우	2010. 6. 15
335. 어두운 현실을 밝게	〈내 깡패 같은 애인〉	김광식	2010. 6. 15
336. 상투적이긴 하지만	〈나잇 앤 데이〉	제임스 맨골드	2010. 7. 3
337. 좀 더 줄였더라면	〈이끼〉	강우석	2010. 7. 18
338. 환상적인 꿈의 전쟁	〈인셉션〉	크리스토퍼 놀란	2010. 8. 2
339. 고독한 그의 강렬한 액션	〈아저씨〉	이정범	2010. 8. 8
340. 마시멜로	〈내 첫사랑을 너에게 바친다〉	신조 타케히코	2010. 9. 2
341. 거칠되 울림이 있다	〈김복남 살인사건의 전말〉	장철수	2010. 9. 4
342. 달콤한 조작	〈시라노: 연애조작단〉	김현석	2010. 9. 14
343. 글쎄?	〈퀴즈왕〉	장진	2010. 9. 22
344. 딱 추석 영화	〈해결사〉	권혁재	2010. 9. 22
345. 액션기 많은 스릴러	〈심야의 FM〉	김상만	2010. 10. 30
346 상큼하지만, 밋밋한	〈레터스 투 줄리엣〉	게리 위닉	2010. 11. 1
347. 착한 가족 이야기로 변신	〈월스트리트 : 머니 네버 슬립스〉	올리버 스톤	2010. 11. 1
348. 아름다운 시절	〈화양연화〉	왕가위	2010. 11. 1
349. 류승완, 한 발 더 내딛다	〈부당거래〉	류승완	2010. 11. 14
350. 달콤살벌한	〈이층의 악당〉	손재곤	2010. 12. 5

15자 평	영화 제목	감독	기록일
351. 뮤지컬 못지않은	〈김종욱 찾기〉	장유정	2010. 12. 13
352. 최고의 만남까지만	〈투어리스트〉	플로리안 헨켈 폰 도너스마르크	2010. 12. 13
353. 비극!	〈황해〉	나홍진	2010. 12. 28
354. Lovely	〈러브 액츄얼리〉	리처드 커티스	2010. 12. 28
355. 유머가 남발되며 구도가 얕아지다	〈조선명탐정 : 각시투구꽃의 비밀〉	김석윤	2011. 1. 30
356. 클리셰로 가득하지만, 그래도	〈글러브〉	강우석	2011. 2. 5
357. 비와 안개, 공감	〈만추〉	김태용	2011. 2. 21
358. 비탄	〈아이들〉	이규만	2011. 2. 21
359. 우디 앨런식 대소동	〈환상의 그대〉	우디 앨런	2011. 3. 1
360. 통제할 수 없는 감정	〈파수꾼〉	윤상현	2011. 3. 7
361. 소름끼치는 연기	〈블랙 스완〉	대런 아르노프스키	2011. 3. 13
362. 미칠 듯 답답한	〈윈터스 본〉	데브라 그래닉	2011. 3. 28
363. 그 무엇을 상상하든지	〈로맨틱 헤븐〉	장진	2011. 3. 28
364. 국왕의 연설, 무엇이 더 중요한가	〈킹스 스피치〉	톰 후퍼	2011. 4. 8
365. 섬뜩한 저주	〈고백〉	나카시마 테츠야	2011. 4. 8
366. 죽음에 대한 성찰	〈히어 애프터〉	클린트 이스트우드	2011. 5. 3
367. 추억이 만들어낸 판타지	〈써니〉	강형철	2011. 5. 5
368. 3대에 걸친 여정	〈플라워즈〉	코이즈미 노리히로	2011. 5. 8
369. 성장통, 그 이후	〈상실의 시대〉	트란 안 홍	2011. 5. 8
370. 담담한 일상	〈사랑한다 사랑하지 않는다〉	이윤기	2011. 5. 14
371. 던칸 존스를 기억하라	〈소스 코드〉	던칸 존스	2011. 5. 14
372. 어느 인생	〈여자, 정혜〉	이윤기	2011. 5. 20
373. 재미, 보는 즐거움	〈캐리비안의 해적 - 낯선 조류〉	롭 마샬	2011. 5. 23
374. 현실, 연극	〈사랑을 카피하다〉	압바스 키아로스타미	2011. 5. 30
375. 본능, 그리고 모성	〈마더 앤 차일드〉	로드리고 가르시아	2011. 6. 6
376. 찌질한 인생	〈밤과 낮〉	홍상수	2011. 6. 9
377. 자아이탈	〈파이트 클럽〉	데이빗 핀처	2011. 6. 22
378. 소년으로 돌아간 기분	〈슈퍼 에이트〉	J. J. 에이브람스	2011. 6. 22
379. 우리의 밤은 당신의 낮보다 화려하다	〈비스티 보이즈〉	윤종빈	2011. 6. 30
380. 한참 엇갈린 사랑	〈브로큰 임브레이스〉	페드로 알모도바르	2011. 7. 18

15자 평	영화 제목	감독	기록일
381. 시작만 창대하다	〈상하이〉	미카엘 하프스트롬	2011. 7. 27
382. 조연들의 성찬	〈퀵〉	조범구	2011. 7. 27
383. 그 이름만으로도	〈트랜스포머 3〉	마이클 베이	2011. 7. 27
384. 검은 손	〈인사이드 잡〉	찰스 퍼거슨	2011. 8. 28
385. 아름다운 가야금 투어	〈환타스틱 모던 가야그머〉	최승호	2011. 8. 28
386. 서늘한 기운	〈혹성탈출: 진화의 시작〉	루퍼트 와이어트	2011. 9. 5
387. 고집스러움은 바뀌지 않았다	〈챔프〉	이환경	2011. 9. 13
388. 묘한 감정	〈샤오린: 최후의 결전〉	진목승	2011. 9. 19
389. 스피디함 그 자체	〈최종병기 활〉	김한민	2011. 9. 27
390. 질식할 듯한 두려움	〈K-19 위도우 메이커〉	캐스린 비글로우	2011. 10. 3
391. 어떤 사랑, 1967년작	〈엘비라 마디간〉	보 비더버그	2011. 10. 8
392. 편견에 대한 유쾌한 시선	〈완득이〉	이한	2011. 10. 26
393. 오랜 기다림, 안타까운 울림	〈오늘〉	이정향	2011. 10. 30
394. All is Well	〈세 얼간이〉	라즈쿠마르 히라니	2011. 11. 23
395. 영상미학	〈푸른 소금〉	이현승	2011. 11. 23
396. 스필버그의 명성만	〈틴틴 유니콘호의 비밀〉	스티븐 스필버그	2011. 12. 16
397. 이름값	〈미션 임파서블 : 로스트 프로토콜〉	브래드 버드	2011. 12. 19
398. 통속적이지만 카타르시스가 있다	〈댄싱 퀸〉	이석훈	2012. 1. 25
399. 디테일이 돋보인다	〈범죄와의 전쟁〉	윤종빈	2012. 2. 12
400. 영리한 무성영화	〈아티스트〉	미셸 하자나비시우스	2012. 3. 3
401. 유하의 작품인가?	〈하울링〉	유하	2012. 3. 3
402. 찌질함인가? 순수인가?	〈러브 픽션〉	전계수	2012. 3. 4
403. Helpless, 그녀	〈화차〉	변영주	2012. 3. 14
404. 추억을 흔들다	〈건축학개론〉	이용주	2012. 4. 5
405. 부드럽게 다가와 아린 상처로	〈은교〉	정지우	2012. 5. 8
406. 슈퍼히어로 선물 잔치	〈어벤져스〉	조스 웨던	2012. 5. 17
407. 홍상수의 관계 설정	〈다른 나라에서〉	홍상수	2012. 6. 7
408. 우연과 반복이 키워드	〈북촌 방향〉	홍상수	2012. 7. 20
409. 감동실화	〈머니볼〉	베넷 밀러	2012. 7. 20
410. 얇고 경쾌해진	〈다크나이트 라이즈〉	크리스토퍼 놀란	2012. 8. 5

15자 평	영화 제목	감독	기록일
411. 실력도 운도 좋은 최동훈의 영화	〈도둑들〉	최동훈	2012. 8. 5
412. 걷고 또 걷는다	〈577 프로젝트〉	이근우	2012. 9. 2
413. 관객에게 다가가다	〈피에타〉	김기덕	2012. 9. 10
414. 파격이 주는 신선함	〈광해〉	추창민	2012. 9. 15
415. 살짝 지친다	〈늑대 아이〉	호소다 마모루	2012. 9. 15
416. 스피디하고 간결하다	〈테이큰 2〉	올리비에 메가턴	2012. 9. 30
417. 아쉬움이 많은 영화	〈간첩〉	우민호	2012. 11. 5
418. 복고의 재미	〈007 스카이폴〉	샘 멘데스	2012. 11. 5
419. 가슴 시린 기다림	〈늑대 소년〉	조성희	2012. 11. 29
420. 민규동식 서사	〈내 아내의 모든 것〉	민규동	2012. 12. 3
421. 이 아름다운 판타지	〈라이프 오브 파이〉	이안	2013. 1. 7
422. 본 시리즈의 새로운 해석	〈베를린〉	류승완	2013. 2. 10
423. 세 남자의 서로 다른 신세계	〈신세계〉	박훈정	2013. 2. 24
424. 절묘한 타이밍	〈스토커〉	박찬욱	2013. 3. 2
425. 캐서린의 심리변화	〈클로이〉	아톰 에고이안	2013. 3. 23
426. 주윤발의 쿨한 매력	〈조조 – 황제의 반란〉	조림산	2013. 3. 23
427. 시원한 눈요기만으로도	〈아이언맨 3〉	셰인 블랙	2013. 6. 7
428. 재치 있고 감각적이다	〈전국노래자랑〉	이종필	2013. 6. 7
429. 이런 가족	〈고령화 가족〉	송해성	2013. 6. 7
430. 헐리우드 흥행공식에 봉감독 연출을 더해	〈설국열차〉	봉준호	2013. 8. 8
431. 고물인데 친숙하다	〈퍼시픽 림〉	기예르모 델 토로	2013. 8. 8
432. 시의적절	〈감시자들〉	조의석, 김병서	2013. 8. 9
433. 훤한 결론	〈엘리시움〉	닐 블롬캠프	2013. 9. 10
434. 음악이 변화를 가져다준다면	〈다니엘 바렌보임과 서동시집 오케스트라〉	파울 슈마츠니	2013. 9. 10
435. 숨 막히는 속도감	〈화이〉	장준환	2013. 10. 30
436. 관객이 체험하는 영화	〈그래비티〉	알폰소 쿠아론	2013. 10. 30
437. 허전하기도 하고	〈변호인〉	양우석	2014. 1. 5
438. 아픔과 계몽주의	〈대지진〉	펑샤오강	2014. 1. 5
439. 소피아 로렌의 눈빛만으로도	〈엘시드〉	앤서니 만	2014. 1. 5
440. 차갑고 따뜻한	〈겨울왕국〉	크리스 벅, 제니퍼 리	2014. 1. 16

15자 평	영화 제목	감독	기록일
441. 애국심으로 충만한	〈명량〉	김한민	2014. 8. 10
442. 뤽 베송의 실험정신	〈루시〉	뤽 베송	2014. 9. 6
443. 판타지 그 이상	〈인터스텔라〉	크리스토퍼 놀란	2014. 11. 8
444. 눈물. 아버지 세대로의 여행	〈국제시장〉	윤제균	2014. 12. 28
445. 눈 그리고 나카야마 미호	〈러브레터〉	이와이 슌지	2015. 1. 30
446. 그래서 가족	〈동경가족〉	야마다 요지	2015. 2. 15
447. 임감독에게도 이런 멜로가	〈나의 사랑 나의 신부 2〉	임찬상	2015. 2. 18
448. 진부한데 산뜻하다	〈수상한 그녀〉	황동혁	2015. 2. 22
449. 약간 어색한 추억 상품	〈세시봉〉	김현석	2015. 5. 5
450. 엉뚱함은 앨런의 전매품	〈매직 인 더 문라이트〉	우디 앨런	2015. 5. 15
451. 섬뜩한데 코믹한 추리극	〈조선 명탐정 : 사라진 놉의 딸〉	김석윤	2015. 5. 16
452. 그립다고 빨리 말했더라면	〈러브, 로지〉	크리스티안 디터	2015. 5. 16
453. 찌질한데 사랑스럽다	〈자유의 언덕〉	홍상수	2015. 7. 11
454. 류승완이 만든 분노	〈베테랑〉	류승완	2015. 10. 14
455. 후속편이 나오기 어려울 듯	〈터미네이터 제니시스〉	앨런 테일러	2015. 10. 25
456. 소란한데 단란한 사람 이야기	〈심야 식당〉	마츠오카 조지	2015. 10. 25
457. 맛난 음식이 계절 속에	〈리틀 포레스트 : 여름과 가을〉	모리 준이치	2015. 11. 13
458. 빈센트 할아버지 짱	〈세인트 빈센트〉	데오도르 멜피	2015. 11. 14
459. 그래서 줄리안 무어	〈스틸 앨리스〉	러처드 글랫저, 워시 웨스트모어랜드	2015. 11. 15
460. 너무나 인간적인 살리에르	〈아마데우스〉	밀로스 포먼	2015. 12. 5
461. 아름다운 섬 판타지	〈은하철도의 꿈〉	니시쿠보 미즈호	2015. 12. 6
462. 어느 계절이든 궁합이 맞다	〈리틀 포레스트 2 : 겨울과 봄〉	모리 준이치	2016. 1. 10
463. 새침한 김민희	〈지금은 맞고 그때는 틀리다〉	홍상수	2016. 1. 10
464. 사랑스런 피렌체	〈온리 유〉	장하오	2016. 3. 1
465. 권력의 뒷그림자와 반격	〈내부자들〉	우민호	2016. 3. 20
466. 옴니버스 구성에 서로의 갈등, 고뇌	〈강원도의 힘〉	홍상수	2016. 3. 20
467. 섬세하고 감수성 가득	〈언어의 정원〉	신카이 마코토	2016. 3. 21
468. 착한 남녀의 하룻밤	〈그날의 분위기〉	조규장	2016. 3. 23
469. 거대한 서사시	〈인도차이나〉	레지스 와그니어	2016. 4. 23
470. 너무나 육감적인, 사랑의 깊은 흔적	〈연인〉	장자크 아노	2016. 4. 24

15자 평	영화 제목	감독	기록일
471. 힘든 생환, 그래도 희망	〈마션〉	리들리 스콧	2016. 7. 2
472. 포근하고 따뜻한 영화	〈인턴〉	낸시 마이어스	2016. 7. 3
473. 상큼하다	〈주토피아〉	바이론 하워드, 리치 무어	2016. 7. 9
474. 박찬욱의 이런 표현	〈아가씨〉	박찬욱	2016. 7. 23
475. 애교 넘치는 사랑	〈뷰티 인사이드〉	백종열	2016. 7. 26
476. 섬뜩한 디스토피아	〈부산행〉	연상호	2016. 8. 7
477. 나이가 들어가는 본	〈제이슨 본〉	폴 그린그래스	2016. 8. 15
478. 대중과의 큰 교감	〈덕혜옹주〉	허진호	2016. 8. 21
479. 신나는 추억의 서부극	〈매그니피센트 7〉	안톤 후쿠아	2016. 9. 15
480. 김지운표 심리영화	〈밀정〉	김지운	2016. 9. 16
481. 산뜻하고 깊다	〈카페 소사이어티〉	우디 앨런	2016. 9. 17
482. 터널의 공포	〈터널〉	김성훈	2016. 9. 24
483. 그 분들의 헌신에 감사하는 것만으로도	〈인천상륙작전〉	이재한	2016. 9. 25
484. 조금 약했던 로코	〈극적인 하룻밤〉	하기호	2016. 10. 23
485. 흑백에 담은 슬픈 우정	〈동주〉	이준익	2016. 10. 24
486. 섬세한 감정의 변화와 허무	〈베스트 오퍼〉	쥬세페 토르나토레	2016. 11. 1
487. 산뜻하고 경쾌하다	〈럭키〉	이계벽	2016. 11. 12
488. 탕웨이를 위한 탕웨이만의 영화	〈시절인연〉	설효로	2016. 11. 13
489. 아픈 가족의 오랜 이야기	〈5일의 마중〉	장이머우	2016. 11. 15
490. 사랑, 연민, 담담한 선택	〈화장〉	임권택	2016. 12. 3
491. 권력무상 – 돌고 도는 복마전	〈더 킹〉	한재림	2017. 1. 27
492. 찌지고 볶아도 가족은 아름답다	〈미라클 벨리에〉	에릭 라티고	2017. 2. 12
493. 예술, 사랑 그리고 현실적인 결말까지	〈라라랜드〉	데이미언 셔젤	2017. 5. 29
494. 늘 제이슨 스타뎀의 액션만 본다	〈메카닉 리크루트〉	데니스 간젤	2017. 6. 11
495. 동화같이 아름답지만 좀 더 압축했더라면	〈가려진 시간〉	엄태화	2017. 6. 30

15자 평	영화 제목	감독	기록일
496. 1979년, 평화롭지만 혼란스럽던 그녀들	〈20세기 여인들〉	마이크 밀스	2017. 6. 30
497. 스타워즈라는 이름만으로도	〈로그원 : 스타워즈 스토리〉	가렛 에드워즈	2017. 7. 1
498. 아쉽다. 조연의 캐릭터가 미약하다	〈마스터〉	조의석	2017. 7. 10
499. 좋은 전기영화의 사례. 침착하게 잘 그렸다	〈재키〉	파블로 라라인	2017. 7. 11
500. 향긋한 단팥과 짧은 감동	〈앙: 단팥 인생 이야기〉	가와세 나오미	2017. 8. 20
501. 늘 산뜻하고 경쾌한 이야기	〈로마 위드 러브〉	우디 앨런	2017. 9. 3
502. 산만한 트루먼쇼의 SNS버전	〈더 서클〉	제임스 폰솔트	2017. 9. 30
503. 정원과 다림, 그 가슴 아픈 이별	〈8월의 크리스마스〉	허진호	2017. 10. 2
504. 앤소니 퀸을 만나는 것만으로도 즐겁다	〈노인과 바다〉	주드 테일러	2017. 10. 3
505. 제임스 딘은 그렇게 살다가 갔구나	〈라이프〉	안톤 코르빈	2017. 10. 3
506. 묘하게 끌린다. 경주도, 윤희도	〈경주〉	장률	2017. 10. 4
507. 서부개척사, 억척스런 아버지	〈자이안트〉	조지 스티븐스	2017. 10. 5
508. 아름답고 그윽하다. 흐르는 강물처럼	〈흐르는 강물처럼〉	로버트 레드포드	2017. 10. 6
509. 오드리 햅번은 영원하다	〈전쟁과 평화〉	킹 비더	2017. 10. 8
510. 쿠로자와 감독이 그 이후 영화의 뼈대였구나	〈7인의 사무라이〉	쿠로자와 아키라	2017. 10. 29
511. 고집 세지만 상냥했던 그 분	〈미스터 앙리와의 조금 특별한 동거〉	이반 칼베락	2017. 11. 5
512. 일본만의 치밀, 억척스러움까지	〈행복한 사전〉	이시아 유야	2017. 11. 12
513. 답답한 사랑 고백, 돌아오는 건	〈올리브나무 사이로〉	압바스 키아로스타미	2017. 11. 23
514. 가슴 답답한 미래의 애정 디스토피아	〈더 허〉	스파이크 존즈	2017. 11. 24
515. 센과 치히로 미야자키의 푸른 상상력	〈센과 치히로의 행방불명〉	미야자키 하야오	2017. 11. 25

15자 평	영화 제목	감독	기록일
516. 끝까지 긴장하기에는 힘들다	〈사랑에 미치다〉	폴 달리오	2017. 11. 27
517. 덩실덩실 바닷가 조르바의 춤	〈희랍인 조르바〉	마이클 카코야니스	2017. 11. 29
518. 고양이 버스가 달린다	〈이웃집 토토로〉	미야자키 하야오	2017. 12. 1
519. 전도연, 그녀의 스타일, 클리쉐	〈무뢰한〉	오승욱	2017. 12. 4
520. 하늘은 나도 저렇게 날고 싶다	〈천공의 성 라퓨타〉	미야자키 하야오	2017. 12. 8
521. 현실적인 쿄코의 갈등이 더 인간적	〈태풍이 지나가고〉	고레에다 히로카즈	2017. 12. 11
522. 그 사랑도 끝이 있구나. 무엇이 사랑인가	〈더 닙 블루씨〉	테렌스 네이비스	2017. 12. 13
523. 그 분들의 슬픔을 감히 어찌 위로할 수 있을지	〈아이 캔 스피크〉	김현석	2017. 12. 14
524. 프랑스 영화가 더 유교적일 수도 있더라	〈어떤 만남〉	리자 아주엘로스	2017. 12. 16
525. 대나무숲 대결은 미학, 흐르는 강물과 같다	〈와호장룡〉	이안	2017. 12. 18
526. 액션영화라지만 그래도 최소한의 연기는 필요	〈옹박 2015〉	판나 리티크라이	2017. 12. 20
527. 웃음과 활력은 좋지만 퇴로 없는 소재는 조심	〈청년경찰〉	김주환	2017. 12. 22
528. 열린 결말은 좋지만 참 헷갈리는 건 사실	〈살인자의 기억법〉	원신연	2017. 12. 23
529. 옴니버스로 시작해 하나의 결말로. 한국적이다	〈나의 사랑 그리스〉	크리스토퍼 파파칼리아티스	2017. 12. 24
530. 감독의 생활이 평가에 영향을 미치기도 한다	〈그 후〉	홍상수	2017. 12. 25
531. 홍감독을 다른 곳에서 만난 듯 쿨하고 산뜻하다	〈꿈보다 해몽〉	이광국	2017. 12. 28
532. 지나고 보면 추억이지만 그 당시엔 분노와 증오	〈예감은 틀리지 않는다〉	라테쉬 바트라	2018. 1. 1
533. 열정은 노화와 함께 사그라드는 것인가	〈유스〉	파올로 소렌티노	2018. 1. 6
534. 1987, 시대의 부채, 지금 우리는	〈1987〉	장준환	2018. 1. 7
535. 초대형 재난을 그대로 스크린에 담다	〈딥워터 호라이즌〉	피터 버그	2018. 1. 8

15자 평	영화 제목	감독	기록일
536. 욕망이 충돌하며 물결이 인다	〈비거 스플래쉬〉	루카 구아다니노	2018. 1. 9
537. 전시 상황, 정의는 무엇인가?	〈어워: 라스트미션〉	토비아스 린드홈	2018. 1. 11
538. 욕망, 쉽게 빠져 나오기에는 너무 깊은	〈종이달〉	요시다 다이하치	2018. 1. 13
539. 러스킨은 터너를 염세주의자라고 했다	〈미스터 터너〉	마이크 리	2018. 1. 14
540. 피칠갑, B급 스릴러의 원조	〈저수지의 개들〉	쿠엔틴 타란티노	2018. 1. 20
541. 파리가 그들의 사랑을 다시금…	〈위크앤드 인 파리〉	로저 미첼	2018. 1. 21
542. 샤오훙, 그녀의 삶이 탕웨이에 묻히다	〈황금시대〉	허안화	2018. 1. 22
543. 전장의 정의, 목숨, 무엇이 소중한가	〈론 서바이버〉	피터버그	2018. 1. 24
544. 애자 이후 좀 더 변화가 있었더라면	〈열정 같은 소리하고 있네〉	정기훈	2018. 1. 26
545. 답답해도 역시 제 갈 길 가는 프란시스에게 박수	〈프란시스 하〉	노아 바움백	2018. 1. 30
546. 홍상수감독의 영화가 프랑스에서 사랑받는 이유	〈클라우즈 오브 실스마리아〉	올리비에 아사야스	2018. 2. 3
547. 영화를 고르다 보면 사랑과 전쟁도 보게 된다	〈에스파트너〉	황백기	2018. 2. 5
548. 사랑은 고백해도 문제, 참아도 문제	〈왓 이프〉	마이클 도즈	2018. 2. 6
549. 리틀, 샤이론, 블랙 그 깊은 슬픔에	〈문라이트〉	배리 젠킨스	2018. 2. 8
550. 한 줄기 빛, 화해와 치유, 사랑이 그곳에	〈실버라이닝 플레이북〉	데이비드 O. 러셀	2018. 2. 11
551. 허진호의 짧은 상업영화지만 그래도 좋다	〈두 개의 빛: 릴루미노〉	허진호	2018. 2. 13
552. 남녀의 차이, 아웅다웅, 그래도 새롭다	〈당신 자신과 당신의 것〉	홍상수	2018. 2. 14
553. 누미라파스, 제이슨 본을 압도한다	〈스파이 게임〉	마이클 앱티드	2018. 2. 15
554. 소설과 현실은 다르다, 욕망이 결말을 만들 뿐	〈마담 보바리〉	앤 폰테인	2018. 2. 17
555. 넬리 아르캉은 그렇게 혼란 속에 떠나갔다	〈넬리〉	안 에몽	2018. 2. 17

15자 평	영화 제목	감독	기록일
556. 반전이 지나치면 스토리가 맥이 풀린다	〈꾼〉	장창원	2018. 2. 18
557. 어린시절의 영웅, 이소룡을 잠시 또 만난다	〈사망탑의 결전〉	오사원	2018. 2. 18
558. 왜 마음 가는 대로 사랑은 이뤄지지 않을까?	〈투 러버스〉	제임스 그레이	2018. 2. 19
559. 이렇게 아름답게 마음의 치유를 주는 영화라니	〈환상의 빛〉	고레에다 히로카즈	2018. 2. 20
560. 산티아고 순례길은 둘레길이 아니구나	〈나의 산티아고〉	줄리아 폰 하인츠	2018. 2. 22
561. 라이드. 우리 모두에게도 저런 휴식이 필요하다	〈라이드 : 나에게로의 여행〉	헬런 헌트	2018. 2. 25
562. 뿌리깊은 인종차별, 가해자의 속죄가 필요한 이유	〈버틀러: 대통령의 집사〉	리 다니엘스	2018. 2. 27
563. 정감이 넘치는 젊은이들의 고민과 휴식	〈리틀 포레스트〉	임순례	2018. 2. 28
564. 영화제목이 왜 마마인지 금방 알게 된다	〈내일의 안녕〉	훌리오 메뎀	2018. 3. 1
565. 웃기고 웃기고 웃긴다. 강추	〈페니핀처〉	프레드 카바예	2018. 3. 1
566. 저 모든 카체이서들이 가능하다니 늘 놀란다	〈분노의 질주 : 더 익스트림〉	F. 게리 그레이	2018. 3. 2
567. 톰 크루즈는 분명히 늙지 않는다.	〈미션 임파서블 5〉	크리스토퍼 맥쿼리	2018. 3. 2
568. 어린 스파이더맨보다는 그래도 좀 고민하는 모습이	〈스파이더맨 홈커밍〉	존 왓츠	2018. 3. 3
569. 체스, 편집증, 광기 그리고 천재이야기	〈세기의 매치〉	에드워드 즈윅	2018. 3. 4
570. 미치 랩, 새로운 인간병기의 출현	〈어쎄신: 더비기닝〉	마이클 쿠에스타	2018. 3. 6
571. 이슈 제기는 타당하나 풀어가는 방식이 아쉽다	〈1급 기밀〉	홍기선	2018. 3. 8
572. 줄리안무어, 아네트베닝, 마크러팔로 조합의 극치	〈에브리바디 올라잇〉	리사 촐로덴코	2018. 3. 11
573. 다카시의 처지와 고통에 한 표, 공감	〈잠깐만 회사 좀 관두고 올게〉	나루시마 이즈루	2018. 3. 15
574. 슬픈 이야기를 산뜻하게 버무리며 감동을	〈너의 췌장을 먹고 싶어〉	츠키카와 쇼	2018. 3. 18
575. 어설픈 중국 홍보를 참고 파이팅 넘치는 전투신만	〈퍼시픽 림〉	스티븐 S. 드나이트	2018. 3. 25

15자 평	영화 제목	감독	기록일
576. 프랑수아 오종스타일, 마린백트를 주목하며	〈영 앤 뷰티플〉	프랑수아 오종	2018. 3. 28
577. 늘 영화가 현실인 홍감독님의 연작	〈밤의 해변에서 혼자〉	홍상수	2018. 3. 29
578. 정우성, 관록만큼 내면연기가 높아지다	〈강철비〉	양우석	2018. 3. 31
579. 이 영화 도대체 몇 번을 봐야 질리는 걸까?	〈백 투더 퓨처 2〉	로버트 저매키스	2018. 4. 2
580. 제임스 카메룬 그의 탐험정신에 경의를	〈딥씨 챌린지〉	존 브루노, 레이 퀸트, 앤드류 라이트	2018. 4. 9
581. 너무나 친숙한 나의 어린시절	〈강냉이(단편)〉	허준석	2018. 4. 11
582. 홈드라마를 만드는 니시카와 미와의 자세	〈아주 긴 변명〉	니시카와 미와	2018. 4. 13
583. 짧지만 강렬한 서스펜스	〈아귀(단편)〉	송우진	2018. 4. 13
584. 산뜻한데 결혼에 대해 문득 많은 생각이 든다	〈결혼하지 않아도 괜찮을까〉	미노리카와 오사무	2018. 4. 21
585. 짧고 선명한 환타지	〈절대연필(단편)〉	김민지	2018. 4. 22
586. 여배우의 솔직한 일상 고백, 공감	〈여배우는 오늘도〉	문소리	2018. 4. 28
587. 더 잘 풀어낼 수 있었을 텐데 아쉽다	〈염력〉	연상호	2018. 4. 28
588. 캡틴아메리카 최고의 작품 중에 하나	〈캡틴 아메리카 : 윈터솔져〉	조 루소, 안소니 루소	2018. 4. 29
589. 보안관, 제목은 낯설고 스토리는 익숙하고	〈보안관〉	김형주	2018. 5. 1
590. 오기가미 나오코는 역시 따스하다	〈그들이 진심으로 엮을 때〉	오기가미 나오코	2018. 5. 1
591. 블록버스터 스포츠 영화라면 인정	〈포인트 브레이크〉	에릭슨 코어	2018. 5. 5
592. 저승세계가 이토록 공감이 갈 줄은 몰랐다	〈신과 함께 - 죄와 벌〉	김용화	2018. 5. 6
593. 선정주의에 빠진 세상의 옐로 페이퍼들에게	〈더 포스트〉	스티븐 스필버그	2018. 5. 12
594. 스토리는 산만한데 몰입감이 있다. 왜일까?	〈블랙펜서〉	라이언 쿠글러	2018. 5. 13
595. 단편이라도 몰입연기가 더 필요하다	〈밤과 함께(단편)〉	심현석	2018. 5. 14

	15자 평	영화 제목	감독	기록일
596.	제제와 뽀르뚜가 아저씨를 만나다	〈나의 라임오렌지 나무〉	마르코스 번스테인	2018. 5. 18
597.	나의 유년기 영화 사랑의 시작점	〈석양의 건맨〉	세르조 레오네	2018. 5. 19
598.	차분하고 시적이다.	〈패트슨〉	짐 자무쉬	2018. 5. 20
599.	그 분이 계시기 전과 이후	〈그 사람 추기경〉	전성우, 황인준	2018. 5. 20
600.	쌓이고 쌓인 분노가 일순간에 타오르다	〈버닝〉	이창동	2018. 5. 22
601.	사랑은 이렇게 순수하고 섬짯하다	〈우리는 같은 꿈을 꾼다〉	일디코 엔예디	2018. 6. 24
602.	갈수록 이 영화는 더 재미있다.	〈캐리비안의 해적 : 죽은자는 말이 없다〉	요아킴 뢰닝, 에스뻰 잔드베르크	2018. 7. 15
603.	경륜과 직관이 모두를 구하다	〈설리 − 허드슨강의 기적〉	클린트 이스트우드	2018. 7. 17
604.	가혹한 소재, 차분하게 폴게티를 조명하다	〈올드머니〉	리들리 스콧	2018. 7. 21
605.	17세기 암스테르담, 신사 코르넬리우스의 관용	〈튤립 피버〉	저스틴 채드윅	2018. 7. 22
606.	쉴레 그의 궤적을 따라가면 아픔이 가득	〈에곤 쉴레 : 욕망이 그린 그림〉	디터 베르너	2018. 7. 23
607.	기대만큼 아쉽다는 평이 정답이다	〈잡스〉	조슈아 마이클스턴	2018. 7. 27
608.	위대한 앤디, 그의 고통과 위대한 탈출	〈쇼생크 탈출〉	프랭크 다라본트	2018. 7. 29
609.	원호의 이야기, 섬짯하며 집요하다	〈독전〉	이해영	2018. 8. 4
610.	소피와 알렉스의 따뜻한 사랑(Way back into Love)	〈그 여자 작사, 그 남자 작곡〉	마크 로렌스	2018. 8. 5
611.	2012년이 지나간 게 다행일 뿐	〈2012〉	롤랜드 에머리히	2018. 8. 10
612.	늘 분투하는 따거, 성룡	〈블리딩 스틸〉	장립가	2018. 8. 15
613.	전형적 헐리우드식 영웅이야기	〈12 솔져스〉	니콜라이 퓰시	2018. 8. 31
614.	모글리의 성장을 영화기술이 해낸 듯	〈정글북〉	존 파브로	2018. 9. 1
615.	청춘들의 고민, 사랑 보기 좋다	〈변산〉	이준익	2018. 9. 5

15자 평	영화 제목	감독	기록일
616. 찌질함은 덜하고 산뜻함이 보인다	〈클레어의 카메라〉	홍상수	2018. 9. 12
617. 정우성의 캐릭터 진화, 전쟁신의 성과도	〈안시성〉	김광식	2018. 9. 22
618. 다시 보아도 슬픈 송화와 동호의 별리	〈서편제〉	임권택	2018. 9. 23
619. 언제나 설레는 영상이 스토리의 낭패를 잊게 한다	〈스타워즈: 깨어난 포스〉	J. J. 에이브럼스	2018. 9. 24
620. 밥 말리의 짧고 굵은 레게 인생	〈말리〉	케빈 맥도널드	2018. 9. 24
621. 다시 봐도 설레는 사랑이야기	〈클래식〉	곽재용	2018. 10. 4
622. 배우, 전도연 그녀의 모든 연기	〈인어공주〉	박흥식	2018. 10. 6
623. 매 순간 영화 속 와인의 맛이 부럽다	〈부르고뉴, 와인에서 찾은 인생〉	세드릭 클라피쉬	2018. 10. 7
624. 리얼한 첩보이야기, 애국이란 무엇인가	〈공작〉	윤종빈	2018. 10. 20
625. 카오루, 센타로, 리츠코 우정을 나누다	〈언덕길의 아폴론〉	미키 타카히로	2018. 10. 28
626. 부정(父情)으로 다 덮을 수 없는 한계가 있다	〈침묵〉	정지우	2018. 11. 6
627. 마가렛 대처, 과거와 현재를 넘나드는 멋진 서사	〈철의 여인〉	필리다 로이드	2018. 11. 11
628. 저승이 존재해야 하는 긴 이유	〈신과 함께 – 인과 연〉	김용화	2018. 11. 23
629. 명당, 더 잘 만들 수 있었는데, 아쉽다	〈명당〉	박희곤	2018. 12. 1
630. 관객과 진정성 있는 대화를 시도했다	〈수성못〉	유지영	2018. 12. 23
631. 트랜스포머 작품 중에서 단연 최고	〈범블비〉	트래비스 나이트	2018. 12. 25
632. 순간의 유혹, 모든 것을 잃게 하다	〈데미지〉	루이 말	2018. 12. 26
633. 인디아나 존스 시리즈 모험의 시작	〈레이더스〉	스티븐 스필버그	2018. 12. 27
634. 레이더스를 뒤엎는 모험의 압권	〈인디아나 존스〉	스티븐 스필버그	2018. 12. 27
635. 중절모와 채찍이 상징이 된 이유	〈인디아나 존스 – 최후의 성전〉	스티븐 스필버그	2018. 12. 29

	15자 평	영화 제목	감독	기록일
636.	끝까지 살인범을 추격해야 하는 이유	〈암수살인〉	김태균	2018. 12. 30
637.	아름다운 저승가족 판타지	〈코코〉	리 언크리치	2018. 12. 31
638.	모든 선생님들과 제자에게 권하는	〈땐뽀걸즈〉	이승문	2019. 1. 2
639.	사진이 세상을 위로하다	〈바르다가 사랑한 얼굴들〉	아녜스 바르다, 제이알	2019. 1. 7
640.	시끌벅적, 시골마을의 장례식	〈불량가족, 행복의 맛〉	유키히로 모리가키	2019. 1. 10
641.	준을 위한 아름다운 뮤지컬	〈마음이 외치고 싶어해〉	쿠마자와 나오토	2019. 1. 11
642.	숨쉴 틈 없이 몰아치는 전개, 멋지다	〈몰리스 게임〉	아론 소킨	2019. 1. 18
643.	고맙기 그지없는 주인공의 진실 찾기	〈직지코드〉	우광훈, 데이빗 레드먼	2019. 1. 19
644.	멋지고 소박하고 유쾌한 영화를 발견하다	〈튼튼이의 모험〉	고봉수	2019. 1. 20
645.	흡혈괴마가 귀엽기도 한 경우	〈조선명탐정 : 흡혈괴마의 비밀〉	김석윤	2019. 1. 27
646.	아델리 블로흐 바우어의 초상, 그 기연	〈우먼 인 골드〉	사이먼 커티스	2019. 1. 28
647.	잘 만든 영화인데 왜 흥행이 저조했을까	〈창궐〉	김성훈	2019. 2. 3
648.	자코메티, 편집증이 명작을 만들다	〈파이널 포트레이트〉	스탠리 투치	2019. 2. 4
649.	흥미로운 이야기인데 한 방이 없다	〈비정규직 특수요원〉	김덕수	2019. 2. 5
650.	다시 역사는 반복된다. 악몽	〈국가부도의 날〉	최국희	2019. 2. 9
651.	분명 더 잘 만들 수 있었다.	〈마약왕〉	우민호	2019. 2. 17
652.	커플 스릴러. 찔리는 긴장의 연속	〈완벽한 타인〉	이재훈	2019. 2. 23
653.	매력적인 한국 스릴러의 표본	〈사바하〉	장재현	2019. 2. 28
654.	코믹하면서도 섬뜩한 스릴러	〈부탁 하나만 들어줘〉	폴 페이그	2019. 3. 3
655.	돈셜리와 토니의 아름다운 여행	〈그린북〉	피터 패럴리	2019. 3. 20

15자 평	영화 제목	감독	기록일
656. 스토리에 놀라고 가가의 노래에 놀라고	〈스타 이즈 본〉	브래들리 쿠퍼	2019. 3. 22
657. 기묘하고 코믹하다	〈붉은 다리아래 따뜻한 물〉	이마무라 쇼헤이	2019. 4. 15
658. 얽히고설키다. 이성관계	〈바람 바람 바람〉	이병헌	2019. 4. 20
659. 따뜻한데 낯선 전개	〈바닷마을 다이어리〉	고레에다 히로카즈	2019. 4. 22
660. 존바에즈의 목소리만으로도	〈포크의 여왕, 존바에즈〉	매리 워튼	2019. 4. 26
661. 천 만이 인정한 코미디액션	〈극한직업〉	이병헌	2019. 4. 27
662. 내 맘속의 히어로를 보내는 슬픔	〈어벤져스: 앤드게임〉	안소니 루소, 조 루소	2019. 5. 6
663. 카체이스신을 만든 분들께 박수를	〈뺑반〉	한준희	2019. 5. 7
664. 최강의 슈퍼히어로, 최강의 액션	〈아쿠아맨〉	제임스 완	2019. 5. 10
665. 클린트 이스트우드의 참회록 2	〈라스트 미션〉	클린트 이스트우드	2019. 5. 12
666. 다듬어지기 전의 연기지만 좋은 플롯	〈시월애〉	이현승	2019. 5. 14
667. 봉선생의 치밀한 서사, 독한 고발	〈기생충〉	봉준호	2019. 6. 1
668. 풋풋하면서도 보수적인 일본식 사랑	〈아사꼬〉	하마구치 류스케	2019. 6. 2
669. 로버트 레드포드의 미소가 좋다	〈미스터 스마일〉	데이빗 로워리	2019. 6. 2
670. 통쾌한 카타르시스의 집대성	〈저스티스 리그〉	잭 스나이더	2019. 6. 8
671. 고뇌하기는 슈퍼히어로도 마찬가지	〈캡틴 마블〉	애너 보든, 라이언 플랙	2019. 6. 9
672. 게임 속의 게임, 전편을 다 능가한다	〈쥬만지: 새로운 세계〉	제이크 캐스단	2019. 6. 10
673. 전율하는 라이브 공연	〈보헤미안 랩소디〉	브라이언 싱어	2019. 6. 11
674. 마동석표 액션, 매력 있다	〈성난 황소〉	김민호	2019. 6. 12
675. 잔잔하고 행복한 영화	〈이차크의 행복한 바이올린〉	앨리슨 쉐르닉	2019. 6. 14

	15자 평	영화 제목	감독	기록일
676.	세계적인 갤러리의 일상, 그리고 명화	〈내셔널 갤러리〉	프레드릭 와이즈먼	2019. 6. 16
677.	악평도 많지만 아기자기, 상상력 자극	〈메리포핀스 리턴즈〉	롭 마샬	2019. 7. 3
678.	장대한 서부 서사시	〈빅 컨츄리〉	윌리엄 와일러	2019. 7. 3
679.	글로리아의 사랑, 좌절 그리고	〈글로리아 벨〉	세바츠찬 렐리오	2019. 7. 3
680.	철민과 정화의 아름다운 순애보	〈오직 그대만〉	송일곤	2019. 7. 7
681.	웃기기도 하고, 부끄럽기도 하고	〈위험한 상견례〉	김진영	2019. 7. 7
682.	인생은 긴 여행이야	〈굿모닝 맨하탄〉	가우리 신드	2019. 7. 7
683.	마법이 약한 환타지 영화	〈벽속에 숨은 마법시계〉	일라이 로스	2019. 7. 8
684.	제이슨 모모아에게 너무 의존하다	〈브레이븐〉	린 오딩	2019. 7. 8
685.	윌 스미스의 리사이틀	〈알라딘〉	가이 리치	2019. 7. 20
686.	단순한데 치명적인 전개	〈더 와이프〉	비욘 룬게	2019. 7. 28
687.	북한의 민낯이 보인다	〈태양 아래〉	비탈리 만스키	2019. 7. 29
688.	차가운 분노와 살아있음에 안도한다	〈호텔 뭄바이〉	안소니 마라스	2019. 8. 3
689.	산뜻하고 재미나다	〈걸캅스〉	정다원	2019. 8. 4
690.	치밀한 심리묘사에 놀라다	〈누구나 아는 비밀〉	아쉬가르 파라디	2019. 8. 11
691.	제주를 사랑한 대건축가	〈이타미 준의 바다〉	정다운	2019. 8. 15
692.	귀엽고 사랑스러운 요괴들	〈모모와 다락방의 수상한 요괴들〉	오키우라 히로유키	2019. 8. 25
693.	반전에 반전은 시리즈 중 으뜸	〈타짜: 원아이드잭〉	권오광	2019. 9. 12
694.	1편이 역시 최고다	〈백투더퓨처 1〉	로버트 저메키스	2019. 9. 13
695.	압박감은 뛰어난데 예정된 결말이 아쉽다	〈협상〉	이종석	2019. 9. 14
696.	워킹타이틀이 만든 최고의 코믹멜로	〈예스터데이〉	데니 보일	2019. 9. 14
697.	우주전쟁 중 가장 강력한 전투신	〈엣지 오브 투모로우〉	더그 라이만	2019. 9. 15
698.	가슴 설레는, 사랑의 기억	〈이터널 선샤인〉	미셸 공드리	2019. 9. 21
699.	순간 숨이 멎을 듯한 라스트신, 10년의 사랑	〈첨밀밀〉	진가신	2019. 9. 23
700.	콜로세움에서 척 노리스와의 대결은 명장면	〈맹룡과강〉	이소룡	2019. 10. 5

15자 평	영화 제목	감독	기록일
701. 부디 현실이 아니길	〈조커〉	토드 필립스	2019. 10. 6
702. 순수, 순수, 순수, 아름다움 그 자체	〈내 친구의 집은 어디인가?〉	압바스 키아로스타미	2019. 10. 7
703. 권상우, 몸에 맞는 옷을 입다	〈신의 한 수: 귀수편〉	리건	2019. 11. 9
704. 실패해도 죽지는 않는다	〈사무라이 건축가 안도타다오〉	미즈노 시게노리	2019. 11. 16
705. 통쾌하고 따뜻하고	〈시동〉	최정열	2019. 12. 21
706. 허진호표 따뜻한 인간애	〈천문: 하늘에 묻는다〉	허진호	2019. 12. 28
707. 역사 속 해전과 희생을 고스란히 담다	〈미드웨이〉	롤랜드 에머리히	2019. 12. 31
708. 섬세한 내면연기가 압권이다	〈남산의 부장들〉	우민호	2020. 1. 27
709. 불경스럽지만 아름답다는 그 말의 뜻	〈잉글리쉬 페이션트〉	안소니 밍겔라	2020. 2. 1
710. 전쟁의 공포와 인간애를 아름답게 그리다	〈조조래빗〉	타이카 와이티티	2020. 2. 8
711. 혁명가가 만들어진 모터사이클 여행	〈모터사이클 다이어리〉	월터 살레스	2020. 2. 8
712. 윌리엄 와일러 감독이 만든 고전걸작	〈우리 생애 최고의 해〉	윌리엄 와일러	2020. 2. 22
713. 솔직한, 너무 솔직해 힘겨운	〈페인 앤 글로리〉	페드로 알모도바르	2020. 2. 23
714. 슬프디 슬픈 군상, 절규, 명작	〈브룩클린으로 가는 마지막 비상구〉	울리히 에델	2020. 2. 26
715. 슈퍼맨 중심의 지구지키기	〈저스티스 리그〉	잭 스나이더	2020. 3. 2
716. 어메이징 헌터 요원	〈미션임파서블: 폴아웃〉	크리스토퍼 맥퀴리	2020. 3. 9
717. 슈퍼히어로의 탄생	〈범죄도시〉	강윤성	2020. 3. 15
718. 클린트 이스트우드에 감탄	〈아메리칸 스나이퍼〉	클린트 이스트우드	2020. 3. 31
719. 지긋지긋 불사조 타노스	〈어벤져스: 인피니티 워〉	안소니 루소, 조 루소	2020. 4. 6
720. 오우삼표 아날로그 액션의 멋	〈미션임파서블 2〉	오우삼	2020. 4. 13
721. 예거군단 파이팅만 바랄 뿐	〈퍼시픽 림: 업라이징〉	스티븐 S. 드나이트	2020. 4. 20
722. 귀도의 부정(父情), 볼 때마다 감동	〈인생은 아름다워〉	로베르토 베니니	2020. 4. 21
723. 결국 불행하지 않았던 천재	〈뷰티플 마인드〉	론 하워드	2020. 4. 23
724. 믿음과 사랑만 있다면 양육할 수 있다	〈아이 엠 샘〉	제시 넬슨	2020. 4. 27
725. 그 놈의 운동화 땜에 그 감동을	〈천국의 아이들〉	마지드 마지디	2020. 4. 29

15자 평	영화 제목	감독	기록일
746. 아오니와 준세이의 사랑 보기 좋다	〈냉정과 열정 사이〉	나카에 이사무	2020. 7. 3
747. 카렌, 바람과 함께 사라지다를 떠올리다	〈아웃 오브 아프리카〉	시드니 폴락	2020. 7. 6
748. 방황, 우리 시대의 깨달음	〈젊은 날의 초상〉	곽지균	2020. 7. 8
749. 각자의 슬픔, 결합, 식구	〈도쿄 소나타〉	구로사와 기요시	2020. 7. 12
750. 각자의 생각, 각자의 감상에 맡길 뿐	〈콜 미 바이 유어 네임〉	루카 구아다니노	2020. 7. 14
751. 더스틴 호프만의 천재 연기	〈레인맨〉	배리 레빈슨	2020. 7. 20
752. 원작의 결말과는 다르다지만 강하다	〈지푸라기라도 잡고 싶은 짐승들〉	김용훈	2020. 7. 21
753. 재미나고 재미나다	〈엑시트〉	이상근	2020. 7. 25
754. 안녕 엽문, 안녕 견자단	〈엽문 4: 더 파이널〉	엽위신	2020. 7. 28
755. 코로나 현실이 이미 영화 속에	〈컨테이젼〉	스티븐 소더버그	2020. 8. 1
756. 모정, 사랑, 연민 그리고 아름다움	〈내 어머니의 모든 것〉	페드로 알모도바르	2020. 8. 3
757. 캐릭터의 역동성이 영화 속에 가득	〈시티 오브 조이〉	롤랑 조페	2020. 8. 5
758. 황정민, 이정재의 한판 하드보일드	〈다만 악에서 구하소서〉	홍원찬	2020. 8. 6
759. 마이크 타이슨 출연으로 유명했었지	〈엽문 3: 최후의 대결〉	엽위신	2020. 8. 7
760. 시간을 되돌릴 수 있기를 바라는 모두에게	〈어바웃 타임〉	리차드 커티스	2020. 8. 7
761. 시종일관 거칠고 투박한데 눈물이 난다	〈맨체스터 바이 더 씨〉	케네스 로너건	2020. 8. 8
762. 대표 정치인들 반드시 이 영화를 보라	〈닉슨〉	올리버 스톤	2020. 8. 15
763. 이런 깔끔하고 창의적인 영화 꼭 필요하다	〈찬실이는 복도 많지〉	김초희	2020. 8. 15
764. 바이러스를 미리 예견한 선지적 영화	〈바람계곡의 나우시카〉	미야자키 하야오, 코마츠바라 카즈오	2020. 8. 16
765. 산업사회의 병폐, 따스한 사랑	〈모던 타임즈〉	찰리 채플린	2020. 8. 16

15자 평	영화 제목	감독	기록일
766. 바이러스, 전설이 현실을 예견하다	〈나는 전설이다〉	프란시스 로렌스	2020. 8. 17
767. 슬픈 사랑영화의 고전	〈무기여 잘 있거라〉	찰스 비더, 존 휴스턴	2020. 8. 20
768. 플레이보이도 사랑 앞에는 복종	〈하오의 연정〉	빌리 와일더	2020. 8. 20
769. 오드리 헵번 외에도 건질 게 많다	〈아이의 시간〉	윌리엄 와일러	2020. 8. 22
770. Two Thumbs Up 갱스브루	〈제인 에어〉	프란코 제피렐리	2020. 8. 22
771. 자유를 향한 집념에 경배를	〈빠삐용〉	프랭클린 J. 샤프너	2020. 8. 23
772. 워털루 브리지를 각인시킨 슬픈 영화	〈애수〉	머빈 르로이	2020. 8. 23
773. 오드리 헵번, 티파니 이 영화가 다했다	〈티파니에서 아침을〉	블레이크 에드워즈	2020. 8. 23
774. 야심 그리고 욕망의 허망한 끝	〈젊은이의 양지〉	조지 스티븐스	2020. 8. 28
775. 전설이 된 두 남자의 우정, 푸른 바다	〈그랑블루〉	뤽 베송	2020. 8. 28
776. 순수했던 아버지 시절의 첫사랑	〈초원의 빛〉	엘리아 카잔	2020. 8. 29
777. 크리스마스의 행복	〈나홀로 집에 1〉	크리스 콜럼버스	2020. 8. 29
778. 영화 주제음악만 낭만적일 뿐 스릴러	〈태양은 가득히〉	르네 클레망	2020. 8. 30
779. 말론 브란도를 추억하다	〈욕망이라는 이름의 전차〉	엘리아 카잔	2020. 9. 5
780. 장엄하고 슬프다. 푸이의 삶	〈마지막 황제〉	베르나르도 베르톨루치	2020. 9. 5
781. 스틸버그가 가장 사랑한 영화, 이유가 있다	〈멋진 인생〉	프랭크 카프라	2020. 9. 6
782. 신나는 로코의 또 다른 이름	〈어린신부〉	김호준	2020. 9. 6
783. 가미카제, 조선인 그 슬픈 이야기	〈호타루〉	후루하타 야스오	2020. 9. 12
784. 갈등, 아픔을 유려한 음악 속에 담다	〈태백산맥〉	임권택	2020. 9. 12
785. 빌리 엘리어트가 이후 영화의 문법이다	〈빌리 엘리어트〉	스티븐 달드리	2020. 9. 13

15자 평	영화 제목	감독	기록일
786. 동물들의 이야기가 절대 아니다	〈동물농장〉	존 스티븐슨	2020. 9. 13
787. 순수했던 그 시절 사랑이야기	〈기쁜 우리 젊은날〉	배창호	2020. 9. 17
788. 가브리엘의 오보에, 신에 이르는 소리	〈미션〉	롤랑 조페	2020. 9. 17
789. 할아버지 세대가 반항심이 더 강했다	〈이유없는 반항〉	니콜라스 레이	2020. 9. 19
790. 엘리아 카잔을 말해주는 한 편	〈에덴의 동쪽〉	엘리아 카잔	2020. 9. 26
791. 성장통, 쉽지 않은 순지의 전개	〈릴리슈슈의 모든 것〉	이와이 슌지	2020. 9. 26
792. 너무도 선명한 죄책감의 표현	〈피크닉〉	이와이 슌지	2020. 9. 27
793. 사랑? 집착?	〈언두〉	이와이 슌지	2020. 9. 27
794. 순수, 열정. 묘한 공감이 든다	〈스왈로우테일 버터플라이〉	이와이 슌지	2020. 10. 1
795. 장예모가 세상에 눈을 돌리기 전 명작	〈붉은 수수밭〉	장예모	2020. 10. 1
796. 더 강화된 크리스마스 대소동극	〈나홀로 집에 2〉	크리스 콜럼버스	2020. 10. 2
797. 밤하늘의 트럼펫만으로도 감동	〈지상에서 영원으로〉	프레드 진네만	2020. 10. 2
798. 비 오는 날의 고전	〈쉘부르의 우산〉	자크 데미	2020. 10. 4
799. 학교 액션의 SF버전	〈화산고〉	김태균	2020. 10. 4
800. 태권소년 소녀의 활약상	〈아라한 장풍대작전〉	류승완	2020. 10. 7
801. 무엇을 상상하든 그 이상	〈토르: 라그나로크〉	타이카 와이티티	2020. 10. 8
802. 스칼렛 요한슨이 단역이던 그 시절	〈나홀로 집에 3〉	라자 고스넬	2020. 12. 27
803. 광속으로 빨려드는 몰입감	〈스타트렉 다크니스〉	J. J. 에이브럼스	2020. 12. 30
804. 종교의 역할에 대한 고뇌의 시작	〈어느 사제의 일기〉	로베르 브레송	2021. 1. 3
805. 스릴러의 표본 여전히 섬뜩하다	〈새〉	알프레드 히치콕	2021. 1. 8

15자 평	영화 제목	감독	기록일
806. 젤 소미나 그 슬픈 이름	〈길〉	페델리코 펠리니	2021. 1. 13
807. 워킹타이틀이 부러워할 로코	〈사랑도 통역이 되나요〉	소피아 코폴라	2021. 1. 20
808. 50년 전 영화라는 사실에 전율	〈2001 스페이스 오딧세이〉	스탠리 큐브릭	2021. 1. 28
809. 내 마음속 영원한 삼촌들을 다시 뵙다	〈쾌찬차〉	홍금보	2021. 2. 1
810. 코믹하다 섬뜩한 좀비물의 조상	〈황혼에서 새벽까지〉	로버트 로드리게즈	2021. 2. 3
811. 로미오와 줄리엣 류의 전과 후	〈로미오와 줄리엣〉	프란코 제피렐리	2021. 2. 7
812. 사춘기적 가슴 설렘	〈끝없는 사랑〉	프란코 제피렐리	2021. 2. 10

우리들 각자의 영화관

지은이 한상철
펴낸이 박영발
펴낸곳 W미디어
등록 제2005-000030호
초판 1쇄 발행 2016년 5월 6일
초판 2쇄 발행 2017년 4월 5일
개정판 발행 2021년 3월 20일
주소 서울 양천구 목동서로 77 현대월드타워 1905호
전화 02-6678-0708
e-메일 wmedia@naver.com

ISBN 979-11-89172-35-0 03680

값 14,000원